PAUTAS NO TEMPO

Chanucá

R. Matis Weinberg

Pautas no Tempo

Chanucá

R. Matis Weinberg

Título original: **Patterns in Time: Chanukah**

Copyright © 1988 e 1992 da edição em inglês: Matis Weinberg

Copyright © 2015 e 2022 da edição em português:

Daniel Sztejnhauer

S. Paulo, Brasil

e-mail: d991538513@gmail.com

Tel: 11-99153-8513

ISBN 978-65-997479-6-0

Projeto: Yeshivá Or Torah

Tradução: Esther Chaya Levenstein

Capa, diagramação e revisão: R. Daniel Sztejnhauer

Revisão final: Sibele M. Zeitoune

2ª Edição

Conforme novo acordo ortográfico

מכתב מאת מו"ז פאר הדור הגאון
רבי יעקב **יצחק הלוי רודרמן** זצוק"ל

RABBI JACOB I. RUDERMAN
400 MT. WILSON LANE
BALTIMORE. MD. 21208

יעקב יצחק הלוי רודרמן
באלטימאר. מד.

באתי בזה להכיר את אהוב נפשי מו"ר הרה"ג ר' מחחיהו וינברג שליט"א
אשר זכיתי לראות אור תורתו ולשמוע מחכמתו ואף שכלום אב מעיד
על בנו הנה כמעט נפשי יצאה בדברו ואשתומם כשעה חדא על המראה
הגדול דברים נפלאים ונוראים אשר בכוחם להעלוח את לב שומעו
לעילא ולעילא מלאים חכמה ויראת שמים טהורה מבוססים על אדני
פז חז"ל דברים המושכים את הלב בשמעחתא ואגדתא ואמינא יישר
חיליה לאורייחא ויעלה מחיל אל חיל ויזכה להעלוח דבריו על
הכחב כרצונו לגלות טפה ולכסוח טפחיים וידיו דבריו נשמעין
ליראתו יחי' . הנני מבדבו ומחזק את ידו אשרי מי שחמכו ויהי סכרו
כפול מן השמים וכל המסייעו זכוחו גדול. יה"ר שחפץ ה' יצליח
בידו ושיצילehu הקב"ה מקנאה וצרוח עין.

הכוחב וחוחם לכבוד התורה ולומדיה,

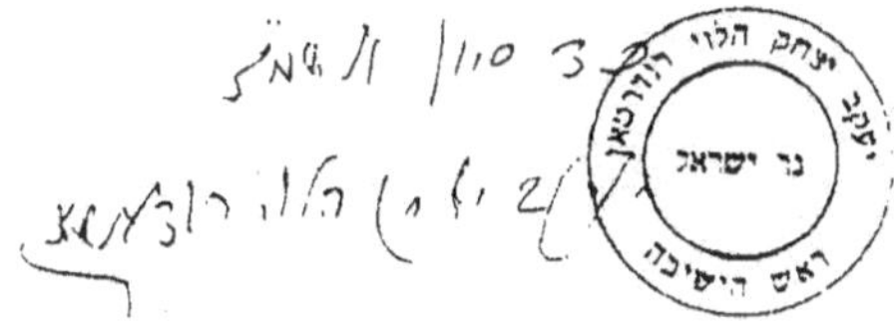

מכתב מאת חרב הגאון הגדול בתורה ובדעת,
מו"ר שלמה וולבא שליט"א
מחבר ספר "עלי שור"

מכתב וברכת אב מאת אאמו"ר הגאון שליט"א
ראש ישיבת נר ישראל

[כתב יד]

מכתב וברכה מאת מו"ח
הרה"ג חיים שטיין שליט"א
ראש ישיבה, ישיבת טעלז
וויקליף, אוהיו

[כתב יד]

מכתב מאת הגאון הגדול
רבי שמחה זיסל ברוידא שליט״א
ראש ישיבת חברון, ירושלים

הרב שמחה זיסל ברוידא ראש ישיבת חברון; ציה״ק ירושלים
Rabbi S. Z. BROIDE DEAN OF HEBRON YESHIVA JERUSALEM ISRAEL
P. O. B. 5162 Tel. 45933

Jerusalem .... ב״ה ירושלים. כ״ב חשון [illegible]

בא לפני ידידי איש האשכולות הרה״ג ר׳ [illegible] שליט״א, ובידו גליונות מספרו [illegible] על חנוכה [illegible] הגדולים על כל המועדים.

התרשמתי עמוקות ממה שראו עיני. מלבד הרעיונות והחידושים המקוריים והנאים שבהם, נכר להראות את עומק החקירה [illegible] אשר דבריהם [illegible] המסורת [illegible] בכל התלמוד [illegible] קורות הזמן של ישראל [illegible] כל הדברים בנויים היטב ומבוססים על דברי [illegible] ועומק העיון ודקדוק רב להפליא [illegible]

[illegible] ידידי המחבר [illegible] ראש ישיבת חברון [illegible] הרב הגאון [illegible]

[illegible] ספרו זה [illegible]

יהי רצון שדבריו יתקבלו ויעלה על שולחן מלכים [illegible] והאמונה [illegible] התורה [illegible] ויגדיל תורה ויאדיר [illegible]

אני ידידו מוקירו ומכבדו
שמחה זיסל ברוידא

הרב שמחה זיסל ברוידא
ירושלים [illegible]

ÍNDICE

INTRODUÇÃO À EDIÇÃO BRASILEIRA

Como definir o livro "Pautas no Tempo: Chanucá"? Profundo, impactante, poético... Ele é mais que tudo isso. Mas, talvez, a palavra que melhor defina essa obra seja "abrangente". R. Matis Weinberg consegue algo singular, ao compilar, em um único livro, trechos de *Zôhar*, *Midrashim*, *Talmud*, *Chassidut*, estudos do Gaon de Vilna, etc. e criar uma estrutura compreensível a qualquer um. É simplesmente fabulosa a junção e a harmonia que ele consegue numa obra que impacta o leitor e a visão totalmente nova que lança sobre chanucá. Além disso, ele conecta todos esses conceitos aos dias atuais.

Após ler esse livro, começamos a compreender a vastidão de conteúdo que existe nas entrelinhas de cada trecho da Torá ou nos ditos dos nossos sábios. Como frases que, à primeira vista, parecem sem nexo ou explicação, mas, na realidade, são peças importantes de conceitos valiosíssimos e que devem ser transmitidos.

R. Matis Weinberg, ao adotar a estrutura de uma música para escrever seu livro, sintetizou o conceito principal e o tornou muito mais claro para nós. A música é formada por notas que, sozinhas, não têm beleza nem harmonia. Notas que, isoladas, podem parecer feias e estranhas, mas que quando compõem uma música, se tornam bonitas e importantes. Passam a ter relevância e sentido gigantescos. Nessa obra, ao condensar as notas (trechos) de diversas fontes e colocá-las nas pautas musicais (que seriam os acontecimentos de chanucá), ele nos transmite o verdadeiro sentido do seu trabalho.

Desde a primeira vez em que me deparei com esse livro, quando ainda estudava na Yeshivá Meorot HaTorá, fiquei tão impressionado que, até hoje, continuo a relê-lo. E, a cada leitura, descubro uma nova visão sobre algum ponto dos temas abordados. São conceitos profundos, com os quais acabei me deparando ao longo dos anos, percebendo que eles já haviam sido trazidos à tona e debatidos nesta obra.

Há muito tempo nutria a vontade de trazer ao público brasileiro esse livro, que marcou (e, certamente, marcará) tantas pessoas. Quando o Rabino Matis Weinberg autorizou sua tradução ao português, senti uma grande alegria e a realização pessoal de poder compartilhar com vocês esse rico conteúdo. *Ishar koach* a ele, à jornalista Esther Chaya Levenstein, que fez um ótimo trabalho de tradução, a Gabriel Mutchnik, que contribuiu com sua grande ajuda na realização dessa versão da obra e a todos os doadores que tornam esse sonho em realidade. Tizku LeMitzvot.

E, vocês, caros leitores, espero que aproveitem e desfrutem de cada palavra!

R. Daniel Sztejnhauer

AGRADECIMENTOS

Sou profundamente grato ao Eterno, pela enorme aceitação que recebeu a série *Patterns in Time* (Pautas no Tempo), que necessitou de uma nova impressão do volume dedicado a Chanucá. Essa reação animadora fortalece o compromisso de continuar com o trabalho de anos de tentar descobrir, entender e transmitir os princípios fundamentais que a Torá nos deixou. Também me pareceu que isso representava, ainda, uma oportunidade para acrescentar, esclarecer e melhorar graficamente o impacto visual da primeira edição, e, assim, nasceu a ideia de fazer esta edição completamente revisada.

Antes de agradecer àqueles que participaram da produção deste livro em particular, devo, primeiramente, reconhecer a profunda dívida que tenho com um público especial: os colegas e alunos que ao longo de vários anos têm sido, direta ou indiretamente, a fonte dos descobrimentos contidos aqui. Quantas horas incontáveis de pensamentos, diálogos, discussões, aulas e de trabalhos duro passamos juntos através dos anos! Essas horas me proporcionaram – e continuam a fazê-lo – os momentos mais felizes e as recordações mais profundas. Nenhuma distância no espaço ou tempo poderiam diminuir esses momentos, que para sempre são parte do *Olam Habá*, o Mundo Vindouro.

Esta série de livros sobre os chaguim é uma forma de agradecer-lhes sua dedicação e confiança, de retribuir-lhes com algo daquilo que me têm dado. Seria impossível comentar cada um separadamente, mas em minha mente todos estão ligados para sempre com esta Torá e nenhum agradecimento poderia ser suficiente. Para eles que, em seu caráter de *bnê Torá* (filhos da Torá), têm dedicado tantos anos a plantar a Torá onde não havia e só se sentirão realmente recompensados ao colhê-la, esta série constitui o primeiro fruto de seu trabalho.

As pessoas a quem desejo dedicar uma menção especial em relação a este volume, em particular, também formam parte deste público seleto, e, ao longo dos anos, têm participado aprendendo e criando, convertendo-se em sócios plenos na Torá contida nas páginas deste livro. Talvez isso explique o esforço que elas estiveram dispostas a investir – melhor dizendo, insistiram em investir – para estruturar, planejar, tecer, investigar, editar, imprimir, revisar e voltar a revisar, sem se cansar de discutir sobre o sentido de uma frase ou de uma ideia que não estavam bem claras, a qualquer hora do dia ou da noite, para desempenhar qualquer tarefa, intelectual ou prática, vinculada com *harbatzat Torá,* a disseminação da Torá.

Esta obra reeditada e ampliada tem sua própria lista de heróis: Barnea Selavan, como organizador e incansável editor; Dovid Willner, como diagramador de página, sempre cuidadoso; Aharon Katz, como cauteloso investigador de notas; Israel Petlak, como estimulante arquivista; Morris Gindi, como corretor incansável. Moshe Handel elaborou o novo desenho da capa e o renomado Yaakov Kaszemacher de Tzefat criou o desenho da capa como parte de uma série de pinturas dignas de *Patterns in Time.* Meus filhos, Ari Lobel, Sheftel, Aryeh e Yedida Weinberg, bem como Israel Petlak e Moshe Handel, que trabalharam durante a noite para revisar o Índice Temático. Como sempre, este tipo de lista deixa muitos heróis sem elogios.

Todo o trabalho original só pode ser completado dispondo das ferramentas e dos meios necessários, e por eles há muitos a quem devo uma profunda gratidão. Moshe Wilshinsky, Rab Moshe Miller, Dovid Medinitz, Steven Esses, Menachem Sklar e Moshe B. Charles carregaram muito desse fardo sem medir esforços, inconveniências ou gastos para obter tudo o que se necessitava. Muitos outros compartilharam o que podiam, e eu não me esqueci de minha dívida para com eles.

Contudo, o meio mais profundo é, claro, o verdadeiro lar. Minha esposa, Tziporah, teve sua casa invadida por grupos de pessoas todas as horas do dia e da noite. Eu a agradeço por todas as ocasiões, ao longo dos anos, que deixou de lado suas necessidades pessoais. A Sra. Shoshanah Selavan e a Sra. Dafna Willner merecem também uma medalha: muitos foram os dias que seus maridos passaram longas e árduas horas dedicadas a este livro, tempo que foi arrebatado de suas famílias; não obstante, sem qualquer reclamação, elas enviaram seus maridos para que participassem da disseminação da Torá.

Seria ao menos apropriado mencionar aqui os agradecimentos expressos na primeira edição, e talvez fosse mais que apropriado fazê-lo, já que a nova edição só confirma o valor e a aceitação do trabalho dos indivíduos que participaram da primeira edição. Por isso, os reproduzo a seguir:

AGRADECIMENTOS

(da Primeira Edição, 5749/1989)

Eu não poderia reconhecer adequadamente a gratidão que devo a menos que reconheça minha própria ingenuidade: subestimei muito tudo o que implicaria a elaboração deste livro. Acreditando que uma grande quantidade de notas e algumas transcrições de aulas sobre Chanucá seriam suficientes para despachar algo como 90% do trabalho necessário, iniciei o projeto na Primavera. O alarme começou a soar quando, no mês de Elul (agosto/setembro), procurei o Sr. Yaakov Feldheim e descobri que seu entusiasmo inicial tinha se transformado em incredulidade quando ele se deu conta de que eu estava falando em publicar o livro para Chanucá daquele ano.

Meu erro de cálculo faz com que minha gratidão seja especialmente profunda, já que este livro não poderia ter existido sem o trabalho totalmente dedicado dos muitos indivíduos que fizeram disso uma missão de amor. Se mesmo um só deles houvesse falhado em seu trabalho, a data que aparece nesta página teria sido atrasada em um ano ou mais. Se alguma vez houve um livro que foi uma entrega combinada, é este: uma entrega feita por um grupo de pessoas que desejam compartilhar o Chanucá que valorizam. O sentimento de trabalhar como uma chaburá, um grupo unido em Jerusalém, que tenta trabalhar Leshem Shamaim, em nome dos Céus, fez com que este projeto fosse uma experiência prazerosa, algumas vezes, também de júbilo.

Muitos amigos e alunos participaram também de outras maneiras. De fato, foram tantos que seria impossível mencionar cada um pelo nome. Mas o grupo de trabalho que suou durante incontáveis maratonas de trinta horas merece maior agradecimento do que eu poderia expressar.

O catalisador deste projeto, Aharon Katz, merece um agradecimento especial. Nunca se cansou de animar todos aqueles que pensaram que o livro se escreveria sozinho, e conseguiu transmitir seu entusiasmo a todos os que duvidaram, inclusive sobre a data-limite... e eu me incluo entre esses. Sua contribuição adquire uma importância dupla, já que "maior é quem provoca o ato que aquele que o realiza". Mas os demais não pouparam esforços em nenhum momento, e comentar suas contribuições não poderia expressar sua completa dedicação.

O comitê editorial trabalhou muito e arduamente, e incluiu Yechezkel

Missel, Barnea Salevan, Pinchas Winston, Shlomo Seidman, Moshe Handel e Yonatan Gershon.

Pois, quando se trabalhava nas notas, ficou claro, inclusive para mim, que o trabalho nunca iria terminar. Em uma corrida maluca para cumprir a data limite dada pelo editor (da qual passamos dez dias), minha casa tomou o aspecto e o estilo de um escritório público. Em certas ocasiões, quatro computadores ficavam ligados a noite inteira. O resultado foi que os que trabalharam nas notas o fizeram sozinhos, trabalhando durante longas horas para identificar as fontes. Por isso agradeço a (e me desculpo diante de) Barnea Salevan, Dovid Ross e Aharon Katz. Meir Perry, incansavelmente, ia e vinha da copiadora, do computador e da impressora e fez toda e qualquer coisa que precisava ser feita.

Agradeço a Pinchas Winston, por seu belo trabalho na elaboração das Tabelas Históricas de Chanucá; a Aharon Katz, pelo Índice Temático; a Moshe, pelo Glossário e pelo Índice de Fontes, bem como às minhas filhas Avigayil e Yedidah, que, junto a Sarah Dinah Strajcher, o escreveram no computador. E, claro, também agradeço a todos os que trabalharam na elaboração gráfica e na composição tipográfica original.

Minha esposa, Tziporah, insiste que as outras grandes mulheres que participaram deste projeto devem vir antes dela; são as mulheres corajosas que enviaram seus maridos para uma batalha de palavras, sem saber quando voltariam a vê-los em casa, as mulheres que, pacientemente, cuidaram de suas famílias sem a ajuda sobressalente de seus maridos, a fim de difundir a Torá. Seu mérito especial está expresso no versículo:

נָשִׁים שַׁאֲנַנּוֹת קֹמְנָה שְׁמַעְנָה קוֹלִי בָּנוֹת בֹּטְחוֹת הַאֲזֵנָּה אִמְרָתִי

Yeshayahu 32:9

Rab Noach Weinberg constituiu uma fonte de apoio a todo momento. R. Yaakov Feldheim, cuja paciência foi posta à prova, seguiu comprometido nos bons e maus momentos.

A mais profunda gratidão por terem me dado a vida e o caminho para a Vida Eterna, é para meus pais, R. Shmuel Yaakov Weinberg e Chana Weinberg por seu constante alento e apoio. Os amáveis pais de minha esposa Chaim Stein e Freidel nunca vacilaram em proporcionar seu cuidado. Que todos sejam benditos.

APRESENTAÇÃO

Para compreender e utilizar este livro

Concepção:

A série *Patterns in Time* (Pautas no Tempo) está baseada na ideia de que, sendo a Torá sumamente complexa, é mais fácil de compreendê-la se a analisarmos dentro de um contexto suficientemente amplo para identificar pautas ou padrões globais que a compreendem. Rastrear os Sábios do Talmud – e o tempo – ao longo dessas pautas é fascinante e esclarecedor.

Um dos problemas é que essas pautas são formadas por ideias que têm muitos pontos de intersecção. Minhas próprias explicações (as quais usei minimamente, preferindo deixar que os Sábios falem por si mesmos) raras vezes avançam ao longo de linhas de pensamento retas e bem definidas do princípio ao fim. Quisera ter podido estruturar todo de tal modo que, mediante exercícios mentais, o leitor pudesse ascender de um a outro.

Talvez a falta seja minha por não haver podido encontrar uma base de princípios bem definida. Mas prefiro deixar a culpa para a teia de pautas e à riqueza que a Torá possui: a beleza e a profundidade brotam de uma notável intensidade de conexões mútuas dentro do material.

O que se pode fazer quando as coisas são tão difíceis de serem descobertas? Começamos a buscar pelas formas gerais para que nos sirvam de alicerce para as demais. Logo desenhamos os detalhes, a fim de dar vida aos detalhes. E, finalmente, quando damos os últimos retoques, conseguimos tudo o que tinha sido apenas parcialmente correto em nosso conceito original.

Isso é o que fazemos na vida real, com quebra-cabeças que parecem muito difíceis. O mesmo princípio se aplica tanto para vasilhas quebradas como para uma criança que deseja dar sentido ao mundo: até que você tenha visto alguma coisa, você não pode dar sentido a nenhuma das partes. E, de acordo com o que os nossos Sábios nos ensinaram, isso também se aplica à Torá:[1] não é possível entender a Torá em partes desconexas, assim como uma criança não poderia aprender a falar se fosse ensinada de um dicionário.

Em sua obra seminal, *Derech Hashem*, R. Moshe Chaim Luzzatto descreve a frustração e os danos implicados em abordar a Torá em partes desconexas de informação, em vez de tomá-la como uma realidade unificada:

> *Conhecer as coisas dentro do contexto de sua estrutura e de suas relações sistemáticas mútuas é melhor do que conhecê-las sem aplicar essa metodologia; essa vantagem é semelhante a observar um bosque plantado em forma de fileiras e desenhos atrativos, em vez de vê-lo como uma massa de arbustos selvagens ou como um bosque que cresce em desordem.*

> *Quando uma pessoa se vê diante de uma multidão de detalhes sem saber de que modo se relacionam entre si ou sem conhecer o lugar preciso que ocupam dentro de um sistema geral, então, seu intelecto questionador não recebe nada mais do que uma carga difícil que não traz satisfação... Cada detalhe despertará seu interesse, mas, como não tem acesso ao conceito em sua totalidade, ficará frustrada e seu desejo de conhecer será até uma dor para ela...*

> *Mas ocorre exatamente o contrário quando alguém conhece algo dentro de seu contexto. Já que o observa dentro de um marco de referência... terá prazer e desfrutará da beleza da própria estrutura.*

Derech Hashem, Introdução

A mente humana só aprende as coisas quando é exposta às diretrizes gerais e ao contexto de algo. E aí reside sua maior força, pois isso proporciona ao cérebro humano uma vantagem imensurável sobre qualquer supercomputador.

Os computadores mais poderosos ainda não são capazes de dirigir um carro por uma rua cheia de outros veículos: são necessários milhões de cálculos individuais para detectar e interpretar até a mais sutil modificação da cena, mas o reflexo de visão dos olhos do motorista muda contínua e rapidamente. Ainda que a cada segundo sejam processados gigabytes de informações para se atualizar, o computador sempre terá de fazer uma análise ponto por ponto: comparar cada pixel da cena que se apresenta com a que existia anteriormente; depois, analisar a relação que cada pixel guarda com os demais, e, posteriormente, o comparar da mesma forma tediosa com a informação que guarda na memória. Tudo isso para, finalmente, chegar a uma vaga interpretação do que representa essa informação. Sem dúvida, um bebê efetua essa mesma tarefa de maneira instantânea e, de forma espetacular, chega a uma conclusão exata, sendo capaz de distinguir sua mãe das outras, apesar das mudanças nos ângulos da luz, a posição dos membros, os objetos ao fundo e as expressões faciais, uma operação de cômputo que desafia a imaginação.

Ainda assim, as pessoas veem e o que elas fazem melhor com seus cérebros, automaticamente, é distinguir padrões, e, sem enganos, são capazes de escolher, dentre milhares de objetos diferentes que estão dispostos em uma mesa de forma desordenada, o parafuso que desejam. Somos capazes, inclusive, de "ver" com nossas orelhas e distinguir o sistema de pautas imensamente complexo que chamamos música, dentre as milhares de notas e acordes diferentes que a cada segundo chegam a nossos ouvidos, procedentes dos muitos e variados instrumentos da orquestra.

Quando tentamos entender os conceitos por meio de uma análise passo a passo, chegamos a conclusões que também são ponto a ponto. Mas as questões mais importantes da vida contêm mais pontos que jamais poderiam ser processados! Tomemos, por exemplo, algo tão usual como o sentido comum. Você imagina o que implicaria enumerar todas as regras que o definem? Ainda assim, intuitivamente, *sentimos* o que tem sentido (ou ao menos é isso que esperamos!). O que chamamos intuição forma parte do processo de reconhecer pautas e padrões nas coisas, ela permite que um mestre de xadrez, ainda assim, consiga derrotar um supercomputador programado para analisar as múltiplas implicações de um movimento, fazendo cálculos trilhões de vezes mais rápido do que um ser humano. Isso se deve a que graças à intuição *vemos*, e só depois nós mesmos atingimos a compreensão do assunto (e isso, às vezes).

A Torá é mais complexa que o senso comum e seria um exercício fútil tentar descobrir o que ela diz sobre a concepção da vida, se nós usássemos somente uma análise ponto a ponto. Isso é parte do motivo por que não importa quanta informação de Torá uma pessoa tenha absorvido, ela será considerada uma completa ignorante, a menos que a tenha aprendido de um *talmid chacham*, um sábio[2]. Somente vendo o mundo por meio dos olhos de um mestre – aprendendo as finas diferenças de seu julgamento e absorvendo as sutilezas dos padrões que ele vê – é possível ver uma imagem da Torá e perceber, em um só instante, mais do que poderiam absorver os computadores mais rápidos. Este é um *daat* (pensamento) da Torá, o modo em que se conecta a realidade inteira, que permite ao indivíduo realmente grande em Torá (*Gadol baTorá*) ver o mesmo que vê a Torá, inclusive mais rápido do que sua própria inteligência poderia notar que sabe.

A Torá essencial[3] é oral (*beal pê*) e não deveria ter sido escrita[4], colocando-a dentro de detalhes específicos que destroem o todo. Cada geração enfrenta uma infinidade de possibilidades e deve se confrontar com novas situações, tomando como base a totalidade da Torá, com seus líderes alimentando-se de uma visão e uma compreensão sustentadas em algo mais além do que poderia conter uma lista de informação específica. Sem dúvida, chegou o momento[5] em que a sobrevivência da Torá exigiu que os conceitos centrais fossem escritos. De que modo os Sábios talmúdicos se asseguraram de que a intuição essencial, a visão infinita, não se perderia dentro da informação escrita e especificada? Selecionando a informação de tal maneira que permitiria que nossa mente e nossa memória preenchessem os espaços[6], criando uma totalidade na qual as particularidades pudessem ser entendidas em relação ao todo, permitindo-nos apreender as diretrizes que a regem:

> As palavras da Torá são pobres em um contexto específico,
> mas abastadas em outro.

> *Talmud Yerushalmi, Rosh Hashaná 3:5*

Ainda que a Torá Oral (*Torá shebeal pê*) apareça na forma escrita, em sua essência permanece estando sem escrever e nos dá a base ampla sobre a qual edificamos uma visão. Os pedaços de informação que, à primeira vista, parecem desconexos, estão ligados entre si por flashes de pautas, indícios de relações mútuas, inseridos pelos Sábios talmúdicos dentro da Torá, os quais fazem dela uma tapeçaria completa, em que toda trama está relacionada entre si. Aqui se pode perceber de que modo os vários níveis de Torá – *peshat, rémez, derash* e *sod* – [7] formam uma mesma estrutura contínua e unificam os detalhes da Torá para fazer dela "a Torá de Hashem: completa, que restaura a alma" (*Tehilim* 19:9).

Cada área da Torá possui sua própria estrutura interna, sua ideia essencial[8], o que os Sábios talmúdicos chamam "a forma do assunto". Se alguém sabe, poderia transformar o conhecimento em compreensão e, em uma emergência[9], poderia fazê-lo, mesmo sem professor:

> Se dois estudantes se ajudam (sem professor algum) para
> compreender uma *halachá* (lei), o Sagrado os ama.

Rab disse: Isso só se aplica se já conhecem a forma do assunto.

Shabat 63a

Esta série tenta buscar os contornos gerais de algumas dessas pautas, a fim de transmitir a unicidade da Torá, a grandeza e a amplitude de sua visão. O Tempo constitui uma área ideal para a manifestação dos padrões, já que se trata de um universo de detalhes que, ao final, estão destinados a formar uma unidade em que D'us é Um e Seu Nome é Um.[10] Ao explorar o tempo, as pautas dos Sábios são um paralelo dos padrões do Tempo, já que a Criação constitui uma expressão da Torá.[11]

ESTRUTURA GERAL

Em certo sentido, a estrutura geral desta série representa uma metáfora de sua própria tese. Tomada em seu conjunto, a série se desenrola de forma interativa: cada volume ilumina um aspecto adicional de uma mesma realidade, até que se faça evidente a unidade do ciclo anual. Cada volume individual se apresenta do mesmo modo, desenvolvendo um mesmo tema desde ângulos distintos até que, gradualmente, se percebe, claramente, sua unidade. Algumas ideias são meramente abordadas superficialmente em um contexto a fim de que, com o desenvolvimento das ideias, sejam abordadas de maneira melhor, posteriormente. Assim, se em princípio um conceito não parece estar claro, deve-se continuar a leitura. Com frequência, um mesmo tema é tratado novamente, mas de um ângulo diferente, de tal modo que, aos poucos, se forma uma imagem completa e o leitor se sente confortável com os conceitos que os Sábios talmúdicos relacionam entre si e com a visão de mundo que transmitem: uma perspectiva dona de um poder e uma relevância impressionantes.

Cada tema desta série tem sido distribuído em módulos, cujos conceitos são compactos e facilmente digeríveis; por sua vez, os módulos se subdividem em tópicos, que formam os subcapítulos (identificados pelo dígito à direita do ponto decimal do número que indica o capítulo). Embora todos os livros estejam relacionados entre si, pois integram um perfil unificado, a *avodá* dentro do tempo, cada um deles é apresentado como se fosse independente. Isso faz com que haja algumas duplicidades e pode acontecer de um módulo inteiro aparecer em dois livros só com algumas pequenas alterações (especialmente o módulo intitulado "Tempo e *Moed*", por motivos óbvios). Espero que o leitor não se incomode por isso e o tome como uma boa oportunidade para analisar as mesmas ideias, sob um contexto diferente.

A essência de um esquema com pautas é a estrutura. Por ela, boa parte do poder das ideias que são apresentadas aqui só pode ser entendida através do contexto que proporciona uma boa estruturação. Em cada livro, as ideias não aparecem em um contexto isolado, mas sim disseminadas em todas as partes do livro, como um holograma gravado. Brincar de um lado a outro no texto só fará com que o tema se torne obscuro. Peço desculpas por isso, mas uma vez que tomem a decisão de ler este livro, devem fazê-lo seguindo a ordem correta.

ESTRUTURA DESTE VOLUME:

Muito esforço foi investido para criar uma estrutura que permitisse a expressão das pautas, sem sacrificar o desenvolvimento linear. O resultado é um livro em cinco partes.

A Primeira Parte, chamada "Prelúdio", começa com uma introdução geral, do conceito judaico de tempo e do significado de "*Moed*". Logo volta seu enfoque sobre Chanucá e sua relação com o tempo em geral e com *Moed*. Introduz-se aí a ideia de um processo chamado *Galut/Gueulá* (Exílio e Redenção), e, finalmente, se demonstra que a *Galut Yaván*, o Exílio Grego, constitui uma anomalia: como *Galut* interna e guerra civil. O Prelúdio se encerra apontando a existência de um padrão de semelhanças entre Israel e Grécia.

A Segunda Parte, o "Primeiro Livro", rastreia as raízes da dissidência na época de Chanucá até Yossef e seus irmãos e daí até Adam, o primeiro homem, e a alma humana. É demonstrado que *Malchut* é um conceito de síntese que requer tanto a visão de Yehudá quanto a de Yossef para funcionar. A contribuição de Yehudá a *Malchut* e a Chanucá se encontram na *Hodaá*, que representa a metade de uma unidade que só se completa com Yossef e *Halel*.

A Terceira Parte, o "Segundo Livro", repassa o conceito de *Galut/Gueulá*, mas sob uma visão diferente. Aqui, se analisa a natureza da relação multifacetada que existe entre Yossef e as nações do mundo, e se demonstra que a capacidade de Yossef para atingir o domínio deste mundo deriva de seu *chen* (graça). Completa a seção sobre Yossef uma análise do modo em que, por meio da beleza, Yossef fornece um fundamento para construir um mundo interconectado a *Malchut*, do mesmo modo que *Halel* está ligado ao conceito de *hidur mitsvá* (*embelezar a mitsvá*), bem como a conexão entre Yaván e Edom.

Na Quarta Parte, o "Interlúdio", são descritos os perigos que *chen* acarreta e se demonstra por que a síntese entre Yossef e Yehudá é essencial para a sobrevivência de ambos. Aqui se analisa o valor do transitório e do mal neste mundo.

Na Quinta Parte, "o "Terceiro Livro", se considera a tribo de Levi como a base da síntese. Ao analisar Levi ao longo da história, se evidencia o padrão de *Hod* – que é a característica que difere essa tribo – e se compreende seu efeito em Chanucá. Aqui, se concebe *Galut Yaván* como um choque de visões acerca da definição de *Hod* e Chanucá como a vitória da visão judaica de *Hod*. Também se examina o impacto de *Hod* na Torá, a filosofia natural, os esportes e a competência.

Algumas vezes, uma parte do livro ou um capítulo flui para o seguinte mediante um *segue*, indicado por uma clave musical. Eu me sinto mais confortável ao usar termos musicais para designar as unidades estruturais porque a Torá é chamada "canto"[12], o que constitui uma referência às relações mútuas e à harmonia de seus detalhes, conceito importante nesta obra.

Quero enfatizar que o desenho desta estrutura particular é meramente uma das muitas possibilidades e que os conceitos dos Sábios talmúdicos que aqui se apresentam são apenas "uma gota de um vasto oceano". [13]Aqui não se pretende apresentar o enfoque definitivo de Chanucá (isso não existe)[14], apenas, unicamente, uma prova dos tesouros subjacentes nas diretrizes da Torá e do tempo.

MODO DE USAR:

*(**Nota da tradutora**: os critérios que o autor comenta abaixo se referem ao texto original em inglês. Devido a considerações próprias do português, nesta tradução nem sempre são seguidos os mesmos critérios. A mudança mais significativa foi escrever em português diversos termos em hebraico, que fossem os mais próximos do original).*

Já que esta obra tem como objetivo observar a Torá de dentro, considerei que era preferível utilizar a terminologia original sempre que possível.

Assim, há um Glossário para o leitor que não for familiarizado com os termos em hebraico. Ao transliterar vocábulos, decidi seguir o uso comum, em vez da exatidão, já que isso poderia causar certo incômodo em alguns leitores; eu compartilho de seus sentimentos. Após escrever a explicação de cada um no texto, deixo de escrever os termos em hebraico em *itálico*, a menos que não tenham um equivalente exato em inglês (português).

Ao traduzir os versículos, segui o sentido que cada Midrash lhes dá em particular, para que o leitor observe o modo que os Sábios entenderam cada vocábulo. Isso explica por que um mesmo versículo poderia aparecer em contextos diferentes, com traduções distintas. Seguindo o critério do Targum de Onkêlos, não há distinção entre os dois nomes mais comuns do Criador, a menos que surjam juntos.

Eu quebrei uma regra importante[15] ao não fornecer os nomes dos Sábios que figuram nas citações. [16]Isso teria quase duplicado a extensão da maioria das citações e não tem muito valor para a maioria dos leitores, que desconhecem o enfoque particular que cada Rabi representa. Peço a todos os leitores interessados que leiam o Midrash original para que entendam plenamente todo o sentido do texto. Como a maioria dos midrashim citados aparece em dezenas de lugares, o que faço é escrever a fonte mais primária ou mais acessível, a menos que diferenças sutis façam com que seja importante citar uma versão textual específica ou a menos que uma das versões textuais seja significativamente curta.

O critério a seguir para o uso das maiúsculas foi difícil de definir. Não é o mesmo que dizer, por exemplo, *malchut* que *Malchut*. O primeiro se refere a um Reino em particular, enquanto que o segundo é um conceito. A palavra "Criação" pode designar o "cosmos", o ato da Criação ou uma criação única, que implica planejamento e conceituação. De um lado está a luz normal e de outro a Luz primordial. Há um conceito chamado *halel* e uma reza específica que também se chama Halel. Pequenas variações no uso provam que é difícil adotar critérios exatos ao escrever palavras em letras maiúsculas. Espero que o resultado não seja confuso.

As notas ao final do livro estão escritas em hebraico, já que se presume que o leitor interessado em saber sobre as fontes originais está familiarizado com esse idioma. O índice das fontes que aparecem no texto principal do livro está em inglês (português). Devido a considerações de espaço, não se pode fazer um índice das fontes citadas nas notas. Os nomes dos tratados talmúdicos se referem ao Talmud Bavli (Babilônico), a menos que se indique o contrário. Nos tratados que não possuem material talmúdico, a referência é, obviamente, a Mishná.

Tomei a grande liberdade de traduzir o nome divino הקב"ה, *HaKadosh Baruch Hu*, por "*Hashem*", em vez de empregar a tradução completa, que é "O Santo, Bendito Seja". Que o Céu me livre de querer resumir a bênção que esse nome implica, mas considerei que Sua Majestade estaria melhor servida se evitasse matizes arcaicos presentes na tradução completa da frase, evitando a repetição contínua da bênção, o que poderia tirar-lhe o valor.

De início, fiquei em dúvida sobre incluir um esquema do fluxo conceitual (organograma) em cada volume, pois temia que fosse algo desnecessário e excessivo. Mas como a reação dos leitores foi surpreendentemente positiva, também me convenci de que se trata de um acessório proveitoso e uma ajuda real para o leitor. Ele está logo depois desta Perspectiva.

Prossiga, caro leitor, com minha esperança ao seu lado. E obrigado por sua invisível, porém sempre presente, companhia.

ORGANOGRAMA

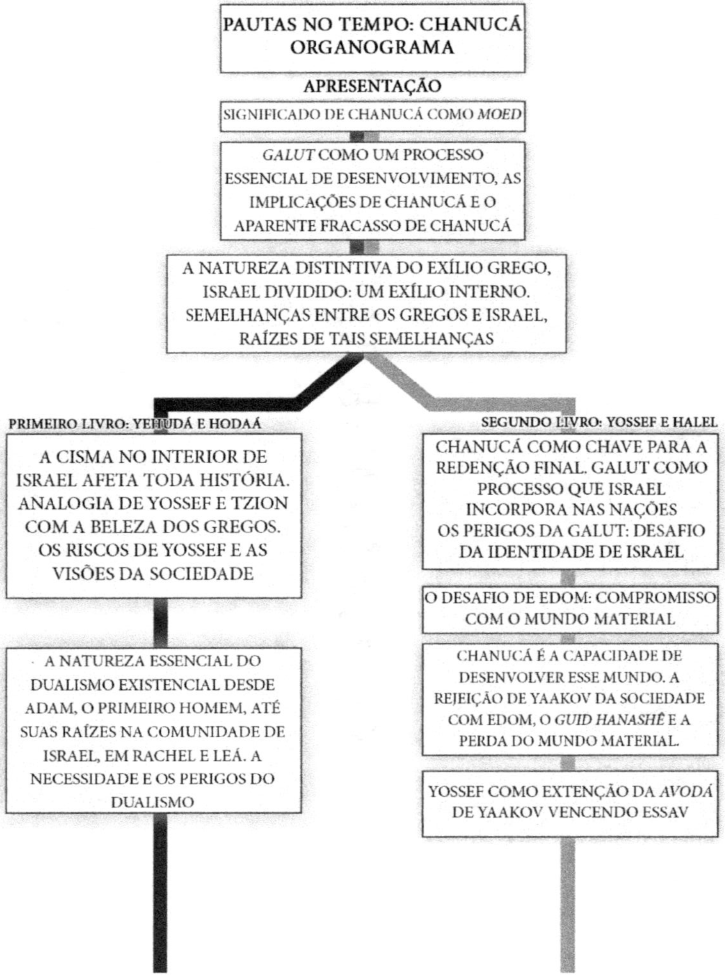

PAUTAS NO TEMPO: CHANUCÁ ORGANOGRAMA

APRESENTAÇÃO

SIGNIFICADO DE CHANUCÁ COMO *MOED*

GALUT COMO UM PROCESSO ESSENCIAL DE DESENVOLVIMENTO, AS IMPLICAÇÕES DE CHANUCÁ E O APARENTE FRACASSO DE CHANUCÁ

A NATUREZA DISTINTIVA DO EXÍLIO GREGO, ISRAEL DIVIDIDO: UM EXÍLIO INTERNO. SEMELHANÇAS ENTRE OS GREGOS E ISRAEL, RAÍZES DE TAIS SEMELHANÇAS

PRIMEIRO LIVRO: YEHUDÁ E HODAÁ

A CISMA NO INTERIOR DE ISRAEL AFETA TODA HISTÓRIA. ANALOGIA DE YOSSEF E TZION COM A BELEZA DOS GREGOS. OS RISCOS DE YOSSEF E AS VISÕES DA SOCIEDADE

A NATUREZA ESSENCIAL DO DUALISMO EXISTENCIAL DESDE ADAM, O PRIMEIRO HOMEM, ATÉ SUAS RAÍZES NA COMUNIDADE DE ISRAEL, EM RACHEL E LEÁ. A NECESSIDADE E OS PERIGOS DO DUALISMO

SEGUNDO LIVRO: YOSSEF E HALEL

CHANUCÁ COMO CHAVE PARA A REDENÇÃO FINAL. GALUT COMO PROCESSO QUE ISRAEL INCORPORA NAS NAÇÕES OS PERIGOS DA GALUT: DESAFIO DA IDENTIDADE DE ISRAEL

O DESAFIO DE EDOM: COMPROMISSO COM O MUNDO MATERIAL

CHANUCÁ É A CAPACIDADE DE DESENVOLVER ESSE MUNDO. A REJEIÇÃO DE YAAKOV DA SOCIEDADE COM EDOM, O *GUID HANASHÊ* E A PERDA DO MUNDO MATERIAL.

YOSSEF COMO EXTENÇÃO DA *AVODÁ* DE YAAKOV VENCENDO ESSAV

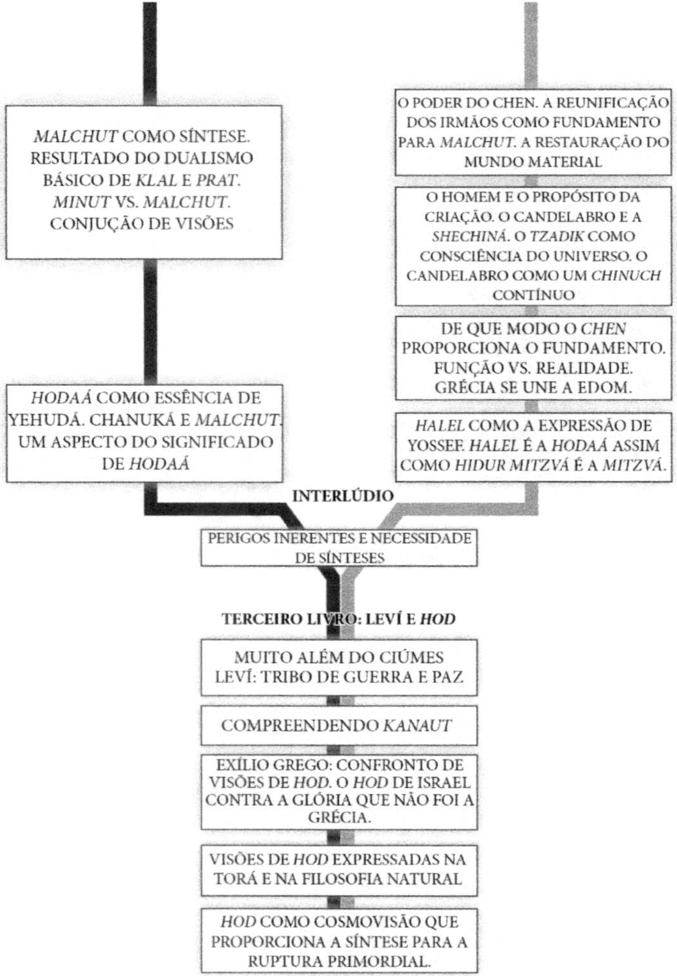

MALCHUT COMO SÍNTESE. RESULTADO DO DUALISMO BÁSICO DE KLAL E PRAT. MINUT VS. MALCHUT. CONJUÇÃO DE VISÕES

O PODER DO CHEN. A REUNIFICAÇÃO DOS IRMÃOS COMO FUNDAMENTO PARA MALCHUT. A RESTAURAÇÃO DO MUNDO MATERIAL

O HOMEM E O PROPÓSITO DA CRIAÇÃO. O CANDELABRO E A SHECHINÁ. O TZADIK COMO CONSCIÊNCIA DO UNIVERSO. O CANDELABRO COMO UM CHINUCH CONTÍNUO

DE QUE MODO O CHEN PROPORCIONA O FUNDAMENTO. FUNÇÃO VS. REALIDADE. GRÉCIA SE UNE A EDOM.

HODAÁ COMO ESSÊNCIA DE YEHUDÁ. CHANUKÁ E MALCHUT. UM ASPECTO DO SIGNIFICADO DE HODAÁ

HALEL COMO A EXPRESSÃO DE YOSSEF. HALEL É A HODAÁ ASSIM COMO HIDUR MITZVÁ É A MITZVÁ.

INTERLÚDIO

PERIGOS INERENTES E NECESSIDADE DE SÍNTESES

TERCEIRO LIVRO: LEVÍ E HOD

MUITO ALÉM DO CIÚMES LEVÍ: TRIBO DE GUERRA E PAZ

COMPREENDENDO KANAUT

EXÍLIO GREGO: CONFRONTO DE VISÕES DE HOD. O HOD DE ISRAEL CONTRA A GLÓRIA QUE NÃO FOI A GRÉCIA.

VISÕES DE HOD EXPRESSADAS NA TORÁ E NA FILOSOFIA NATURAL

HOD COMO COSMOVISÃO QUE PROPORCIONA A SÍNTESE PARA A RUPTURA PRIMORDIAL.

PRELÚDIO

Aqui descobrimos o significado de Moed, vemos que, aparentemente, Chanucá foi um "fracasso" e comprovamos que Galut Yaván, o Exílio Grego, difere de todos os demais exílios em dois aspectos importantes.

TEMPO E MOED

וְהוּא מְהַשְׁנֵא עִדָּנַיָּא וְזִמְנַיָּא מְהַעְדֵּה מַלְכִין וּמְהָקֵים מַלְכִין יָהֵב חָכְמְתָא לְחַכִּימִין וּמַנְדְּעָא לְיָדְעֵי בִינָה

... (D-us) muda os tempos e os momentos prescritos, derruba reis e instaura reis; Ele outorga sabedoria aos sábios e conhecimento aos que possuem discernimento. Ele revela o profundo e o oculto, conhece o que há na obscuridade e a Luz que reside com Ele.

Daniel 2:21-22

TEMPO E MOED

0.1 VISÕES DO TEMPO

O conceito que a Torá tem do tempo difere profundamente da visão do tempo que os povos gentis têm tido ao longo da história. Essas perspectivas diferem entre si tão profundamente como diferem Israel e esses povos, e são um componente essencial do que os separa. Percepções distintas do tempo conduzem diretamente a diferenças profundas na compreensão do que é *Moed*.

Para os demais povos, o tempo constitui um fluxo linear, sem relação com algo externo.[*] Contudo, nenhum instante no tempo está realmente conectado a outro; cada momento existe como um ponto isolado ao longo de uma linha infinita. Como Sir Isaac Newton afirmou:

> O tempo, absoluto, verdadeiro e matemático, por si mesmo e
> por sua natureza, flui igualmente sem relação com algo externo
>
> *Princípios Matemáticos da Filosofia Natural*[**]

Para a Torá, o tempo é uma dimensão cíclica, que envolve, de forma íntima, o observador. Como o espaço, o tempo é uma dimensão dentro da qual podemos nos mover e efetuar medições. A "regra" que atribui o local no tempo é chamada "relógio", ou seja, qualquer fenômeno repetitivo: a vibração de um cristal de quartzo, um pêndulo ou uma mola feita na Suíça. O relógio da Torá, que consiste na percepção das mudanças cíclicas que se dão no sol e na lua, não somente mede o tempo: ele o define. [1]

Essa dimensão cíclica não é um simples círculo, pois, neste caso, constantemente tropeçaríamos em nosso passado, cada vez que um instante do tempo voltasse a se repetir. Em vez disso, o tempo é um ciclo em espiral, no qual certas coordenadas são as mesmas de antes, enquanto outras são diferentes. Do mesmo modo que podemos visitar de novo um mesmo local

---

[*] Aqui nos referimos somente à noção popular do tempo, e não às definições filosóficas e científicas do mesmo, as quais se estendem desde Parmênides e Heráclito na antiguidade até Poincaré e Einstein.

[**] Pode-se afirmar que só recentemente foi aceito que não existe uma duração de fluxo absoluta: em sua essência, o tempo envolve o externo, e inclui até mesmo o observador.

no espaço, sem que tropecemos com os seres que éramos anteriormente, assim também, a cada ano, estamos expostos a locais temporariamente equivalentes. As diferenças em nossas personalidades e nossa história se convertem na parte total da medida do tempo.

Os gregos também possuíam uma noção cíclica do tempo e, para eles, também a definição do tempo era em função das mudanças cíclicas astronômicas. Não obstante, sua visão difere tão marcadamente com a da Torá, que as guerras de Chanucá foram em parte pela definição da natureza do tempo.[2] Eles acreditavam que o ciclo do tempo era um "Ano Grande" no qual o universo nascia e perecia uma e outra vez. Essa periodicidade implicava na recorrência eterna de tudo o que existe:

> Tudo, eventualmente, voltará a uma mesma ordem própria, e eu conversarei com você com o cajado na mão, e você estará sentado na mesma posição em que está agora, e assim será com todo o resto...

Eudemo de Rodes[3]

A diferença entre o ciclo grego do tempo e o ciclo na espiral da Torá está enfatizada na importância da mudança e do crescimento. A Torá afirma que as conquistas do homem constituem o sentido da existência do mundo e do tempo. Conforme cada nova volta na espiral do tempo há uma trama no tecido do universo, a Criação caminha em direção ao *tikún*, seu auge, triunfante. É por isso que, na Torá, o próprio tempo constitui o ponto central da *avodá*, do empenho e do projeto humano na Criação. Cada momento dever ser absolutamente único, tão singular como o ser humano que atua dentro dele e nele. Essa combinação de recorrência e de diferença se reflete na palavra hebraica que designa ano: *shaná*, que tem o duplo sentido de "repetição" e de "mudança".

Pode-se perceber, com facilidade, as dramáticas implicações divergentes que têm essas duas perspectivas distintas. Aqueles que conceberam o tempo como um ciclo interminável que, não deixa nada e não leva a lugar algum, deixaram o homem fora do tempo completamente. Não há lugar para *avodá*; não há possibilidade de busca e de luta para alcançar a perfeição e a plenitude universal.[*]

---

[*] Mais adiante veremos de que modo essa própria divergência constitui um tema central do conflito cultural entre Grécia e Israel e de que modo Chanucá gira em torno dela.

Aqueles que concebem o tempo como pontos desligados entre si ao longo de uma linha consideram o calendário como uma conveniência, não uma realidade. Comemorar consiste em uma revisão mental arbitrária de memórias românticas e associações temporais. Os povos do mundo manipulam seus calendários como se fossem joguetes, e avançam ou recuam seus dias festivos à vontade.[*]

A Torá, ao contrário, concebe o tempo como nosso contato com a realidade, o que define nosso meio ambiente e nossas atitudes espirituais e nossos modos de ser, a base do sucesso que faz parte de nossa história e nossas vidas individuais. Comemorar é mais que uma mera lembrança das coisas: constitui uma vivência *renovada* no tempo dos aspectos que criaram os êxitos, sentindo de novo os modos de ser e as sensações nascidas com eles.[4]

A partir da perspectiva da Torá, o calendário é justamente o contrário da arbitrariedade, já que representa a manifestação mais profunda de *kedushát Israel*, a santidade de Israel. No início mesmo da viagem de Klal Israel, antes da saída do Egito, D'us nos deu nossa primeira[5] *mitsvá: kidush hachodesh* (a santificação da lua nova), o primeiro passo no sentido de viver uma vida como povo que realmente responde diante de D'us e diante de Seu universo. Em todas as manifestações distintas, nossa relação com D'us se dá por meio da diversidade de instantes dentro de ciclos de tempo.

---

[*] Os imperadores romanos dispunham de poder para interferir no calendário à vontade e com frequência fizeram uso dessa prerrogativa como instrumento para encurtar ou aumentar certas magistraturas, até que o calendário atingiu "um nível de desordem extraordinário".

No ano 46 a.e.c., foram agregados 85 dias. Esse ano foi conhecido como "o último ano de confusão", descrição inexata, pois em 1582, o papa Gregório 13 somou mais dez dias, fazendo que a quinta-feira 4 de outubro se tornasse sexta-feira, 15 de outubro. Aos protestantes, isso soou como um complô romano, e foi só em 1752 que a Inglaterra e as colônias da América do Norte finalmente sucumbiram à necessidade de corrigir seu calendário e instituíram a forma gregoriana. (Ao passo que essa demora é responsável pela ambiguidade sobre o aniversário de George Washington, que às vezes é tido como 11 de fevereiro e, às vezes, como 22 de fevereiro, de 1732. Ele nasceu sob o calendário Juliano, e posteriormente, teve que somar 11 dias).

Os primeiros cristãos trocaram arbitrariamente o Shabat pelo domingo, e no Concílio de Niceia (325 e.c) ficou decidido que seria melhor que a Páscoa sempre caísse em um domingo. Mais ou menos na mesma época, as igrejas do Ocidente e do Oriente começaram a ter diferenças com respeito a que dias festivos eram importantes e que calendário seguir. Essas diferenças continuam até nossa época, e acarretaram muitas reviravoltas e mudanças nesse período.

O contraste com o calendário e os dias festivos do Povo Único é gritante.

Essa ligação que o observador tem com o tempo explica a intensidade da relação que Israel tem com a cronologia: convertemo-nos em sócios do tempo. As *mitsvot* estipulam que nos envolvamos com o tempo por meio do estudo das fórmulas astronômicas que o regulam, a percepção das mudanças que o determinam, o ato de defini-lo[6] no *Beit Din*, o ato de declará-lo acima das montanhas[7] e inserindo-o em nossas rezas e em nossas vidas. Os povos nos identificaram como o povo do tempo, os guardiões do calendário:

כִּי הוּא חָכְמַתְכֶם וּבִינַתְכֶם לְעֵינֵי הָעַמִּים

Pois essa é a sabedoria e o entendimento de vocês aos olhos das nações

Devarim 4:6

Isso se refere aos cálculos dos ciclos e das constelações

Shabat 75a

Para a Torá, o tempo não é algo dentro do que vivemos; ele vive dentro de nós. Somos um povo em virtude de nosso calendário[8], uma nação santificada junto com o tempo. E para honrar cada festa, pronunciamos a bênção que celebra essa relação especial:

מקדש ישראל והזמנים

"(D-us) santifica Israel e os tempos"[9]

0.2 ENCONTROS COM O TEMPO

Para tudo há um tempo fixado, e um momento para cada propósito debaixo do céu

Kohelet 3:1

Um tempo fixado para que o mundo fosse criado; um tempo fixado para que a geração do dilúvio fosse arrasada com a água; um tempo fixado para que Avraham fosse criado; um tempo fixado para que nossos ancestrais descessem a Mitsraim (Egito); um tempo fixado para que saíssem dali...

Midrash Tanchuma, Ekev 10

A visão que a Torá tem do tempo permeia profundamente o modo com o qual o Judaísmo entende as festividades. Para o judeu, uma festa constitui um vínculo por meio do qual estabelece um contato, um *Moed*: a palavra, em si, significa "encontro fixado". O tempo mesmo é chamado *z'man*, que implica algo preparado, fixado ou estabelecido. Pois não só recordamos e celebramos os feitos do passado: tocamos seu presente, vislumbrando e formando o futuro.

Isso é uma extensão da relação simbiótica entre Israel e o tempo: assim como somos definidos pelo tempo, assim também nós o definimos.[10] Não há necessidade alguma de imaginar Shabat; esse dia se impõe sobre nossa consciência, criando atitudes, abrindo-nos novas sensações e, inclusive, dando-nos uma alma adicional.[11] Pessach, por sua vez, não constitui uma reação ante a saída de Mitsraim (Egito); ao contrário, a saída de Mitsraim é um resultado da coordenada no tempo que agora chamamos Pessach, um momento "que se manteve à espera desde os dias da Criação".[12]

O mesmo ocorre com cada coordenada no tempo: de semanas de luto a períodos de alegria; de dias de reverência a tempos de exaltação.

O Moed não é estático. Os ciclos repetitivos do tempo implicam um desenvolvimento da história e uma eventual culminação da Criação. Ainda que cada Shabat seja Shabat, nenhum é igual ao outro: cada um marca um passo adicional ao longo do caminho. Os instantes de tempo são parte da marcha da Criação até seu ápice. A multiplicidade de detalhes inerentes aos primeiros instantes da Criação se desenvolve ao ritmo do tempo. O que de início parecia simples, com o tempo se torna multifacetado, e cada ciclo ilumina uma faceta a mais. Ao fim da longa marcha do tempo, ficaremos, finalmente, com o que é completo e verdadeiramente simples.[13]

Cada novo circuito no tempo que se move em espiral cria mudanças e oferece oportunidades renovadas, desde o ciclo mensal de *chodesh* – que significa "renovação" – passando pelo ciclo anual de *shaná*, "mudança", os ciclos cada vez mais amplos de *shevi'it**, de *Iovel***e de milênios,[14] até chegar a *Olam Habá*, o Mundo Vindouro.[15] Cada Moed é, simultaneamente, um retorno e um fomento de mudança. Os Moadim que dominam o calendário judaico proporcionam o controle do povo de Israel em sua longa marcha ao longo da história. Sem dúvida, cada dia festivo está ligado a fatos passados, mas está ainda mais a uma coordenada no tempo, a um ponto que se renova a cada ciclo, perpetuamente brindando novas oportunidades para um encontro final com D'us.

Os povos que meramente vivem dentro do tempo deixam que o tempo passe, fazendo que seus dias festivos transcorram como marcos de temporada. Sem dúvida, aqueles nos quais o tempo vive estão em estado de alerta e se aproveitam do ciclo tanto para recriar quanto para criar de novo, sem perder a oportunidade que se apresenta a cada Moed. Mas nossa compreensão é limitada; a própria natureza do tempo a limita e vai se acentuando.

0.3 FRAGMENTAÇÃO E PAUTAS NO TEMPO

---

*　　　O ciclo de sete anos que inclui o ano sabático, também chamado *shevi'it* ou *Shemitá* (N. do T.)

**　　　O ciclo de 49 anos, que termina no Jubileu (*Iovel*), que é o 50º ano (N. do T.)

D'us mostrou a Adam, o primeiro homem, cada geração e seus exegetas, cada geração e seus sábios, cada geração e seus provedores.

Avodá Zará 5a

Para seu Criador, a Criação tem propósito, direção e unidade. Constitui uma visão que para seu Autor está completa; uma visão da qual só compartilharemos plenamente em um mundo mais além do que o nosso.[16] Um dos requisitos essenciais para a existência judaica[17] consiste na crença na expressão final de um propósito último. Mas viver dentro do processo é inerentemente limitante.

Nós, que vivemos dentro de uma estrutura de tempo que se desenrola, experimentamos a Criação fragmentada em instantes e detalhes que, para nós, permanecem incompletos. Para os que se acham dentro, a história é um labirinto que tem passagens que se entrecruzam e corredores sem saída aparente, confusos e irremediavelmente complexos em seus detalhes. Vivemos dentro de cortes transversais do tempo, pedaços que só fragilmente se relacionam entre si.

A trama da Criação é sumamente intrincada; sem dúvida, nenhum fio está em um lugar errado, e nenhuma parte de toda estrutura carece de sentido. Há pontos nos quais os fios se entrecruzam e revelam a existência de um desenho e de padrões. Os padrões fazem com que cada detalhe tenha sentido para nós; os padrões dão forma ao caos. Há momentos nos quais os fios condutores da história se entrecruzam e proporcionam um núcleo, ao redor do qual os detalhes se fundem em um. Esses momentos são os locais no tempo onde ocorrem os Moadim, os pontos de encontro, os pontos principais da história. Os Moadim são mais que uma oportunidade para sentir uma experiência renovada: constituem os indicadores de D-us, as guias da história.

Os Moadim proporcionam padrões, orientações e compreensão mais além do tempo pessoal, mais ou menos do mesmo modo que nossa memória nos dá sentido e identidade por meio de mudanças contínuas. Imagine durante um momento de sua vida sem memória, *qualquer* tipo de memória. Cada fato seria completamente desconectado dos demais, totalmente fora de contexto e sem sentido.[18] Mas o mais terrível de tudo seria que não haveria um *você*, uma identidade global e unificadora. A memória proporciona unidade a partir de momentos ricamente esculpidos de nossa existência pessoal; o Moed proporciona unidade a partir de instantes de história cortados com delicadeza, sempre e quando o Moed é utilizado como ponto principal dos padrões existenciais e não está limitado aos feitos do momento. Identificar as amplas linhas históricas que se entrecruzam nesses pontos centrais faz com que seja possível construir um esqueleto de compreensão – um modelo – que gradualmente pode ser desenvolvido com detalhe e beleza.

Cada Moed oferece uma oportunidade única para estender-se mais além do momento presente desde o passado para o futuro, para escapar da prisão do tempo pessoal e limitado, para participar mais conscientemente da composição feita pelo Criador.

Quanto mais profunda for nossa compreensão do propósito e da direção da história, bem como de nossas vidas individuais, mais profundamente seremos capazes de discernir a vontade do Criador e levar nossas vidas cheias de sentido e realização pessoal. Não obstante, para compreender o que o Moed implica e explorar as oportunidades que ele oferece é necessário contar com um guia, dentro do mosaico do tempo, que proceda da única fonte de visão global das coisas: a Torá.

0.4 PADRÕES NA TORÁ

Os profetas possuem uma visão que, em certas ocasiões, transcende a fragmentação do tempo. Contudo, *chacham adif minavi*, "o sábio é preferível ao profeta".[19] A Torá oferece uma compreensão da realidade que, em seus níveis mais simples, está aberta a todos, mas que, ao mesmo tempo, se expande, conforme se expandem nossas capacidades. Mas, às vezes, a Torá mesma se apresenta fragmentada, oculta atrás da complexidade.

...Minha palavra como fogo...

como martelo que quebra a rocha

Yirmiyahu 23:29

Assim como o martelo produz muitas faíscas (ao golpear), assim também um versículo se divide em muitos significados...

San'hedrin 34a

A Torá também é uma unidade. Sua visão não se revela em extratos desconectados,[20] assim como o tempo tampouco o faz; seus padrões também estão velados. Se na Torá é tão difícil contemplar a visão completa da realidade como contemplar com um olhar geral toda a história, onde podemos encontrar um guia útil que nos mostre as trilhas ocultas da história, o instrumento que nos permita uma participação mais plena na Criação?

Somente nossos Sábios, que possuíam uma visão unificada da Torá, são os que podem nos oferecer a chave para a integração e para a compreensão. De uma maneira sutil, os Sábios expuseram os padrões ocultos da Torá através dos *midrashim agádicos*, uma arquitetura de níveis múltiplos que permite unificar a desconcertante multiplicidade de detalhes e de níveis que há na Torá. A palavra *agadá*, que usualmente é entendida no sentido de "relatos" (de הגד, relatar), deriva de *gad* (גד), que significa atar.[21]

Este livro é uma tentativa de integrar, é uma busca de padrões globais de Moed. Mas não como exercício intelectual, e sim, como meio para aproveitar uma oportunidade para a *avodá* (serviço). Pois quanto mais profunda for nossa compreensão do propósito e da direção da história e de nossas vidas individuais, mais seremos capazes de discernir, com profundidade, a vontade do Criador e viver vidas cheias de sentido e realização pessoal.

Aqui estamos em busca dos meios para cumprir com um encontro específico no tempo: o *z'man* que agora se chama Chanucá. Não se trata de um livro sobre a história, a *halachá*, os costumes e informações de Chanucá. Há muito pouco disso tudo aqui. Em vez disso, empreenderemos uma busca que nos leve a compreender os processos históricos para os quais Chanucá nos proporciona uma lente que enfoca os raios divergentes do tempo e a luz dispersa de milênios no processo de realização da história. Os tema de Chanucá são fios envoltos com grandes personagens e história, de Yaakov a David, de Yossef aos *chashmonaim*, o *Gan Eden* e a vinda de *Mashiach*.

Os instrumentos de nossa indagação constituem os padrões ocultos nos múltiplos níveis do Midrash, o depositário da compreensão alcançada pelos Sábios, por meio de uma percepção que ultrapassa o humano: *ruach hakodesh*, inspiração divina.

TABELAS
CRONOLÓGICAS

TABELA CRONOLÓGICA 1

O MILAGRE DE CHANUCÁ

PERÍODOS ANTERIORES E POSTERIORES

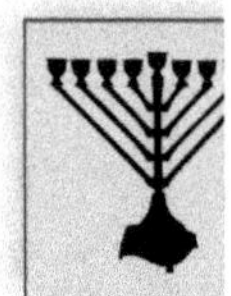

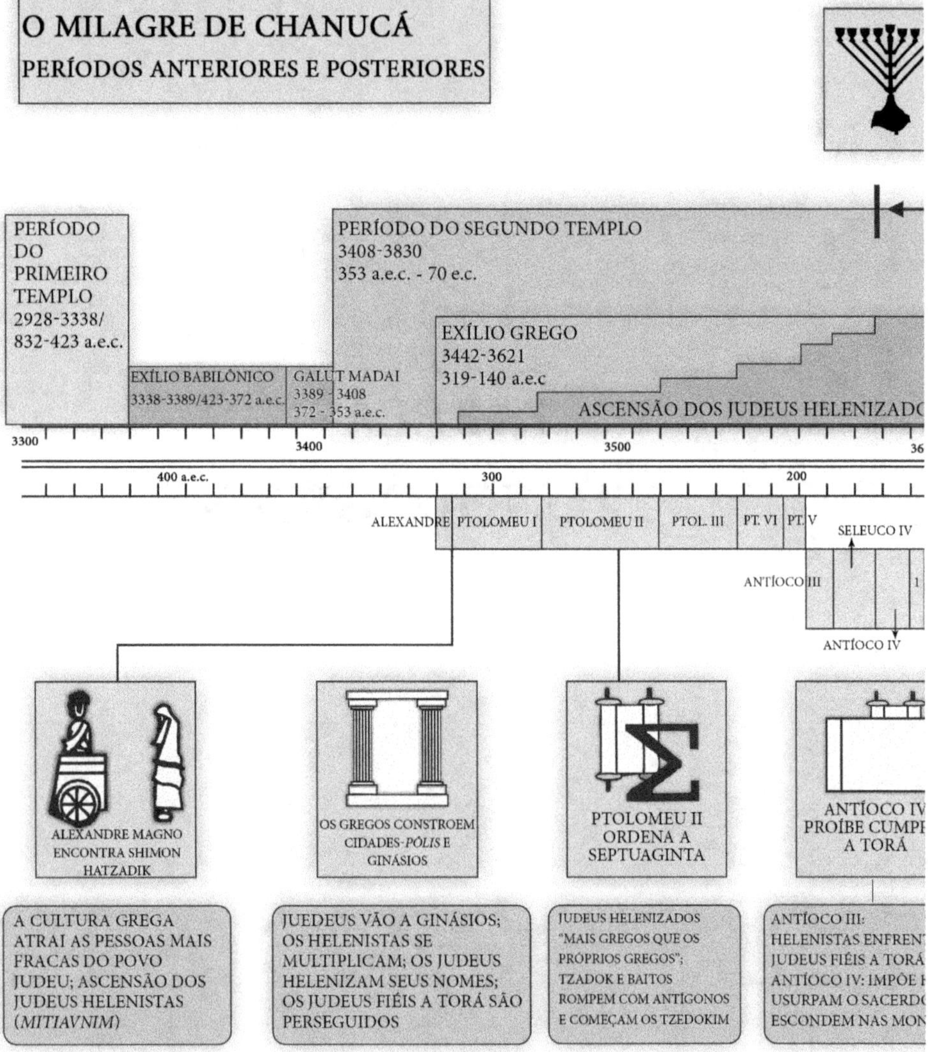
PERÍODO DO PRIMEIRO TEMPLO
2928-3338/
832-423 a.e.c.
EXÍLIO BABILÔNICO
3338-3389/423-372 a.e.c.
GALUT MADAI
3389 - 3408
372 - 353 a.e.c.
PERÍODO DO SEGUNDO TEMPLO
3408-3830
353 a.e.c. - 70 e.c.
EXÍLIO GREGO
3442-3621
319-140 a.e.c
ASCENSÃO DOS JUDEUS HELENIZADO
3300
3400
3500
400 a.e.c.
300
200
ALEXANDRE
PTOLOMEU I
PTOLOMEU II
PTOL. III
PT. VI
PT. V
SELEUCO IV
ANTÍOCO III
ANTÍOCO IV
ALEXANDRE MAGNO ENCONTRA SHIMON HATZADIK
OS GREGOS CONSTROEM CIDADES-*PÓLIS* E GINÁSIOS
PTOLOMEU II ORDENA A SEPTUAGINTA
ANTÍOCO IV PROÍBE CUMPR A TORÁ
A CULTURA GREGA ATRAI AS PESSOAS MAIS FRACAS DO POVO JUDEU; ASCENSÃO DOS JUDEUS HELENISTAS (*MITIAVNIM*)
JUEDEUS VÃO A GINÁSIOS; OS HELENISTAS SE MULTIPLICAM; OS JUDEUS HELENIZAM SEUS NOMES; OS JUDEUS FIÉIS A TORÁ SÃO PERSEGUIDOS
JUDEUS HELENIZADOS "MAIS GREGOS QUE OS PRÓPRIOS GREGOS"; TZADOK E BAITOS ROMPEM COM ANTÍGONOS E COMEÇAM OS TZEDOKIM
ANTÍOCO III: HELENISTAS ENFREN JUDEUS FIÉIS A TORÁ ANTÍOCO IV: IMPÕE USURPAM O SACERD ESCONDEM NAS MON

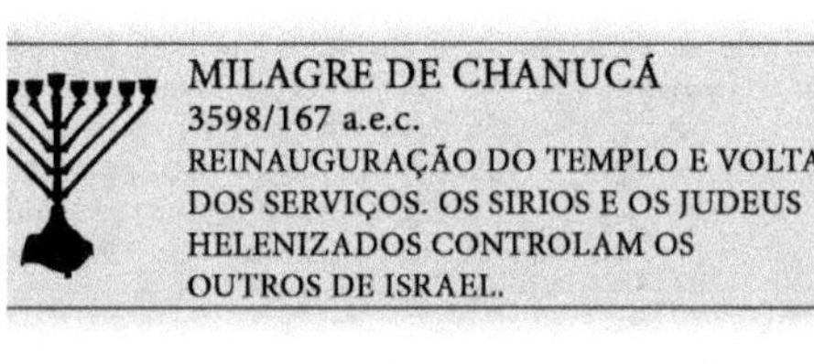

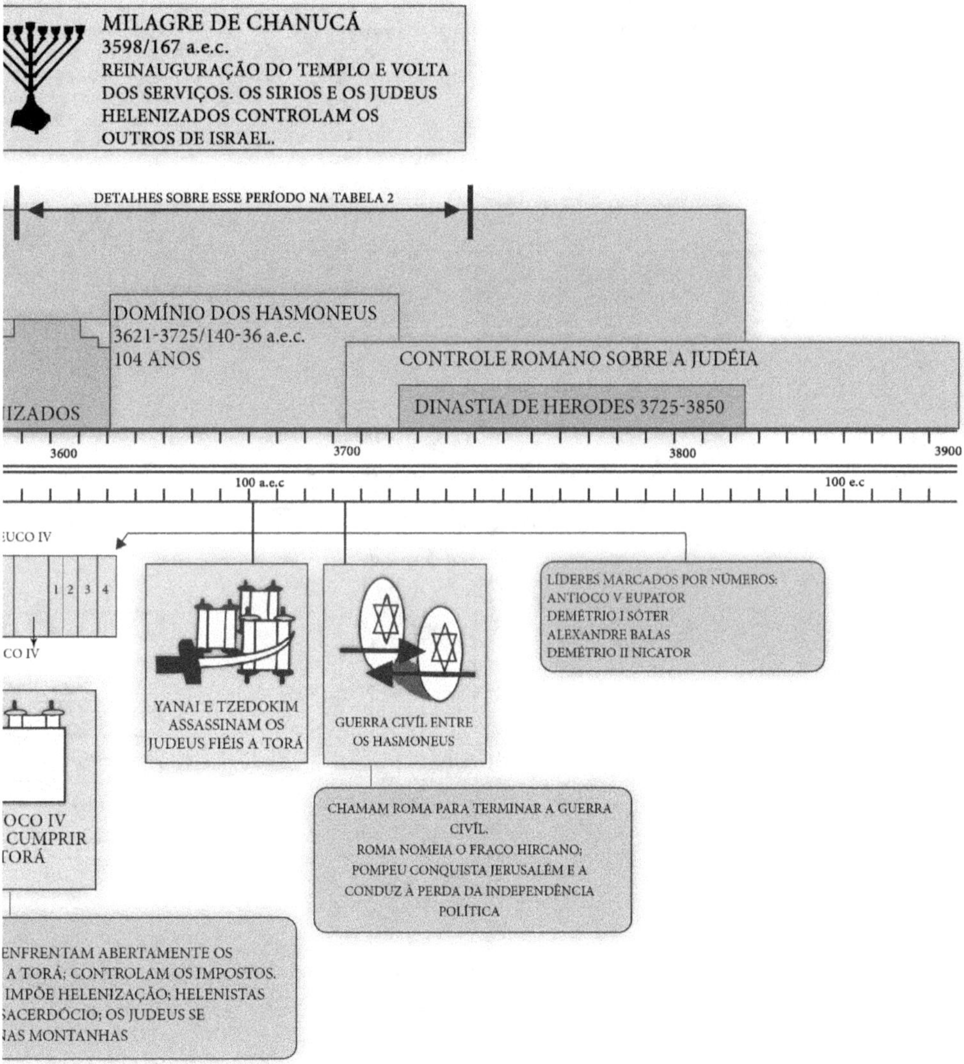

MILAGRE DE CHANUCÁ
3598/167 a.e.c.
REINAUGURAÇÃO DO TEMPLO E VOLTA
DOS SERVIÇOS. OS SIRIOS E OS JUDEUS
HELENIZADOS CONTROLAM OS
OUTROS DE ISRAEL.

DETALHES SOBRE ESSE PERÍODO NA TABELA 2

DOMÍNIO DOS HASMONEUS
3621-3725/140-36 a.e.c.
104 ANOS

CONTROLE ROMANO SOBRE A JUDÉIA

DINASTIA DE HERODES 3725-3850

...IZADOS

3600
3700
3800
3900

100 a.e.c
100 e.c

...EUCO IV

1 2 3 4

...CO IV

YANAI E TZEDOKIM
ASSASSINAM OS
JUDEUS FIÉIS A TORÁ

GUERRA CIVÍL ENTRE
OS HASMONEUS

LÍDERES MARCADOS POR NÚMEROS:
ANTÍOCO V EUPATOR
DEMÉTRIO I SÓTER
ALEXANDRE BALAS
DEMÉTRIO II NICATOR

...OCO IV
...CUMPRIR
...TORÁ

CHAMAM ROMA PARA TERMINAR A GUERRA
CIVÍL.
ROMA NOMEIA O FRACO HIRCANO;
POMPEU CONQUISTA JERUSALÉM E A
CONDUZ À PERDA DA INDEPENDÊNCIA
POLÍTICA

...ENFRENTAM ABERTAMENTE OS
...A TORÁ; CONTROLAM OS IMPOSTOS.
...IMPÕE HELENIZAÇÃO; HELENISTAS
...SACERDÓCIO; OS JUDEUS SE
...NAS MONTANHAS

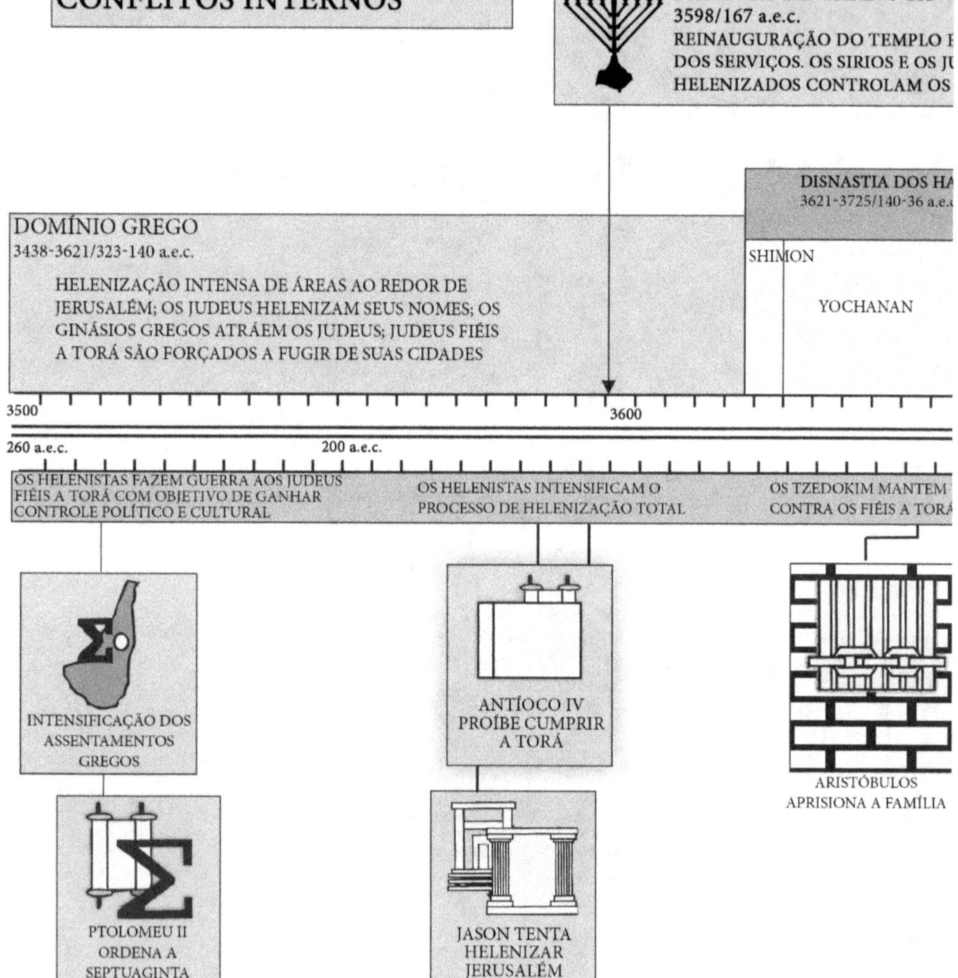

TABELA CRONOLÓGICA 2:

DINASTIA DOS HASMONEUS
CONFLITOS INTERNOS

MILAGRE DE CHANUCÁ
3598/167 a.e.c.
REINAUGURAÇÃO DO TEMPLO E
DOS SERVIÇOS. OS SIRIOS E OS JU
HELENIZADOS CONTROLAM OS

DISNASTIA DOS HA
3621-3725/140-36 a.e.c.

SHIMON

YOCHANAN

DOMÍNIO GREGO
3438-3621/323-140 a.e.c.

HELENIZAÇÃO INTENSA DE ÁREAS AO REDOR DE
JERUSALÉM; OS JUDEUS HELENIZAM SEUS NOMES; OS
GINÁSIOS GREGOS ATRÁEM OS JUDEUS; JUDEUS FIÉIS
A TORÁ SÃO FORÇADOS A FUGIR DE SUAS CIDADES

3500
3600

260 a.e.c.
200 a.e.c.

OS HELENISTAS FAZEM GUERRA AOS JUDEUS
FIÉIS A TORÁ COM OBJETIVO DE GANHAR
CONTROLE POLÍTICO E CULTURAL

OS HELENISTAS INTENSIFICAM O
PROCESSO DE HELENIZAÇÃO TOTAL

OS TZEDOKIM MANTEM
CONTRA OS FIÉIS A TORÁ

INTENSIFICAÇÃO DOS
ASSENTAMENTOS
GREGOS

ANTÍOCO IV
PROÍBE CUMPRIR
A TORÁ

ARISTÓBULOS
APRISIONA A FAMÍLIA

PTOLOMEU II
ORDENA A
SEPTUAGINTA

JASON TENTA
HELENIZAR
JERUSALÉM

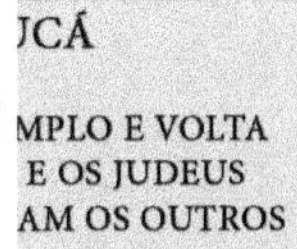

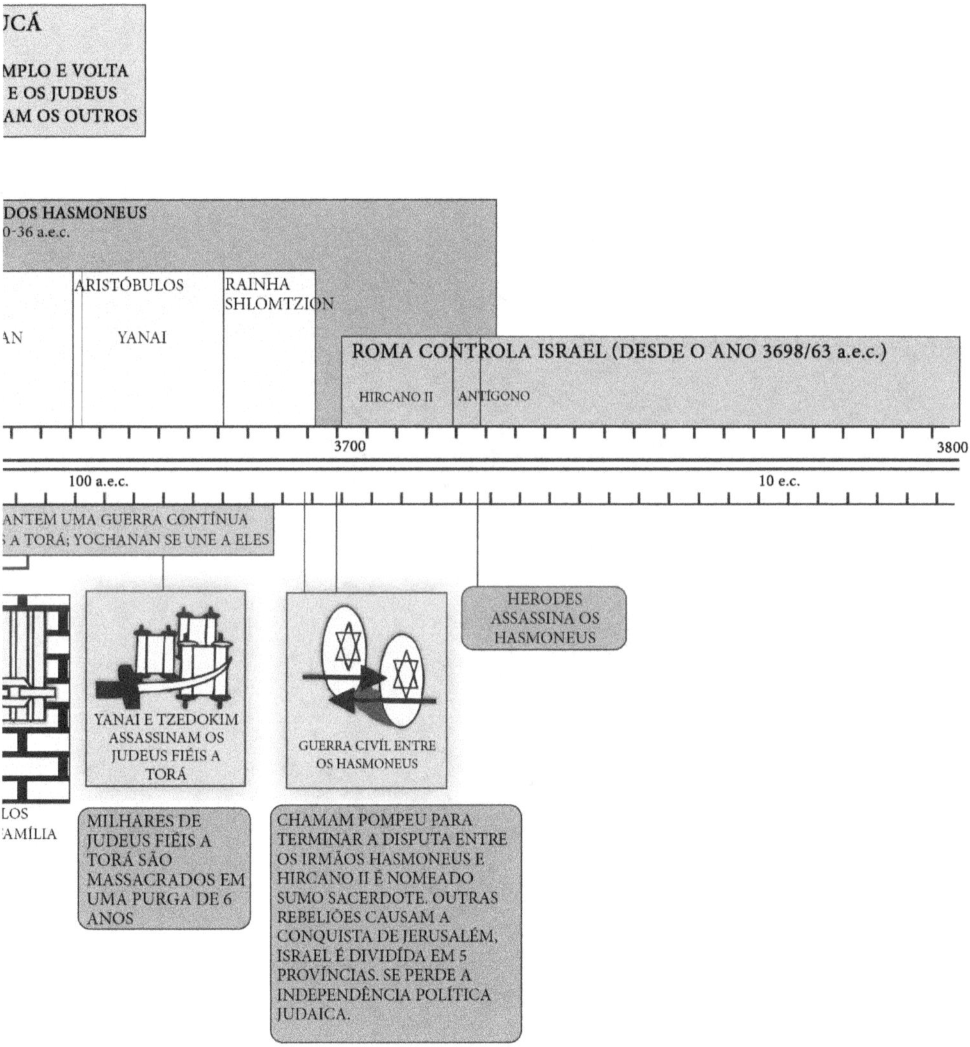

JCÁ

MPLO E VOLTA
E OS JUDEUS
AM OS OUTROS

DOS HASMONEUS
0-36 a.e.c.

ARISTÓBULOS

RAINHA
SHLOMTZION

AN

YANAI

ROMA CONTROLA ISRAEL (DESDE O ANO 3698/63 a.e.c.)

HIRCANO II   ANTÍGONO

3700

3800

100 a.e.c.

10 e.c.

ANTEM UMA GUERRA CONTÍNUA
S A TORÁ; YOCHANAN SE UNE A ELES

HERODES
ASSASSINA OS
HASMONEUS

YANAI E TZEDOKIM
ASSASSINAM OS
JUDEUS FIÉIS A
TORÁ

GUERRA CIVIL ENTRE
OS HASMONEUS

LOS
AMÍLIA

MILHARES DE
JUDEUS FIÉIS A
TORÁ SÃO
MASSACRADOS EM
UMA PURGA DE 6
ANOS

CHAMAM POMPEU PARA
TERMINAR A DISPUTA ENTRE
OS IRMÃOS HASMONEUS E
HIRCANO II É NOMEADO
SUMO SACERDOTE. OUTRAS
REBELIÕES CAUSAM A
CONQUISTA DE JERUSALÉM,
ISRAEL É DIVIDÍDA EM 5
PROVÍNCIAS. SE PERDE A
INDEPENDÊNCIA POLÍTICA
JUDAICA.

Capítulo Um
MOED E CHANUCÁ

No ano seguinte instituíram esses dias como festividades...

Shabat 21b

Por que no ano seguinte? Na época em que Chanucá ocorreu, pensou-se que a Luz milagrosa havia sido um evento único, não uma Luz espiritual que se manifestaria a cada ano. Mas, no ano seguinte, por meio de *ruach hakodesh* (inspiração divina), os Sábios dessa geração entenderam que essa mesma Luz se manifestava nos mundos superiores e em nosso mundo... e, então, compreenderam que havia sido estabelecida por toda a eternidade...

Bené Isachar[1]

MOED E CHANUCÁ

1.1 CHANUCÁ COMO MOED

> Aharon, estás destinado a uma grandeza mais excelsa (que a de *Chanucát haMishcan*, a inauguração do Altar), já que as oferendas duravam todo o tempo que havia um Templo. Mas sempre se acenderão velas na *menorá* (candelabro)... e isso nunca será anulado.
>
> *Midrash Tanchuma, Behaalotechá 5*
>
> Isso se refere às velas de Chanucá, instituídas pelos *chashmonaim*.
>
> *Rambam*[2]

Chanucá é uma festa que parece ser bastante objetiva: uma simples comemoração de um fato histórico. É difícil concebê-la como um tempo que tem um significado cósmico e sentir que nos afeta de modo significativo. Contudo, os Sábios nos dizem que Chanucá havia sido predestinada já desde a criação do *Mishcan*, mil anos antes dos *chashmonaim*, e que estava destinada a perdurar mais que as oferendas. De fato, o momento de Chanucá, seu encontro no tempo, havia sido predestinado até mesmo antes da criação original do Mishcan. A criação do Mishcan deveria ter sido celebrada no dia em que se terminou de construí-lo, três meses antes da inauguração deste. Mas esse dia foi fixado para outra "Chanucá", já que esse dia era 25 de Kislev!:

A que se refere o versículo: "Teus pensamentos são muito profundos" (*Tehilim* 92:6)? D-us compensou o 25 de Kislev com a Chanucá dos *chashmonaim*.

Pesiktá Rabati 6:3

Vemos que os Sábios também descobriram rastros de Chanucá dentro do processo da Criação e ao longo de momentos intensamente significativos da história.

A Torá alude a Chanucá na introdução que faz dos moadim a Israel:

מוֹעֲדֵי יְהוָה אֲשֶׁר תִּקְרְאוּ אֹתָם מִקְרָאֵי קֹדֶשׁ אֵלֶּה הֵם מוֹעֲדָי

Os moadim do Eterno, que vocês proclamarão como convocações sagradas, esses são Meus moadim...

Vayikrá 23:2

Os moadim – isso se refere a Pessach, Shavuot e Sucot; esses são Meus moadim – esses se referem a Rosh Hashaná, Chanucá e Purim.

Tikunim Zôhar HaCadosh 22-23

Além disso, Chanucá durará, inclusive, mais que os outros moadim:

Todos os moadim serão abolidos, exceto Chanucá e Purim

Midrash[3]

É evidente que Chanucá é um Moed[4] do mais alto nível; portanto, seria errado se o tratássemos como algo menos do que isso. E exatamente porque Chanucá parece ser erroneamente simples é particularmente importante trazer à luz as Pautas no Tempo que se entrecruzam em Chanucá. Para experimentar e aproveitar melhor a oportunidade que cada ano se apresenta a nós quando se inicia o dia 25 de Kislev, devemos compreender melhor as profundas raízes de Chanucá e o papel que desempenha ao longo da história. Devemos investigar por que há um "tempo fixado" para Chanucá que nos leva de volta a um processo iniciado há milênios, o qual continuará dentro da mente e do coração de cada judeu que ainda está por viver.

É fundamental que não simplifiquemos as coisas nem coloquemos limites à Torá ou ao modo com o qual o Criador dirige a história. Pretender classificar um Moed e dizermos: "Aqui está! Já o captamos", não apenas limita o desenvolvimento contínuo do Moed mesmo, mas também extirpa esse momento especial da totalidade orgânica do tempo. Só se poderá compreender a imagem completa da realidade no mundo vindouro. Contudo, há uma relevância surpreendente em muito do que se pode descobrir através da lente mágica de um momento singular que simultaneamente existe "naqueles dias, neste tempo"[5], uma lente que só pode ser usada por meio da ótica dos Sábios.

Agora, uma das características que distinguem a grandeza consiste na capacidade de transmitir as ideias mais sublimes de tal modo que até uma criança possa entendê-las, em certo nível. A Torá constantemente nos apresenta temas que revelam significados mais profundos, conforme penetramos de um nível a outro, desde o sentido literal (*peshat*) da criança até os segredos (*sod*) do sábio, todo ele entrelaçado em um ilimitado tecido de ideias. A visão histórica dos Sábios não é menos complexa, e, portanto, o impacto de uma instituição como Chanucá possui camadas múltiplas, mas, ao mesmo tempo, é acessível ao indivíduo mais simples. Comecemos com uma revisão básica da história de Chanucá, e logo descobriremos como os temas que guarda, simultaneamente, revelam e ocultam.

1.2 OS EVENTOS DE CHANUCÁ

Há mais de dois mil anos, ocorreram milagres. Primeiro, o milagre da rebelião: acompanhado por um grupo pobremente armado de seguidores, Yehudá HaMacabi comandou uma revolta contra o formidável exército grego. Não podendo tolerar mais o domínio opressivo de uma nação que constituía a antítese de Israel, assim como o endurecimento da repressão às mitsvot, os *chashmonaim* não tiveram mais alternativa, senão, reagir de forma militar.

Segundo todas as expectativas, deveriam ter sido derrotados completamente. Em troca, conseguiram expulsar os gregos e recuperar certo grau de independência, ainda que só pudessem alcançar a independência política 25 anos depois, por meio do último filho sobrevivente de Matitiyahu *Cohen Gadol*, o homem que impulsionou a rebelião (ver Tabela Cronológica).

Mas aconteceu outro milagre no caminho até a vitória: o milagre do azeite.

A luz da *menorá* (candelabro) constitui o símbolo da presença de D-us. No Templo, era necessário manter a menorá acesa continuamente[6] como indício da existência da luz de uma presença perpétua. Os gregos contaminaram e extinguiram essa luz. A primeira tarefa na agenda dos vitoriosos *chashmonaim* consistia na nova dedicação ao Templo e no acendimento da luz eterna. Mas só encontraram uma única vasilha livre de suspeitas de contaminação, que continha azeite suficiente para apenas um dia. No mesmo instante em que acenderam a *menorá*, estavam conscientes de que a luz destinada a ser eterna se extinguiria de novo, já que a produção de azeite novo demoraria oito dias.

Mas o azeite continuou ardendo, mantendo a chama ao longo de oito dias completos, até que se tivesse preparado azeite novo. Quando os Sábios contemplaram o milagre, se deram conta de que a Presença Divina havia estado presente em tudo o que havia acontecido. No ano seguinte, instituíram os oito dias que começavam em 25 de Kislev como "dias de agradecimento e louvor", durante os quais se acenderiam velas para anunciar o milagre.

Esses são os feitos que todos conhecem, a história de Chanucá que simultaneamente revela e oculta.

Capítulo Dois
GALUT E CHANUCÁ

וְהִנֵּה אֵימָה חֲשֵׁכָה גְדֹלָה נֹפֶלֶת עָלָיו וַיֹּאמֶר לְאַבְרָם

יָדֹעַ תֵּדַע כִּי גֵר יִהְיֶה זַרְעֲךָ בְּאֶרֶץ לֹא לָהֶם

...e eis que aqui uma escuridão grande e terrível caiu sobre ele. E (D-us) disse a Avram: "Saiba, certamente, que tua descendência será estrangeira em uma terra que não será sua..."

Bereshit 15: 12-13

Rashi: a "escuridão" alude à dor e à obscuridade da Galut (Exílio).

"Caiu sobre ele" – refere-se à Galut de Babel;

"grande" – Galut Madai;

"escuridão" – Galut Yaván;

"terrível" – Galut Edom

Bereshit Rabá 44:17

GALUT E CHANUCÁ

2.1 ELEMENTOS DA HISTÓRIA

וְהָאָרֶץ הָיְתָה תֹהוּ וָבֹהוּ וְחֹשֶׁךְ עַל פְּנֵי תְהוֹם

E a terra estava desolada e vazia, e havia escuridão sobre a face do abismo...

Bereshit 1:2

"*Desolada*" –*trata-se da* Galut Babel (Babilônia);

"*vazia*" – trata-se da Galut Madai (Pérsia);

"*escuridão*" – trata-se da Galut Yaván (Grécia);

"*o abismo*" – trata-se da Galut Edom (Roma).

Bereshit Rabá 2:5

Aqui, a Torá descreve uma formação primitiva do mundo que compreende elementos da história, elementos que, eventualmente, se expressarão como a escuridão da *Galut*, Exílio.* Cada período diferente do

---

* Aqui nos interessa descobrir as Pautas no Tempo. É por isso que este capítulo aborda o exílio em termos semelhantes ao que Rav Moshe Chaim Luzzatto, em sua obra "Dáat Tevunot", chamou *han'hagat hayichud*, a condução global que D-us fez da Criação.[1]

Há outro nível, chamado *han'hagat hamishpat*, "administração da justiça", no qual contemplamos os eventos como se não tivessem sido planejados, como se fossem só uma reação à nossa conduta. Obviamente que, visto sob essa perspectiva, o exílio é consequência do pecado.

Os Sábios juntaram esses dois aspectos em um belo midrash:

"Venham e vejam as obras de D-us: temíveis em ações para a humanidade" (*Tehilim 66:5*).

exílio reflete forças históricas primordiais, não fatos históricos excepcionais e locais. Essas forças levam Israel a confrontar-se com as visões do mundo de civilizações inteiras, cada uma capaz de expressar sua visão cultural com a força de impacto que possui um poder em escala mundial. Esse tipo de confronto ocorreu entre Israel e Yaván (Grécia).

Se o confronto entre Israel e o mundo grego fazia parte do mesmo tecido da Criação, então, Chanucá representa mais do que uma vitória militar e moral sobre um opressor que, por acaso, se meteu na cena da história judaica. Chanucá constitui a resolução de uma contenda histórica, cujos elementos devemos compreender, se quisermos entender o que Chanucá é, uma resolução cujo significado só pode ser apreciado dentro do contexto da dinâmica *Galut* e *Gueulá*, Exílio e Redenção.

2.2 ETAPAS DO DESENVOLVIMENTO

וְרוּחַ אֱלֹהִים מְרַחֶפֶת עַל פְּנֵי הַמָּיִם

...e um espírito de D-us pairava sobre a superfície das águas.

Bereshit 1:2

e um espírito... – esse é o espírito do Rei Mashiach

Bereshit Rabá 2:5

Rabi Yehoshua ben Korchá disse: Até os temíveis eventos que Tu trazes sobre nós, os trazes por meio de ações. Isso é semelhante a um homem que estava decidido a se divorciar de sua esposa e, assim, lhe escreveu um *guet* (documento de divórcio), e só esperava um pretexto para entregar-lhe. Disse-lhe: "Sirva-me uma bebida". Ela o fez, e quando ele bebeu, lhe disse: "Fora da minha casa! Você me serviu uma bebida quente!"

(...) *Hashem* criou o Anjo da Morte no primeiro dia da Criação, e Adam foi criado no sexto. Assim, já havia sido tramado que Adam traria a morte para o mundo: "O dia em que comeres dela (da Árvore do Conhecimento), certamente morrerás".

(...) *Hashem* desejava cumprir o decreto que estipulava: "Teus descendentes serão estrangeiros durante quatrocentos anos...", e isso aconteceu por meio de uma ação...

Midrash Tanchuma, Vayeshev 4 (resumido)

(O problema da interação entre esses dois níveis é tratados por muitos sábios medievais, *rishonim*, especialmente a questão da oposição entre, de um lado, o determinismo e o conhecimento prévio, e, do outro, o livre-arbítrio.)

Galut, Exílio, é mais que uma prova de resistência, um período de justaposição cultural durante o qual simplesmente há que se assegurar a sobrevivência judaica. *Gueulá*, Redenção, é mais que simplesmente o fim da Galut. Galut e Gueulá constituem os extremos de um processo, uma duração de descobrimento e redescobrimento que, necessariamente, deve deixar sua pegada na alma do povo judeu. Cada Galut constitui uma etapa épica de desenvolvimento no caminho para a formação de uma Comunidade de Israel perfeita e para o "espírito do Rei Mashiach" implícito na Criação.

Ao patriarca Avraham, foi mostrada uma visão das etapas que seus descendentes teriam de atravessar no caminho até a última Gueulá: a visão da alma de um povo (ver o *midrash* que introduz este capítulo). Essa revelação prefigurou não uma única Galut, mas uma série delas. Pois o processo de desenvolvimento até a formação de uma nação de Israel, capaz de florescer na Terra de Israel na presença de D-us, é grande e perigoso. O processo começou em Mitsraim (Egito) e culminará só depois da Gueulá final, com a destruição de Edom e da civilização edificada sobre seus valores.[2]

A Comunidade de Israel que eventualmente existirá, vivendo com Mashiach, refletirá a culminação de milênios de experiência e desenvolvimento. Cada Galut deixou sua Gueulá como compreensão duradoura dentro de nós. Cada uma delas introduziu uma visão mais profunda do que implica a própria identidade de Israel.

Isso significa que, como Moed de redenção, Chanucá representa muito mais que a vitória militar e a resolução histórica. Chanucá constitui também o veículo para transmitir a nova visão da nação judia, adquirida através dos longos anos de Galut e da subsequente Gueulá. De algum modo, transmite uma compreensão profunda dos feitos históricos a descendentes distantes por gerações desses mesmos feitos, do mesmo modo que, através dos anos, Pessach transmite as lições de nosso princípio. E mais ainda que Pessach: mesmo que ele não seja mais relevante do que foi Pessach, Chanucá continuará brilhando.[3]

2.3. A CHANUCÁ PRECÁRIA

Considerando, pois, essa visão de Galut/Gueulá, esperaríamos que Chanucá: a) comemorasse a vitória militar histórica; b) jogasse luz sobre o significado do confronto com Yaván, e c) fosse o meio para transmitir, a uma nação distante a milênios dos feitos, uma visão mais profunda do mundo. No entanto, parece falhar no cumprimento até do mais simples desses quesitos.

Seria historicamente errôneo afirmar, inclusive, que Chanucá comemora a vitória da libertação de um domínio estrangeiro.[4] É claro que os chashmonaim conseguiram recuperar o Templo e restabelecer o serviço nele, mas o restante de Israel seguiu debaixo do controle dos gregos e seus mandatários, os *mityavnim*, os judeus helenizados. Mesmo quando os gregos finalmente deixaram a Terra de Israel, imediatamente se perdeu a liberdade política para os romanos, os quais já avançavam em seu intento de dominar o mundo (veja a Tabela Cronológica).

Até mesmo no Templo, a trégua foi curta. Os *mityavnim* perderam por pouco tempo o Templo e logo recuperaram o cargo de *Cohen Gadol*. A maior parte do período histórico que se seguiu a Chanucá foi caracterizado por graves conflitos internos, que acabaram em uma trágica dissolução social interna, bem como na destruição completa dos chashmonaim.

Se Chanucá não pode simbolizar nem sequer a grandeza de uma vitória autêntica, não parece possível que seja capaz de cumprir a missão essencial de transmitir uma visão complexa através da distância do tempo. Como pode um período histórico precário e cheio de dor como esse reverberar através da história como parte da alma da Comunidade de Israel, possuindo uma relevância ligada à própria Criação? Nessas condições, de que modo pode Chanucá perdurar mais que outras festividades, cujas raízes históricas estão repletas de glória resplandecente e única?

Além disso, há algo assombrosamente diferente acerca da Galut à qual Chanucá serve de desenlace: o "Exílio Grego" nunca ocorreu! Ou, ao menos, não no sentido da perda da Terra de Israel: nem um só judeu foi exilado do território. Precisamos analisar mais detalhadamente o caráter um tanto equivocado dessa Galut, a fim de compreender essa festividade de

Chanucá que, em si mesma, também parece ser um tanto falha. Temos de esquadrinhar a natureza especial da *Galut Yaván*, o "Exílio Grego".

Capítulo Três
A GALUT INTERNA

O segredo dos quatro impérios: Bavel, Madai, Edom e Yaván... é que são como cascas concêntricas envolvendo um núcleo, cada uma dentro da outra. Grécia é a mais interna de todas, perto do núcleo...

Zôhar Chadash, Yitró 61b (resumido)

A GALUT INTERNA

3.1 O INIMIGO INTERNO

Há duas características distintas de Galut Yaván (o Exílio Grego), que o distinguem dos demais exílios. Em primeiro lugar, foi uma Galut sem exílio da terra e sem perda do Templo. Segundo, que a invasão cultural e a cosmovisão estrangeira da Grécia foi encabeçada por judeus.

O inimigo mais profundo é o inimigo interno: a verdadeira pressão para a helenização não veio diretamente dos gregos, mas sim dos *mityavnim*, os judeus helenizados.[*] Essa Galut presenciou judeus jogando os gregos contra seus irmãos judeus, a fim de promover seu sonho de criar uma terra de Israel helenizada (veja a Tabela Cronológica Dois).

Os que verdadeiramente se opunham à Torá eram os *mityavnim*. Seu objetivo não era apenas a helenização externa de toda a população judia, mas a destruição da própria base de Israel. Pela primeira vez na história, surgiram judeus que negavam a validez de mil anos de ensinamentos, tradição e conhecimentos: a *Torá shebeal pê*, a Torá Oral. Parece, então, que a Galut Yaván foi um período de decadência interna, de uma autêntica guerra civil.

---

[*] "Helenista" realmente se refere a qualquer pessoa cuja ascendência não é grega, mas cuja linguagem, cultura e forma de vida é grega. Isócrates disse que a denominação "helênico" já não era questão de ascendência, mas sim de atitude.[1] Contudo, até nossos dias, o dicionário acrescenta que se refere "especialmente a um judeu helenista"[2], o qual é testemunho da afinidade especial que os judeus sentiam pela cultura grega.

O papel desempenhado pelos *mityavnim* na Galut Yaván é reconhecido até por historiadores não judeus:

> Contudo, qualquer possibilidade de que gregos e judeus viverem juntos de modo razoavelmente confortável foi destruída pelo surgimento de uma facção judia reformista que queria forçar a etapa da helenização.
>
> *Paul Johnson, A History of the Jews*[3]

Galut Yavan amplia nosso conceito sobre o que é a Galut, já que não consistiu na perda da Terra de Israel, mas na expressão nacional de Malchut, a soberania sobre nosso país. Galut Yaván nos encontrou fatalmente divididos, sem a capacidade de ser uma nação completa: foi um exílio interno. No entanto, apesar de seu caráter interno, esse período é definido como a Galut da Grécia, a qual revela que só o confronto com a Grécia era capaz de acabar com os problemas internos. Ao que tudo indica, o desafio que a Grécia representou foi particularmente ardiloso e profundo.

3.2 OS ROSTOS DA GRÉCIA

Geralmente se entende o desafio da Grécia como o confronto com uma cultura profundamente diferente, cuja penetração conduziu a um conflito inevitável com Israel. Uma guerra com linhas divisórias claras: de um lado, uma sociedade pagã e hedonista, cujos valores e a inegável criatividade eram direcionados para expressar formas superficiais e voltadas às aparências de um mundo passageiro, *olam hazé*; do outro lado, Israel, uma nação que busca o sucesso espiritual, *olam habá*, cujos valores estão no conteúdo, o interno e o eterno.

Contudo, a Grécia representou mais que puro esteticismo, mais que uma nação de ginásios, teatros e conservatórios, escultores, dramaturgos, poetas e arquitetos. A Grécia possui outro rosto, um rosto que parece ser tão semelhante ao de Israel, que o mundo nos percebe como sócios igualitários na construção da civilização ocidental.* Essa é a Grécia, cuja busca pela compreensão intelectual** mudou, de modo fundamental, a maneira como as nações do mundo percebem o universo, a nação cujos ideais de responsabilidade cívica e cuja preocupação com a ética e com a humanidade engendrou civilizações que proporcionaram liberdade e educação. É a nação cujas ideias provocaram uma admiração mais profunda

---

* Winston Churchill expressa, calorosamente, essa aparente associação em sua obra *History of the Second World War*:

Nenhuma outra raça (à exceção da judia e da grega) deixou uma marca tão profunda no mundo. A partir de ângulos diferentes, cada uma delas nos deixou sua genialidade e sabedoria. Não há cidades que contribuíram tanto para a humanidade como Atenas e Jerusalém. Seus ensinamentos sobre religião, filosofia e arte têm sido a principal luz diretriz na cultura e na fé modernas. Pessoalmente, sempre tenho estado do lado de ambas...[4]

** Na Grécia, os homens não somente falavam de filosofia, eles a viviam: o sábio... era o auge e ideal da vida grega.

Will Durant, The Life of Greece[5]

tanto do físico como da metafísica da Criação. É a nação sobre a qual os Sábios afirmam:

אשר אין בה מום – דא מלכות יון דאינון קריבין לארח מהימנותא

Sem defeito[6] – isso se refere à Grécia, que está perto do caminho da *emuná* (fé).

Zôhar, Shemot 237a

O desafio interno que a Grécia representou contra Israel só pode ser entendido claramente à luz desses paralelismos. Devemos indagar as profundas diferenças que há entre Israel e Grécia, a fim de compreender essa Galut, já que parece ser que as semelhanças entre ambos é o que, de fato, constitui a intensidade e a ameaça desse exílio. São as semelhanças que converteram o confronto histórico com a Grécia em algo muito mais perigoso: o confronto com nós mesmos.

3.3 SEMELHANÇAS

ונגה לו סביב – זה מלכות יון

...e um brilho ao redor dele (*Yechezkel* 1:4) – isso se refere ao reino da Grécia...

Zôhar Chadash, Yitró 44b

E como tem um brilho ao redor, não se pode deixá-lo de lado... possui um aspecto da santidade da *emuná* (fé) e não é permitido tratá-lo com desprezo. Assim, há que lhe conceder sua porção da santidade da emuná.

Zôhar, Shemot 203b

Ainda que nossos sábios tenham considerado que a Grécia estava "perto do caminho da emuná"[7], a proximidade da Grécia ao mais profundo da Nação Sagrada, a santidade de Israel, é, no melhor dos casos, superficial, um mero "brilho ao redor". Contudo, a raiz dessa relação é profunda e, inclusive, origina uma opinião surpreendente na Halachá:

Um *Sefer Torá* não pode estar escrito em nenhum idioma,

exceto no grego (*Rashi*: além da Língua Sagrada).

Meguilá 8b[8]

Essa opinião legal é extraordinária, se levamos em conta que um *Sefer Torá* (rolo de pergaminho da Torá) não é apto para leitura pública se contém mesmo que uma pequena letra *yud*, que não esteja escrita conforme normas muito precisas[9], neste caso, não é regida pelas leis específicas de um rolo da Torá que é adequado e tem uma santidade especial. Ainda assim, a língua grega é apropriada para o objeto mais sagrado que Israel possui e lhe concede toda a santidade própria de um *Sefer Torá*. A origem dessa lei se constitui na bênção que Noach deu a seu filho Yéfet:

יַפְתְּ אֱלֹהִים לְיֶפֶת וְיִשְׁכֹּן בְּאָהֳלֵי שֵׁם

Que D-us expanda (yaft) a Yéfet, e habite nas tendas de Shem.

Bereshit 9:27

Rabi Chiyá bar Abá disse: (o versículo) diz *yaft*, significando que a *yafiutó* (beleza) de Yéfet residirá nas tendas de Shem (*Rashí*: A beleza de Yéfet é a língua grega).

Meguilá 9b

Noach definiu quais seriam as principais divisões da civilização quando dividiu a história entre seus três filhos: Shem, Cham e Yéfet. É surpreendente que, nesse momento único de separação[*], Noach tivesse tido consciência da relação que há entre Israel – a expressão máxima de Shem – e Grécia – o apogeu de Yéfet –, vínculo que haveria de afetar os destinos de ambos os povos.

À primeira vista, a beleza da Grécia deveria ser o aspecto que é mais distante de Israel, o rosto mais orientado para o *olam hazé*. Contudo, essa *yafiutó*, beleza, de Yéfet, que constitui o significado básico da própria palavra *Yéfet*, deve ter seu lugar dentro das "tendas de Shem", que representam o mais íntimo: nossos recintos de estudo e de reza. Essa beleza, inclusive, se tornou parte de nossa consciência cotidiana:

Na Terra de Israel... (se fala) ou *lashon haCodesh (Língua Sagrada)* ou *lashon yevanit (grego)*

---

[*]   De fato, Malchut Yaván também surgiu nesse momento:

Hashem só trouxe Malchut Yaván ao mundo pelo mérito de Yéfet e seu respeito por Noach

Taná d'Be Eliahu Rabá 18:49[10]

Sotá 49b

É claro que a semelhança entre Grécia e Israel vai mais além da busca comum de conhecimento, ética ou justiça social. Isso significa que as distinções entre Israel e Grécia são mais sutis que óbvias diferenças entre uma civilização centrada no humano e outra centrada na Torá, entre a sabedoria da Grécia, derivada do ser humano, e a sabedoria de Israel, divinamente revelada. O confronto também tem profundas raízes, e a penetração da Grécia chega a tocar nossa própria identidade.

3.4 YAVÁN, YONÁ E TSIÓN

וְעוֹרַרְתִּי בָנַיִךְ צִיּוֹן עַל בָּנַיִךְ יָוָן

Despertarei teus filhos, Tsión, contra teus filhos, Yaván.

Zechariá 9:13

Algo além da relação entre Israel e Grécia foi gerado na época de Noach: o confronto inerente a essa relação também teve suas raízes nesse mesmo período histórico. O Midrash descobre indícios de Chanucá até quando Noach se preparava para deixar a Arca e começar a história e um mundo novos:

E ele (Noach) tornou a enviar a *yoná* (pomba) dali...

Bereshit 8:10

na Galut Yaván, que escureceu o rosto dos judeus...

...e havia um ramo de oliveira em seu bico.

Se *Hashem* não houvesse iluminado os sábios para que acendessem as velas com azeite de oliva, o remanescente de Yehudá teria se perdido para sempre

Midrash haNeelam[11]

...um ramo de oliveira em seu bico.

Desde o momento em que o ramo foi arrancado de sua boca "vinte e cinco" estava destinado a residir em Israel: o vinte e cinco de Kislev.

Tikuné Zôhar 13

O povo de Israel é simbolizado pela *yoná* (a pomba, fêmea do pombo, o *yon*) daí o porquê do azeite das velas:

Teus olhos são belos como yonim (pombos)...

Shir HaShirim 1:15

Por que Israel é como a *yoná*? Quando Noach estava na arca, a pomba veio a ele com um ramo de oliveira. D-us disse: "Assim como a *yoná* trouxe luz ao mundo, assim também tu (Israel) trarás azeite de oliva e luz diante de Mim".

Midrash Tanchuma, Tetsavé 5

E é especificamente em nossa relação com a Grécia que somos chamados *yoná*:

Minha yoná[12]... na Grécia

Midrash Shochar Tov 18-11[13]

E ainda: a palavra que designa pombo, em hebraico, é a mesma para Grécia:

יון (*Yaván*, Grécia) – יון (*yon*, pombo)

A "Cidade da *Yoná*" é outro nome para Tsión (Sion),[14] a cidade que é a própria personificação de Israel.[15] O fascinante é que a única letra que diferencia Tsión de Yaván é o Tsadik:

יון (*Yaván*) + צ (*tsadik*) = ציון (*Tsión*)

Yaván é, certamente, uma camada que está muito próxima do núcleo mais profundo.

Vimos, então, que a Galut Yaván se caracterizou pela discórdia interna, uma atração inata da parte de Israel para Yéfet e semelhanças profundamente arraigadas entre Israel e Yéfet. O aspecto de Israel que o torna semelhante à Grécia dever-se ao próprio elemento catalisador pelo contato com a Grécia: um elemento que se torna perigoso para a sobrevivência quando é usado fora de contexto e abala toda a Comunidade de Israel. Compreender a raiz dessa ruptura interior de Israel ajudará a entender a proximidade que temos com a Grécia, bem como o desafio que a própria Galut Yaván representa.

Também emergirão os amplos padrões históricos que estão incrustados em Chanucá quando analisamos as raízes da cisão interior de Israel, já que essas raízes afetam a relação entre Israel e tudo aquilo que a Grécia continua representando. Conforme esses padrões emergem, começaremos a ver de que modo o Moed de Chanucá engloba os problemas complexos que surgiram durante a Galut Yaván, de que modo proporciona uma solução eventual para esses problemas e como constitui uma das chaves para a sobrevivência e desenvolvimento do Judaísmo, bem como para a redenção final.

Primeiro Livro

YEHUDÁ E HODAÁ

Aqui, rastreamos as raízes da cisão desde Adam, o primeiro homem, e até mesmo a alma humana, analisamos a síntese de Malchut e descobrimos que tanto Yehudá como Malchut e Chanucá compartilham das mesmas características.

Capítulo Quatro
ROSTOS DA DIVISÃO

גַּם אַתְּ בְּדַם בְּרִיתֵךְ שִׁלַּחְתִּי אֲסִירַיִךְ מִבּוֹר אֵין מַיִם
בּוֹ... עוֹרַרְתִּי בָנַיִךְ צִיּוֹן עַל בָּנַיִךְ יָוָן

...por causa do sangue de seu brit (milá), foram expulsos seus prisioneiros, para fora do poço em que não havia água... e incitarei Teus filhos, Tsión, contra os teus filhos, Yaván

Zechariá 9:11,13

Rab Kahana disse: Rab Natan bar Meneyumi expôs em nome de Rabi Tanchum: A luz de Chanucá (colocada) acima de dez metros é inválida.

E disse Rab Kahana: Rab Natan bar Meneyumi expôs, em nome de Rabi Tanchum: Por que (o versículo) diz: "(E jogaram Yossef no poço) e o poço estava vazio, não tinha água"?

Shabat 22a

Os dudaim (mandrágoras) *expelem seu perfume e em nossas portas estão todas as delícias.*

Shir haShirim 7:14

Os dudaim (mandrágoras) *expelem seu perfume...*

- Isso se refere a Reuven, que salvou Yossef.

...e em nossas portas estão todas as delícias.

-Isso se refere a Chanucá.

Yalkult Reuveni, Vayetzé

ROSTOS DA DIVISÃO

4.1 AS RAÍZES DA DIVISÃO

A fonte mais antiga da divisão no seio de Israel remonta até os anos de formação da nação judaica. Tratou-se de uma disputa, a nível infantil, não foi mais que uma história de rivalidade entre irmãos e ciúmes mortais. Contudo, para os Sábios, consistiu na expressão das diferenças primordiais dentro de Israel.

A história de Yossef e seus irmãos representa uma casa dividida contra si própria, cujas ramificações, ao longo dos milênios, foram articuladas a nível emocional, filosófico e político. Mesmo uma análise superficial da história judaica revela que a ruptura da relação entre Yehudá e Yossef levou a séculos de dor e de exílio:

> Em Shechem venderam Yossef... e em Shechem se dividiu o reino (entre Yossef e Yehudá)

> *San'hedrin* 102a

A divisão de *goy echad ba'aretz*, a "nação única na terra"[1], em reinos rivais – o reino de Yehudá, governado por reis da tribo de Yehudá, e o reino de Israel, governado por reis descendentes de Yossef – não é, senão, a expressão da rivalidade que existiu entre Yehudá e Yossef desde nossa mais tenra história. Desde o momento em que ocorreu essa ruptura começou a queda até a Galut.

Uma reação em cadeia de ódio, guerra, pecado e, finalmente, a dissolução dos vínculos nacionais foi a consequência dos eventos que tiveram lugar há muitos séculos atrás. Esses eventos, eventualmente, conduziram ao exílio, primeiro das dez tribos encabeçadas por Yossef na Assíria, e logo das tribos dirigidas por Yehudá na Babilônia. Esses eventos devem ser reconhecidos tanto como seminais na formação da nação judaica como centrais para a compreensão das forças que conduzem ao exílio e à destruição.

Os assuntos aparentemente insignificantes, que irritaram Yossef com seus irmãos não só desembocaram no exílio da Assíria e da Babilônia, mas também constituíram a causa imediata do exílio de Mitsraim (Egito). Os Sábios expressaram com nitidez a desproporcional relação que há entre a disputa, aparentemente insignificante, e as consequências terrivelmente trágicas às quais ela levou:

> Por causa dos dois *sela* de tecido (que Yaakov pagou pela túnica de Yossef), nossos ancestrais desceram a Mitsraim.

Shabat 10b

Essa diferença primordial forma parte do fundamento da Galut, e deve ser especialmente central para a "Galut interna". Isso se deve ao fato de a Galut interna, cujo catalisador foi a Grécia, constituir na manifestação direta de uma mesma raiz da divisão existente no seio de Israel.

> A Galut de Yaván foi necessária para retificar a venda de Yossef.

Megalê Amukot, Vayêshev[2]

E, assim como se encarna em Chanucá a vitória sobre a Grécia deve fixar as bases para a síntese. Tanto é assim, que o profeta relaciona a aproximação entre ambos os reinos ao confronto vitorioso de Israel com Grécia:

> *Pressionarei Yehudá como a um arco pleno de Efráim* (Metzudot: as dez tribos), *e despertarei a seus filhos, Tsión, contra seus filhos, Yaván.*

Zechariá 9:13

Por isso, não surpreende descobrir que o Midrash relaciona acontecimentos que formam parte da longa história de Yossef e seus irmãos com Chanucá, que constitui o desenlace da Galut Yaván. Tampouco surpreende que a organização providencial[3] da porção semanal de leitura da Torá dispõe que se leia, todo ano, o relato dessa ruptura exatamente antes e durante o período de Chanucá. [4]

A implicação é que não teremos uma Gueulá (redenção) de verdade até o momento em que essa ruptura seja resolvida. De fato, a *Haftará* (leitura semanal de um dos profetas, logo depois da leitura da Torá) que acompanha a porção da Torá em que se narra a reconciliação entre Yossef e Yehudá (que sempre é lida durante o período de Chanucá) celebra a Gueulá final e a chegada de Mashiach ao fim dessa reunificação:

E a palavra do Eterno veio a mim, para dizer: E tu, filho do homem, toma uma tábua de madeira e escreva nela... "Yehudá", e toma outra tábua de madeira e escreva nela... "Yossef". Aproxima-as de você uma junto da outra e será uma só tábua em tua mão. E lhes dirás: "Eis que eu tomarei os Filhos de Israel dentre as nações e os reunirei... e os converterei em uma só nação... com um só rei".

Yechezkel 37:15-22

Se quisermos entender o que é a Galut Yaván, primeiro devemos compreender a raiz desta divisão primordial. Yossef constitui o núcleo dessa ruptura história no seio de Israel, e por isso uma análise mais profunda de Chanucá deve começar com ele.

4.2 YOSSEF

E Yossef era tão belo e tinha aparência encantadora

Bereshit 39:6

Todo aquele que via Yossef descobria que seu coração estava apaixonado (por ele)...

Zôhar, Shemot 74a

Yossef costumava agir como um adolescente, tocava nos olhos, saltava sobre os calcanhares, arrumava os cabelos...

Bereshit Rabá 48:7

Yossef é essencial para a história da Galut e da Gueulá. Foi ele quem agiu como catalisador para a descida da família de Yaakov para o Egito, ele que preparou o necessário para sua sobrevivência ali e ele que proporcionou a chave para a redenção de então: *pakod yifkod.*[5] E é também Yossef que ocupará um papel central na redenção final:

Essav só cairá debaixo das mãos dos descendentes de Yossef

Babá Batra 123b

Yossef, cujo caixão dividiu o Yam Suf (Mar Vermelho),[6] que fixou as bases para a chegada dos judeus no Egito,[7] que trouxe as riquezas do mundo para Israel;[8] Yossef HaTsadik,[9] fonte de toda bênção;[10] Yossef, o próprio fundamento do mundo.[11]

Contudo, a Torá apresenta esse mesmo Yossef como alguém envolvido com sua aparência e beleza pessoal. Mas não simplesmente envolvido na beleza, senão, *definido* por sua beleza. Yaakov expressa o significado de Yossef no início da própria bênção que lhe deu:

Filho frutífero é Yossef, filho frutífero junto a uma fonte... as moças passeiam pelo muro.

Bereshit 49:22

Filho frutífero junto a uma fonte...

-sua graça atraía os olhos de quem o observava;

as moças passeiam pelo muro...

-as filhas de Mitsraim (Egito) costumavam subir ao muro para contemplar sua beleza

Rashi

Todos os acontecimentos decisivos na vida de Yossef giram em torno da beleza: os ciúmes de seus irmãos e o processo da *Galut Mitsraim*, o Exílio no Egito, começaram quando ele ganhou um belo manto de seu pai; foi comprado como escravo por Potifar devido à sua beleza;[12] e sua formosura lhe deu a capacidade para se tornar o próprio símbolo do Egito, a *yefefiyá*, a "bela novilha" (*Yirmiyahu* 46:20) que o conduziu à fama e ao sucesso.

O momento da verdade, que culminou com a criação do Tsadik eterno[13], foi resultado do desejo que a mulher de seu amo sentiu por sua beleza*, bem como o seu envolvimento com a beleza:

Hashem disse: "Teu pai chora por ti, e tu estás ocupado penteando teus cabelos! Enviarei o inimigo contra ti..."

Rashi Bereshit 39:6

É surpreendente descobrir que a Grécia e Israel estão ligados entre si não apenas na dimensão espiritual da *chochmá* (sabedoria) e da filosofia, mas também na beleza, a qual constitui o sinal distintivo da Grécia. Mas

---

* Certa vez, as mulheres do Egito se reuniram para observar a beleza de Yossef. O que fez a esposa de Potifar? Deu uma fruta e uma faca a cada uma, e chamou Yossef. Quando ele entrou onde estavam, todas elas cortaram as mãos.

A esposa de Potifar lhes disse: "Se isso é o que vocês sentiram em tão pouco tempo, imaginem o que eu tenho de suportar vendo-o todos os dias!".

Midrash Tanchuma, Vayeshev

surpreende, entretanto, comprovar que o conceito mesmo de Tsadik está tão entrelaçado com o da beleza; ver que Yossef – o arquétipo do Tsadik – [14] se expressa de forma tão intensa, por meio da beleza.

Tanto a Grécia quanto Yossef compartilham de uma relação singular com a beleza. Isso implica que Yossef, que desempenha um papel fundamental no exílio e na libertação do poder de Mitsraim e de Edom (Essav), possua um significado especial dentro da Galut Yaván. A qualidade de Yossef de ser *yafê toar*, "belo na forma", é a chave da vitória sobre a *yafiyutô shel Yéfet*, "a beleza de Yêfet".

> (Em hebraico), o nome "Yossef" e o nome "Antiochos", o rei grego (da história de Chanucá), têm o mesmo valor numérico (*guemátria*): 156
>
> *Benê Isachar*[15]

Na relação que há entre Yaván e Tsión, Yossef HaTsadik proporciona o ingrediente essencial de "Tsadik" para formar Tsión a partir de Yaván:[16]

$$צ יון\ (Tsión) = יון\ (Yaván) + צ\ (tsadik)$$

De certo modo, Yossef, na verdade, *é* Tsión, já que:

Tudo o que ocorreu a Yossef aconteceu a Tsión...*

Yossef: *E seus irmãos estavam com ciúmes...*

Tsión: *Estou zelando por Tsión com grande zelo...*

Yossef: *E lhe tiraram sua túnica...*

Tsión: *Tiraram-lhe suas vestimentas...*

Yossef: *E jogaram-no num poço...*

Tsión: *Minha vida está miserável no poço...*

Yossef: *E os midianitas o venderam ao Egito...*

Tsión: *Tu vendeste os filhos... aos filhos de Yaván...*

Yossef: *E Yossef era tão belo e tinha aparência encantadora...*

Tsión: *Tsión, bela de se ver, o prazer de toda a terra...***

---

* Para ter uma ideia do alcance dessa comparação, leia o texto completo desse midrash, que está no final do capítulo.

** *Bela de se ver* (יפה נוף), *yefê nof* – isso representa como se fosse uma noiva, já que em grego, uma "ninfa" é uma noiva

Midrash Tanchuma, Vayigash 10

Além disso, o valor numérico de Yossef e Tsión é o mesmo: 156.

Tsión representa um belo contraponto em relação à Grécia. Grécia é a nação dedicada à forma e à beleza externa, que mantêm apenas um vínculo superficial com a *kedushá*, a santidade, que é um "brilho em torno". Em Israel, contudo, a relação com a *kedushá* e a *emuná* (confiança em D'us) são totais. Essa é a beleza do Tsadik, de Yossef e de Tsión... a alma mais profunda da Nação Sagrada.

Mas há perigos nas semelhanças das partes, perigos que despertam a antipatia dos irmãos por Yossef.

4.3 RISCOS DA BELEZA

...(Aharon) pegou a placa na qual Moshé havia escrito: "Levante-se, touro!" para fazer com que o caixão de Yossef viesse à superfície (do Nilo), a jogou dentro do fogo, entre os brincos, e, então, surgiu o Bezerro de Ouro, mugindo...

Midrash Tanchuma, Ki Tissá 19

A mesma placa que Moshé havia usado para tirar o caixão de Yossef das profundezas do Nilo foi usada para extrair o *éguel hazahav*, o Bezerro de Ouro, do fogo.[17] Essa placa pode se referir a Yossef como *shor* (touro)[18], simbolizando que foi a fonte da fertilidade e bênção para todo o mundo.[19] Mas também simboliza o perigo de Yossef como *naar*, "adolescente", no qual a fertilidade pode degenerar em desejo, a espontaneidade em pecado e a relação com as demais nações em assimilação com o *érev rav*, a "multidão heterogênea".* Essa própria *chen*, graça, e essa mesma beleza esmagadora que Yaakov havia reconhecido e bendito (em Yossef) têm o potencial para se tornar algo falso e vão:

Shemot Rabá 36:1

---

*   A Torá chama *érev rav*, "multidão heterogênea", a mistura de gentis de diversas nacionalidades que saíram junto com os israelitas do Egito, como se narra em *Shemot* 12:38. Segundo a tradição, o apego desses indivíduos a D'us e à Torá foi superficial e até mesmo insincero. O Midrash afirma que os principais instigadores da concepção do Bezerro de Ouro foram os integrantes de érev rav (Nota do Tradutor).

שֶׁקֶר הַחֵן וְהֶבֶל הַיֹּפִי

Falsa é a graça (chen), *vã é a beleza*

Mishlei 31:30

Falsa é a graça... – isso se refere a Yossef

San'hedrin 20a

As qualidades de Yossef são benditas quando estão enraizadas na completa integridade, confiabilidade,[20] disciplina[21] e *emuná*[22] do Tsadik. A tragédia do Bezerro de Ouro é o resultado de sonhos separados da integridade moral, sonhos que se tornam ilusões.

A mistura de joias, ouro perpétuo[23] e paixões brutas, acoplados às representações oníricas associadas à juventude de Yossef, desembocam na criação de deuses à nossa imagem e semelhança. Se a essa mistura se acrescenta o desejo de libertinagem[24], o resultado será o Bezerro de Ouro, cujos olhos avidamente abertos expressam o impulso por desejos irracionais e cujas próprias letras[25] aludem à sua característica mais diferenciada:

...olhos grandes como os do Bezerro (de Ouro)...

Bechorot 44a

Foi precisamente o risco, latente em Yossef, de sutilmente deformar a individualidade em egoísmo, a relação interpessoal em luxúria, os sonhos em manipulação, a abertura intelectual em emulação insípida, o que preocupou seus irmãos. Com a sensibilidade de *ruach hacodesh*, inspiração divina, os irmãos de Yossef detectaram os riscos que se escondiam por trás dos sonhos juvenis de Yossef:

E disseram um ao outro: "Lá vem o **Báal** *Hachalomot (sonhador)..."*

Bereshit 37:19

Eles disseram: "Esse nos levará (a adorar) Báal".

Bereshit Rabá 84:14

Julgando a história em retrospectiva, é fácil comprovar o quão tragicamente certos estavam. Por meio da descendência de Yossef se levou o povo de Israel à fabricação de bezerros de ouro, a prestar culto a Báal e a outras formas de idolatria, e a degenerar-se em uma nação distante de sua visão, um povo longe de sua terra.

Foi justamente Yerovam ben Nevat, primeiro rei do Reino de Israel, ilustre ramagem de Yossef, o que trouxe de volta o culto ao Bezerro de Ouro:

> Quando Yerovam era jovem, era Tsadik... livre de pecado. E os *malachei hasharet* (anjos ministeriais) disseram (a D'us): "Deixe-o viver. A grandeza de Teu nome se deve a ele. Ele é um Tsadik e sustenta a todos". Então, D-us lhes disse: "Se vocês querem, o deixarei viver..." E logo construiu os bezerros de ouro e fez com que todo Israel pecasse.

Zôhar Chadash, Acharei Mot 40:8

Esses bezerros de ouro eram uma extensão do Bezerro de Ouro feito em nome de Yossef:

> Até Yerovam, o povo de Israel só se nutria de um bezerro; a partir de então, de dois ou três.

San'hedrin 102a

Esses bezerros de ouro culminaram na edificação de Yaván:

> No mesmo dia em que Yerovam trouxe seus bezerros de ouro para Bet El e Dan, uma cabana pequena foi construída, a qual (através dos séculos) se desenvolveu até chegar a ser a Itália de Yaván.

Shabat 56b

Tempos depois, Achav e outros descendentes de Yossef ampliaram a idolatria a Báal e outros ídolos. Não é de se surpreender, então, que, apesar da grandeza da Torá que ele possuía, os irmãos de Yossef consideraram que ele era suscetível de introduzir um potencial pecado sem precedentes no povo de Israel.

> Efráim (Israel) é um bezerro indomável que ama seguir seus próprios desejos.

Targum Yonatán a Hoshea 10:11

Os irmãos, ao contrário, aspiravam criar uma sociedade que fosse regida por parâmetros estritos e mantivesse um isolamento completo dos que defendem o individualismo desenfreado. Que melhor fator de impedimento frente à futura relação com os povos gentis do que o desenlace do que eles consideraram como uma traição em Shechem? Shim'on e Levi, os mesmos irmãos que haviam atacado Shechem*, foram os que encabeçaram o ataque a Yossef.[26]

Constituiu um ato de extrema justiça poética utilizar a *milá*, a circuncisão – símbolo máximo do controle moral –, para exterminar os perpetradores do pecado carnal,[27] para expressar as eternas diferenças que separam Israel da sociedade gentil e assegurar-se de que Israel sempre se manterá à parte de toda associação com os gentis. Contudo, isso é um enfoque radicalmente diferente comparado com o de Yossef, quem, concretamente, introduziu a *milá* no Egito[28] e sustentou todas as nações com o mesmo poder de seu próprio cuidado com a *milá*,[29] fazendo uso de si mesmo como fonte de fertilidade na Terra e das águas da bênção!*[30]*

Na vida do povo de Israel, se ouve constantemente o eco desse marcante enfoque diferente, para os dias de hoje e, talvez, mais do que nunca. Os riscos que implica podem ser observados agora no doloroso espetáculo de uma nação de Israel em guerra consigo mesma e sem residência fixa.

Essa divisão profunda e primordial em Israel não pode ser o resultado de um acidente histórico; tem de ser um reflexo de um dualismo inato e essencial na própria alma de Israel. De fato, houve um indivíduo que foi a origem de ambos aspectos e, simultaneamente, encarnou a totalidade da alma de Israel: Yaakov Avinu.

Esse é o texto completo do midrash citado no capítulo 4.2:

De Yossef está escrito: *Israel amou Yossef.*

De Tsión está escrito: *D'us amou os portais de Tsión.*

De Yossef está escrito: *E o odiaram.*

De Tsión está escrito: *...por isso, a tem odiado.*

De Yossef está escrito: *Estávamos juntando feixes.*

De Tsión está escrito: *Vem prazerosamente carregando seus feixes.*

---

* O autor alude aqui à matança que Shim'on e Levi impuseram aos habitantes de Shechem, o filho de cujo príncipe havia violentado Diná, filha de Yaakov. Ver *Bereshit*, cap. 34 (Nota do Tradutor).

De Yossef está escrito: *Por acaso serás rei sobre nós?*
De Tsión está escrito: *Digam a Tsión: Teu Senhor é Rei.*

De Yossef está escrito: *E Yossef teve um sonho.*
De Tsión está escrito: *...éramos como sonhadores.*

De Yossef está escrito: *...para prostrar-se ante ti...*
De Tsión está escrito: *Com o rosto na terra se prostrarão perante ti.*

De Yossef está escrito: *E seus irmãos estavam enciumados...*
De Tsión está escrito: *Estou zeloso por Tsión com grande zelo...*

De Yossef está escrito: *Pergunte pelo bem-estar de seus irmãos.*
De Tsión está escrito: *Procura pelo bem-estar da cidade...*

De Yossef está escrito: *Eles viram-no de longe...*
De Tsión está escrito: *Lembre-se mesmo longe.*

De Yossef está escrito: *Conspiraram contra ele.*
De Tsión está escrito: *Conspiram contra seu povo.*

De Yossef está escrito: *E despojaram-no de seu manto...*
De Tsión está escrito: *Despojaram-te de tuas vestes...*

De Yossef está escrito: *E o jogaram ao poço...*
De Tsión está escrito: *Minha vida está miserável no poço...*

De Yossef está escrito: *O poço estava vazio, não havia água nele...*
De Tsión está escrito: *No poço não havia água...*

De Yossef está escrito: *Sentaram-se para comer...*
De Tsión está escrito: *Assíria, para desfrutar sua comida...*

De Yossef está escrito: *Tiraram Yossef do poço...*
De Tsión está escrito: *E a tiraram do poço...*

De Yossef está escrito: *Yaakov rasgou suas vestes.*
De Tsión está escrito: *...para lamento e canto fúnebre...*

De Yossef está escrito: *E se negou a ser consolado...*
De Tsión está escrito: *Não insista em me consolar...*

De Yossef está escrito: *Tiraram Yossef do poço...*
De Tsión está escrito: *E a tiraram do poço...*

De Yossef está escrito: *E os midianitas o venderam ao Egito...*
De Tsión está escrito: *Tu vendeste os filhos... aos filhos de Yaván...*

De Yossef está escrito: *E Yossef era tão belo e tinha aparência encantadora...*
De Tsión está escrito: *Tsión, bela de se ver, o prazer de toda a terra...*

De Yossef está escrito: *Nada é maior do que eu nesta casa.*
De Tsión está escrito: *Grande será a honra desta casa.*

De Yossef está escrito: *E D'us estava com Yossef.*
De Tsión está escrito: *Meus olhos e meu coração sempre estarão aqui.*

De Yossef está escrito: *...e concedeu-lhe bondade...*
De Tsión está escrito: *Eu recordarei a bondade.*

De Yossef está escrito: *Ele se arrumou e trocou suas vestes.*
De Tsión está escrito: *Se D'us tivesse lavado a imundície das filhas de Tsión.*

De Yossef está escrito: *Só no trono estarei acima de ti.*
De Tsión está escrito: *...será chamado o trono de D'us.*

De Yossef está escrito: *E vestiram-no com roupas finas de linho...*
De Tsión está escrito: *Tsión, vista tuas roupas gloriosas...*

De Yossef está escrito: *E enviou Yehudá diante de Yossef.*
De Tsión está escrito: *Eu enviarei meu emissário...*

Midrash Tanchuma, Vaygash 10

Capítulo Cinco

DUALIDADE

שופריה דיעקב אבינו מעין שופריה דאדם הראשון

A beleza de nosso ancestral Yaakov era como a beleza do primeiro homem, Adam.

Babá Metziá 84a

DUALIDADE

5.1 RAÍZES DUPLAS

> E Lavan tinha duas filhas...
>
> *Bereshit* 29:16

> Como duas vigas que se estendem de um extremo do universo ao outro: uma (filha) estabeleceu reis, e a outra (filha) estabeleceu reis; uma estabeleceu profetas e a outra estabeleceu profetas; uma estabeleceu juízes e a outra estabeleceu juízes; uma estabeleceu conquistadores e a outra estabeleceu conquistadores.
>
> *Bereshit Rabá* 70:15 (resumido)

Qualquer divisão dentro do povo de Israel deve ter suas raízes no interior de seu pai fundador, dentro de Yaakov Avinu. É Yaakov quem se converte em Israel, na encarnação da própria nação de Israel. É ele quem define a função da personalidade de cada uma das tribos[1] e foi ele quem determinou a posição que cada tribo teria no futuro, em relação a seu núcleo: o Mishcán (Tabernáculo).[2]

Como foi ele o único dos Patriarcas a ter duas esposas principais, Yaakov gerou uma nação que tem sua origem em raízes duplas[3]: Rachel e Léa. A diversidade que havia nas raízes se propaga pelas dolorosas diferenças entre os filhos, e a diferença de relação que ele teve com cada uma dessas duas matriarcas distintas constituem a manifestação de dois aspectos divergentes do próprio Yaakov, que, posteriormente haveriam de se expressar nos Filhos de Israel.

A Torá descreve com mais detalhes os diversos tipos de relação que Yaakov teve com suas esposas como qualquer outro tipo similar de relacionamento. Pode-se observar o impacto que esses detalhes tiveram nas vidas dos filhos nos nomes deles, nomes que estavam baseados na natureza particular desses modos de relacionamento:

> *...pois agora meu marido me amará*

> *Bereshit* 29:32

> ...pois D'us escutou que sou desprezada...

> (v. 29:33)

> ...desta vez meu marido me acompanhará

> (v. 29:34)

> ...tenho lutado com minha irmã e ganhado...

> (v. 30:8)

> ...agora meu marido irá à minha casa

> (v. 30:20)

Em nenhum outro lugar da Escritura é explicitada a tal ponto a espiritualidade dos Patriarcas em termos dirigidos a ódios mortais, o sublime expressado em termos comuns a seres simples, de carne e osso. Em nenhum outro lugar vemos que um versículo ou um midrash nos relata suas conversas íntimas, seus medos e ciúmes recorrentes, suas paixões e disputas. Para entender melhor a ruptura entre os irmãos, é preciso que, primeiramente, façamos um paralelo na relação de suas mães com Yaakov.

As esposas de Yaakov constituem paralelos próximos dos dois aspectos da dicotomia que mencionamos. Por um lado, Rachel é a sua companheira em aspectos que têm sua expressão no olam hazé, este mundo[4] – paixão, juventude, mistério e beleza:

> O único sinal essencialmente diferente de Rachel é a beleza

> *Bereshit Rabá* 70:16

Léa, contudo, é uma mulher sólida, bem arraigada; ela é a que constrói o lar físico, a esposa com a qual Yaakov é, finalmente, enterrado, a companheira oculta que só encontrará sua expressão completa no *olam habá*, o mundo vindouro.[5] O sepulcro representa o sentido mais profundo de raiz; ao perceber, pela primeira vez, seu amor por Rachel, Yaakov chorou, tomando consciência de que nunca poderia compartilhar desse sentimento profundo com ela.[6] Assim, pois, essas duas Matriarcas parecem relacionar-se com os dois aspectos do próprio Yaakov, refletindo um dualismo essencial.

Os Sábios rastreiam as características dos filhos de Yaakov diretamente até os traços distintos de suas respectivas mães:

> *E Yossef era tão belo e tinha aparência encantadora* – isso se deve ao fato de Rachel ser também *tão bela e ter a aparência encantadora.*

> *Bereshit Rabá 86:7*

> Leá realizou um ciclo de *hodayá* (agradecimento) e seus filhos foram o mesmo, Rachel realizou um ciclo de silêncio e todos seus filhos foram misteriosos por igual.

> *Bereshit Rabá 71:5, Ester Rabá 6:12*

De fato, os próprios irmãos tornam explícitos seus ressentimentos para com Rachel:

> Quando se encontrou o copo (de Yossef) com Binyamin, eles disseram: "Seu ladrão, filho de uma ladra! És igual à tua mãe, que roubou seu próprio pai!"

> *Bereshit Rabá 92:8*

A disputa que externamente surgiu entre Yossef e seus irmãos havia sido expressa antes, dissimuladamente, na forma de conflito entre Yaakov e os filhos de Leá. Em Shechem, Shim'on e Levi passaram por cima dos desejos de seu pai e vingaram a honra de sua irmã Diná.

> Shim'on e Levi trataram Yaakov como se eles não fossem seus filhos, e sim, estranhos.

> *Rashi em Bereshit 34:25*

O ressentimento havia atingido seu ponto máximo com a infração de Reuven, que não pode aguentar mais a posição secundária ocupada por sua mãe, em relação ao amor e à atenção de Yaakov:

> *Quando Rachel morreu, Yaakov mudou sua cama da tenda dela para a tenda de Bilá, serva de Rachel. Reuven veio e vingou a honra de sua mãe, dizendo: "Se a irmã de minha mãe competia com ela,*
> *também sua serva deve competir?".*

> *Rashi em Bereshit 35:22*

O próprio Yaakov considerou que o ataque a Yossef era uma continuação do ato que Shim'on e Levi haviam iniciado no incidente de Diná em Shechem. De fato, ele atribuiu a história da ruptura dentro de Israel a esta própria fonte:

> *Shim'on e Levi são irmãos; suas armas são a violência. Minha alma não tomará parte de seu conselho, e minha honra não participará de sua assembleia; pois em sua ira mataram um homem, e seu desejo foi o de desarraigar o **Touro**.*

> *Bereshit* 49:5

> *irmãos* – em (no complô contra) Shechem e (contra) Yossef.

> *seu conselho* – isso refere-se a Zimri e sua disputa contra Moshe.

> *sua assembleia* – isso refere-se a Corach e seu ataque contra Moshe e Aharon.

> *Rashi em Bereshit* 49:5-6

Vimos que essa divisão prenunciou o verdadeiro confronto, a nível nacional, que ocorreria durante a Galut Yaván. Acertadamente, Yaakov amaldiçoou as armas de Shim'on e Levi em grego!

> *(Yaakov) amaldiçoou as espadas deles em grego, pois disse: "Suas armas (mecheroteihem) são violência" e os gregos chamam a espada de macher (μαχαιρα).*

> *Pirkê d'Rabi Eliezer* 38

Na visão profunda dos Sábios, todos os elementos históricos estão entrelaçados em conjunto:

> ...em Shechem Diná foi violentada, em Shechem os irmãos venderam Yossef, em Shechem o reino foi dividido (entre Yehudá e Yossef)...

> *San'hedrin 102a*

5.2 UNIDADE COMPLEMENTAR

Podemos, então, rastrear esses processos de ruptura a partir das raízes divergentes de Israel em Rachel e Leá, passando pela consequente cisão entre Yossef e seus irmãos, até a divisão da nação em dois reinos distintos. Contudo, o fato de que a origem dessa ruptura se dá na relação entre um dos Patriarcas e suas esposas implica que ela meramente constitui uma expressão de dois aspectos da alma coletiva de Israel, que estavam destinados a existir um junto ao outro, em unidade complementar.

De fato, ainda que ele expresse dualidade em suas relações pessoais, o próprio Yaakov não mostra qualquer indício de dicotomia interna. Pelo contrário, a medida de seu êxito pessoal consiste na unidade final de todos os seus filhos:

> (Yaakov) pegou duas pedras em suas mãos e disse: "Se essas duas pedras se unem entre si como se fossem uma só, então, saberei que não sairá qualquer parte desprezível de mim..."

Bereshit Rabá 68:11

E a dicotomia dentro de sua descendência de fato se torna uma unidade em suas mãos, da mesma maneira que ocorreu nas mãos do profeta Yechezkel:

> *Toma uma vara de madeira e escreva nela... "Yehudá", e toma outra vara de madeira e escreva nela... "Yossef"... Junta ambas... e será uma só vara em tua mão.*

Yechezkel 37:16-17

Yaakov é identificado em termos de shalem,[7] "completo", e também é chamado *ish tam*,[8] "o homem íntegro". Assim, cairíamos em um erro se considerarmos o dualismo em Israel como uma batalha entre o bem e o mal, ou até mesmo como uma disputa na qual um dos lados deve, eventualmente, ganhar. Cada uma dessas duas facetas constitui, em síntese, partes intrínsecas e eternas de nossa identidade. Mas, ainda que seja essencial, trata-se de um dualismo cheio de perigo.

5.3 NECESSÁRIO E PERIGOSO

> *Por que não disse "era bom" no segundo dia (da Criação)? Rabi Chaniná disse: Porque nesse dia se criou machloket (divisão), como está escrito: "E (o firmamento) se dividiu entre as águas que estavam debaixo do céu e as águas que estavam acima do céu" (Bereshit 1:7).*
>
> *Até mesmo uma divisão indispensável para completar e povoar a Terra não pode ser chamada de "boa".*

Bereshit Rabá 4:8

A origem da divisão no mundo está na divisão entre o Céu e a Terra, entre o completo e o fragmentado, entre o potencial e o corrente. A águas de baixo se separaram das águas de cima com pranto e lágrimas,[9] da mesma maneira que a alma de um ser humano é forçada, entre lágrimas, a deixar seu lugar e a se unir a um fragmento, produto da Terra.[10] O próprio ato da criação consiste em construir um universo formado de elementos e de diversidade, transformando assim o *klal* (geral) em *prat* (particular), o todo em detalhes.[11] Entretanto, ainda que a Criação seja estabelecida na divisão e na separação para que todos os seres possam ter uma existência individual, o próprio ato de separação constitui a origem da ruptura e da divisão, bem como das consequências terríveis que se seguem:

> *Que haja um firmamento... que divida as águas.*

> *Bereshit* 1:6

> Essa é a primeira *machloket* (divisão)... o começo do *guehinam* (inferno)

> *Zôhar Bereshit* 17b

É essa divisão a que separa entre *Torá shebiktav* (Torá Escrita) – que é o *klal*, o geral – e *Torá shebeal pê* (Toral Oral) – que é o *prat*, o particular.[12] Essa própria divisão foi a que causou a ruptura entre os judeus helenistas, os *mityavnim*. A ideia de *machloket leshem shamáyim*, a discussão *dentro* dos parâmetros da Torá, que representa a reunião de *klal* e de *prat*,[13] degenerou em um abismo devastador.

Uma discussão entre Yossef e seus irmãos, cujas perspectivas, embora diferentes, estavam corretas, degenerou nas batalhas da Galut Yaván. Um dualismo valioso explodiu em uma autêntica cisão nacional: uma ruptura que ameaça nossa identidade como Povo Escolhido, uma divisão que até agora carrega consigo uma fragmentação progressivamente mais profunda a cada dia que passa.

Mas não apenas Israel, enquanto nação, está amarrada nessa cisão, mas também cada indivíduo. Isso se deve ao fato de que Israel é tido como a encarnação final do que significa ser *Adam*,[14] a expressão macrocósmica da alma de Adam, o primeiro homem. Por conseguinte, a cisão em Israel implica na ruptura dentro da alma humana, uma dicotomia no interior de nosso ser individual.

5.4 UMA ALMA DIVIDIDA

Dentro de cada indivíduo há uma dicotomia que, em maior ou menor grau, sempre está presente, mas que constitui o sinal que marca o período da adolescência.

Por um lado nos sentimos impulsionados a descobrirmos nós mesmos como indivíduos. Ansiamos descobrir aquilo que nos faz diferentes e aquilo que melhor poderia expressar nossa singularidade: buscamos identidade. Sentimo-nos impulsionados para a "liberdade" pessoal, o abandono juvenil e as relações humanas sem restrições, a celebrar a expressão da vida individual dentro do olam hazé dinâmico e material. O rei Shlomo descreveu assim esse período da vida:

שְׂמַח בָּחוּר בְּיַלְדוּתֶךָ וִיטִיבְךָ לִבְּךָ בִּימֵי בְחוּרוֹתֶךָ וְהַלֵּךְ בְּדַרְכֵי לִבְּךָ וּבְמַרְאֵה עֵינֶיךָ

Fique alegre em sua infância e que seu coração lhe traga prazeres em sua juventude. Siga os caminhos de seu coração e de seus olhos, mas saiba que por tudo isso o Todo-Poderoso irá julgá-lo.[15]

Kohelet 11:9

Mas também temos outro impulso, não menos poderoso. Procuramos identificar e relacionar com a origem e com o objetivo de nossas vidas. Ansiamos ter propósito e sentido por meio da relação com o Eterno, por meio da transcendência do ego. Esse impulso exige o reconhecimento da realidade e a aceitação da responsabilidade. Em seu nível mais elevado, consiste em um desejo de descobrir a verdade, de conhecer D'us, de chegar ao *olam habá*, o mundo vindouro. Em sua versão tristemente reduzida, pode se converter na busca pela segurança, a corrida pela verdadeira liberdade.

Essas aspirações opostas são sintomas da dualidade que há em cada ser humano, que é um ser individual e, ao mesmo tempo, faz parte de um todo mais amplo. Cada pessoa é parte de um *klal* e possui uma alma repleta da totalidade do Trono da Glória divino (*kissê hakavod*).[16] Cada destino individual está ligado com a história e os propósitos gerais de toda a Criação. E, contudo, cada indivíduo também deve cumprir uma missão individual e possuir um momento,[17] um lugar[18] e uma consciência[19] particulares. Cada indivíduo herda um universo próprio.[20]

> Neste mundo, o homem é a essência de *klal e prat*, a totalidade
> e o individual... A restauração deste mundo é a restauração de
> *klal* e *prat*.

Zôhar, Shemot 25a

Essa dualidade nos afeta não apenas nas paixões que sentimos, mas também ao analisar friamente as prioridades, ao fazer um balanço das responsabilidades que temos conosco e com os outros, ao equilibrar a atitude deliberada com a espontaneidade e ao tentar conciliar a gama de afinidades contraditórias que temos em nosso interior. Erramos facilmente e perdemos o equilíbrio delicado e sutil.

5.5 A PERDA PRIMÁRIA DE HARMONIA

O domínio sobre si mesmo, que é o resultado da harmonização dos impulsos complementares, é uma das conquistas mais difíceis. Nossa suscetibilidade à perda do equilíbrio é uma herança que possuímos desde os tempos da Criação; faz parte da condição humana desde o próprio Gan Éden. Cada indivíduo constitui uma expressão limitada da humanidade completa que existiu dentro do primeiro homem, Adam, o indivíduo que em si próprio era toda uma espécie.[21] Pegar o fruto da "árvore dentro do jardim"[22] foi a resposta de Adam e essa ruptura em seu interior, o que gerou uma perda primordial do equilíbrio.

A falta de Adam foi a expressão de seu desejo de não ser um *klal* tal como havia sido criado, mas sim um indivíduo, um *prat*.[23] Seu desejo era desenvolver sua capacidade para criar a si próprio e aumentar suas oportunidades para exercer seu livre-arbítrio, ser mais *Adam*, o propósito da Criação. Ainda que a ânsia de separação, inevitavelmente, implique um salto para a mortalidade,[24] não foi uma reação momentânea o que conduziu ao primeiro pecado, mas sim, um compromisso profundo:

> *Vaochal... (Adam) disse: "Eu o comi, e o faria de novo!"*

Bereshit Rabá 19:12

De sua perspectiva, a alternativa era nunca se desenvolver em um ser que, assim, pudesse servir a D'us por sua própria vontade. Considerou que para chegar a ser esse servo deveria converter-se em um indivíduo, por meio da Árvore do Conhecimento.

O equilíbrio é, de fato, delicado e sutil, a tal ponto que a Árvore do Conhecimento – que contém a morte – e a Árvore da Vida não são mais que ramificações diferentes de uma mesma raiz.[25] Cada um desses impulsos pode conduzir ao bem ou, se deixar seguir seu curso, à autodestruição.

Uma busca interminável de identidade destrói a esperança de alcançar uma conquista real: a expressão pessoal se torna sinônimo de dissipação do próprio ser, o desejo de se relacionar e o abandono juvenil se transformam em necessidades obsessivas. Em última instância, a monstruosa servidão a nossos impulsos pessoais e a nossos sonhos viciantes se convertem em adoração ao Bezerro de Ouro,[26] o Senhor da Busca pela Felicidade.

O impulso oposto também pode conduzir ao mal. A atração que os cultos exercem representa uma manifestação do perigo potencial que corre o indivíduo cujo único desejo é perder-se para o bem comum. O que se iniciou como busca de sentido acaba perdendo seu significado pessoal. Pior, o indivíduo pode chegar a confundir o bem comum ou o deus supremo consigo mesmo. O que começou com a intenção de evitar o egoísmo se torna a camuflagem dele, o ego humilde se torna objeto do culto egocêntrico a um ideal.

5.6 DE ADAM A CHANUCÁ

Uma mesma ruptura pode ter muitos rostos. As personalidades que nos definem são expressão de uma mesma humanidade, cujas raízes remontam até Adam. E a alma de Adam, posteriormente, se expressaria no *Adam* que é *Israel*,[27] uma nação dividida em direções divergentes, ambas das quais às vezes se dedicam à realização do bem último.

Os irmãos perceberam, acertadamente, os perigos latentes em Yossef, reconhecendo-os como consequências dos mesmos impulsos que trouxeram a morte ao mundo. Não foi por acaso que o Bezerro de Ouro reintroduziu a mortalidade a uma nação que havia se tornado imortal no Sinai.[28] Mas Yossef também reconheceu os riscos alternativos e vislumbrou não menos perigos no enfoque adotado por seus irmãos:

> ...Yossef lhes disse: "São *vocês* os que eventualmente adorarão ídolos mudos *antes* dos bezerros de Yerovam".

> *Bereshit Rabá 44:9*[29]

O desvio dilacerante que os *mityavnim* reabriram ainda nos afeta. A batalha pela imagem de Israel nunca foi mais amarga do que agora, e nunca se expressou tanto como hoje em tantas facções ou com tanto extremismo. Os indivíduos se sentem profundamente desgarrados por aquilo que creem que são as alternativas: espontaneidade contra ritual, criatividade contra imitação, e *avodá* fervorosa contra intelectualismo analítico. A separação nacional é o resultado de muitos conflitos travados dentro de muitas almas.

A pergunta que D'us fez a Adam quando esse, depois de cometer seu pecado, se escondeu, reverbera através da eternidade e sempre interroga cada pessoa:

?איכה

Ayeka – onde estás?

Bereshit 3:9

Até onde o levou o descobrimento do seu próprio ser? Quanto se afastou da vida que estava destinada a você?

A palavra איכה só tem sentido como *guemátria* (valor numérico): significa trinta e seis.

Midrash Zutá, Echá 1:1, 43[30]

Nos oitos dias de Chanucá se acendem trinta e seis velas,[31] que constituem uma alusão ao início da síntese destinada a conduzir Israel à redenção completa.[32] Pois há um instrumento de síntese, que se chama Malchut. Veremos mais adiante que Chanucá é essencial para esse mecanismo.

Capítulo Seis
MALCHUT

Hashem fará um banquete para os tsadikim... Depois de haver comido e bebido, entregarão o copo da bênção para Avraham, mas ele lhes dirá: "Eu não posso fazer a bênção, já que Ishmael saiu de mim".

A Yitschak se dirá: "Tome o copo e diga a bênção", mas ele dirá: "Não posso bendizer, já que Essav saiu de mim".

A Yaakov se dirá: "Tome o copo e diga a bênção", mas ele dirá: "Eu não posso bendizer, já que eu me casei com duas irmãs enquanto as duas ainda eram vivas, algo que a Torá proibiria depois".

Então se dirá a David: "Tome o copo e diga a bênção". E David dirá: "Eu direi a bênção, e é digno a mim bendizer".

Pessachim 119b

MALCHUT

6.1 MALCHUT E DUALISMO

בשכם עינו את דינה, בשכם מכרו את יוסף,
בשכם נחלקה מלכות בית דוד

Em Shechem Diná foi violentada, em Shechem Yossef foi vendido por seus irmãos, e em Shechem o reino foi dividido.

San'hedrin 102a

Os sábios assinalaram a relação entre a ruptura da ligação fraternal e a posterior cisão da Malchut, o reino. Não se trata simplesmente de um rancor ao longo de séculos, mas que é resultado da divisão entre as duas raízes essenciais de Israel. É precisamente porque, em sua definição mais pura, Malchut representa a síntese da expressão individual e a comunhão de propósito, de cidadão e sociedade; porque implica a articulação do transitório com o permanente, a inter-relação das partes com o todo, o *prat* com o *klal*.[1]

Descobriremos que Malchut não é um conserto que se coloca acima do espinhoso problema da dualismo. A razão disso é que a dicotomia primordial não é um problema; quando muito, é precisamente a solução. Expressada corretamente, representa o fundamento e sentido de Malchut. É apenas quando os impulsos se desarticulam que levam à discórdia e Malchut perde sua visão.

É por isso que os Sábios nos dizem que Malchut está ligado à relação entre os filhos de Léa e os filhos de Rachel. O Reino de Yehudá sobreviveu durante muito tempo depois da destruição do Reino de Israel porque a tribo de Byniamin, filho de Rachel, estava associada à tribo de Yehudá.[2]

Que o Eterno me acrescente outro filho

Bereshit 30:24

Outro – quer dizer, *diferente* em termos de divisão. Rabi Pinchas disse: "Por causa dessa oração de Rachel, Yehudá e Binyamin não compartilharam do destino das dez tribos".

Bereshit Rabá 73:6

A ascensão de David ao trono foi acompanhada de um grande cuidado em não magoar o rei Shaul, da tribo de Binyamin, e também junto com o pacto de amor que ele havia feito com Yonatan, o tronco da Malchut dos filhos de Rachel. A dissolução do reino ocorreu porque o rei David criou certos relatos negativos contra o filho de Yonatan, Mefiboshet:

> No momento em que David disse a Mefiboshet: "Tu e Tzivá podem dividir o campo" (*Shmuel* II, 19:30, surgiu uma voz celestial que disse: "(Teu neto) Rechavam e Yerovam (descendente de Yossef) repartirão o reino!"

Shabat 56b

A relação que há entre Malchut, a cisão do povo de Israel e o dualismo essencial de *klal* e *prat* se tornarão mais claros se examinarmos mais a fundo o conceito de Malchut.

6.2 MALCHUT: SISTEMA E SÍNTESE

Uma sociedade não precisa de filósofos para descobrir que enfrenta diretamente o problema da relação que cada indivíduo tem com o país (a escola, a organização, o exército, assim como qualquer outro tipo de organização). O leitor poderia argumentar que as sociedades, na verdade, não descobrem, pois uma "sociedade" não pode pensar; a "sociedade" nada mais é do que um conceito, uma palavra que designa uma estrutura organizada. Mas é exatamente nisso que constitui Malchut: ele permite que a sociedade pense.

Malchut não é sinônimo de domínio; não é simplesmente outro termo para se referir ao poder e à posição social. O significado correto de Malchut está ligado ao da estrutura e hierarquia, já que "não há rei sem povo"[3], e tampouco há rei sem sistema.[4] Malchut é o nome que usamos para descrever uma totalidade, o todo e as partes: um sistema.

Ainda que se pudesse usar a palavra Malchut no sentido de "país", não há realmente nada concreto do que possamos afirmar que constitui o "reino" em si mesmo; só há um agrupamento de detalhes que, em conjunto, podem ser definidos como uma entidade.[5] Malchut é uma estrutura o suficientemente ampla não só para permitir que cada detalhe seja ele mesmo, mas também parte íntegra da totalidade. Cria um potencial amplo ao abrir o mundo ao indivíduo e outorgar a este um significado amplificado.

Malchut é um conceito, não uma pessoa. O rei não é mais que a expressão do todo, e, ao mesmo tempo, o rei não possui nenhuma existência pessoal;[6] não pode nem sequer renunciar à sua honra.[7] Contudo, justamente por causa disso, o rei encarna as visões, os valores e até mesmo o estilo da sociedade que o criou: ele se torna a identidade de uma época, o ponto de referência histórica.

Devido ao fato de o rei não possuir uma existência separada que seja sua, ele se transforma no equivalente a uma sociedade inteira, da qual ele é a expressão.[8] Ao Rei David, que é a essência de Malchut[9] para toda a humanidade, o núcleo de Mashiach,[10] não foram atribuídos anos para sua vida. Sua vida inteira foi um presente de Adam, que encarnava toda a humanidade.[11]

> Quando Hashem mostrou ao primeiro homem, Adam, todas as gerações que ainda estavam por vir, este viu que a David não se havia atribuído nenhum tempo de vida. Então, Adam lhe concedeu setenta anos de sua própria vida, e Hashem firmou o contrato com ele...
>
> *Zôhar Bereshit 91b*
>
> *Yalkut Shimoni, Bereshit 41*

Malchut não é outra coisa que a expressão da interação entre o *klal* e *prat*, do todo com a parte. É o que permite que uma sociedade "descubra", que uma organização demonstre seu entusiasmo e uma colmeia expresse sua vontade. É formado por partes que trabalham em conjunto, um holismo ao qual nos referimos quando dizemos que "o todo é mais que uma soma das partes". É por isso que a palavra hakol, que significa "o todo" é outro dos nomes de Malchut.[12] É o que expressa uma sociedade – com ou sem rei –, um organismo vivo, uma personalidade, uma mente ou uma colmeia.[13]

6.3 NÚMEROS E NOMES

> Malchut veio do deserto (do Sinai), como se declara:
> "Vocês serão para Mim um reino de nobres".
>
> *Shir HaShirim 3:7*

O poder de Malchut depende do grau de individualidade de suas partes e da força dos laços que as unem.[14] É por isso que a natureza singular do Povo de Israel encontra sua expressão na estrutura da *machané*, seu acampamento no deserto, o qual havia sido definido por Yaakov Avinu antes de sua morte. É também por isso que a impressão mais intensa que Israel provoca é:

וַיִּשָּׂא בִלְעָם אֶת עֵינָיו וַיַּרְא אֶת יִשְׂרָאֵל שֹׁכֵן לִשְׁבָטָיו... מַה טֹּבוּ אֹהָלֶיךָ יַעֲקֹב מִשְׁכְּנֹתֶיךָ יִשְׂרָאֵל

> *Bilám levantou seus olhos e viu que Israel habitava segundo suas tribos... (e disse) Quão boas são tuas tendas, Yaakov, tuas moradas, Israel!*
>
> *Bamidbar 24:2-5*

> Viu que cada tribo morava individualmente, sem confusões, e viu que nenhuma porta dava de frente a outra porta, preservando a privacidade.
>
> *Rashi*

O censo no deserto captura a natureza especial de Israel. Ser contado implica estabelecer que grau de inter-relação as partes guardam em referência ao todo. Contudo, no geral, contar tira a individualidade; as pessoas querem ser "um nome, não um número". Nenhum outro povo é contado por nome,[15] designando posições importantes no próprio momento em que o indivíduo é contado como parte do todo. Mas o censo judaico é feito bemispar shemot – "conforme o número de nomes".

Na Torá, a palavra associada à ideia de censo é pekudim, vocábulo que é usado também como nome adicional para o livro de Bamidbar (Números): Chumash HaPekudim. O nome ocidental, "Livro dos Números", denuncia a profunda diferença que há entre as demais nações e Israel, o "reino de nobres". Na Língua Sagrada, o hebraico, a palavra tem um significado duplamente revelador: pakod (פקד) significa tanto "contar números" como "posição importante, significativa".[16] Nenhuma outra nação constitui uma *mamléchet kohanim*, um "reino de nobres",[17] uma Malchut que constitui a expressão de componentes de significado intenso, componentes de nobreza.

6.4 NÍVEIS DE MALCHUT

> Pois o mais Elevado dos elevados aguarda e Ele tem agentes para cuidar deles.[18]
>
> *Kohelet 5:7*

Enquanto sistema holístico, Malchut se expressa em muitos níveis. Ainda que o conceito essencial seja o mesmo, certamente há diferenças entre, por exemplo, uma colônia de formigas e a sociedade humana. Uma colônia de formigas atua e reage com a vontade férrea própria de um só organismo, ainda que cada um dos indivíduos que a forma não dá indícios de ter nenhum tipo de vontade e seja incapaz de sobreviver como formiga solitária. Ainda assim, as expressões da vontade da colônia estão severamente limitadas em seu alcance, devido à própria natureza do que seja uma formiga. Não importa quantas formigas se agrupem, o comportamento de uma colônia não se desenvolverá mais. Malchut não pode ser mais que a expressão do potencial que o klal compartilha. O vasto potencial da sociedade humana é suficientemente amplo para garantir que a chame de Malchut, com sua conotação adicional de "realeza". Também se usa esse termo em outro sentido e se diz, por exemplo, "a cabeça é *melech* (rei) do corpo".[19]

Ocorre, com frequência, que uma estrutura está contida dentro de outra estrutura, uma Malchut dentro de outra Malchut, já que o *klal* de um nível se torna o particular do próximo nível.[20] À primeira vista, isso poderia parecer misterioso; contudo, em certo sentido, não há fenômeno mais comum do que esse. Nossas vidas são a expressão de um sistema de níveis entrelaçados entre si, de cuja realidade apenas nos damos conta: raras vezes observamos os órgãos do nosso corpo como se fossem partes independentes, ainda que cada um deles seja um ente completamente individual, que, de forma criativa, produz suas próprias enzimas específicas e desempenhe suas próprias e especializadas funções. Consideramos natural que esse ente individual só possa existir dentro da totalidade orgânica interdependente que conhecemos como "corpo".

Entretanto, esses órgãos individuais, por sua vez, também constituem um todo orgânico formado por um imenso número de células, que funcionam individualmente e desempenham diversas tarefas específicas. E essas células, que em si próprias constituem *pratim*, detalhes, do órgão em questão, por sua vez são formadas por componentes diferenciados, alguns dos quais, inclusive, trazem seu próprio DNA e se reproduzem independentemente. A célula só vive porque ela também constitui uma totalidade inter-relacionada entre si.

Em níveis mais fundamentais, os componentes químicos da célula possuem características surpreendentemente diferentes dos elementos que formam: mesmo o simples sal, tão básico para a vida, é composto por duas substâncias letais. E, em última instância, as características desses átomos elementares dependem das qualidades que certas partículas possuem e cuja identidade só pode ser concebida como uma totalidade que se percebe, não como a função que as define. Podemos nos relacionar com elas *somente* graças ao modo em que se expressam dentro de um contexto – uma Malchut – que podemos perceber.

O mesmo tipo de ligação ocorre em sistemas que não são físicos. Nossos pensamentos se manifestam em nós como produtos de uma mente completa, e nunca pensamos nas faculdades separadas, que em conjunto formam a inteligência que cada um possui.[21] Contudo, essa mente completa é uma parte pequena da inteligência que os diversos tipos de seres humanos expressam, cada um dos quais está envolto em seus próprios assuntos, mas manifestando um gênio criativo baseado nas associações mútuas entre eles, as quais incorporam até uma boa parte do pensamento de indivíduos que já não estão vivos. Agregar uma diversidade de modestas contribuições ao acúmulo do conhecimento humano "alcança um poder conjunto e coletivo muito maior do que poderia exercer um só indivíduo".[22]

Ainda que cada uma delas seja uma Malchut, as nações do mundo não são mais que entidades particulares em relação à Malchut Israel definitiva, e todas estarão sob o reinado do Rei Mashiach.

Do lado de fora, Adam, em sua totalidade, constitui um aspecto particular do vasto sistema de complexas relações simbióticas e influências recíprocas que formam a Criação em seu conjunto, um sistema que provê o sustento e o contexto de cada uma das espécies, bem como cada ser humano, individualmente: é um sistema que expressa *Malchut Shamayim*, o Reino dos Céus, que é Um.

6.5 DEIXANDO O MUNDO

צוּר יְלָדְךָ תֶּשִׁי וַתִּשְׁכַּח אֵל מְחֹלְלֶךָ

Rejeitando o Poderoso que te gerou, esqueceste D'us que te deu forma.[23]

Devarim 32:18

Rejeitando (תֶּשִׁי) – quer dizer enfraquecer: vocês enfraquecem Sua capacidade para lhe dar o bom.

Rashi

Quando o indivíduo perde a sensibilidade relativa à sua relação essencial com o *klal*, quando busca uma individualidade que o separa do *klal*, rompe sua relação com Malchut. Em um sentido extremo, nega completamente a existência e o valor de Malchut: se torna *min*[*]. Descobre, então, que está cortado e distante do *tzeror hachayim*, do Vínculo da Vida;[24] se colocou fora do sistema e este já não o sustenta.

Por que este mundo foi criado com a letra ה (que simboliza Malchut)[25]? Porque é semelhante a uma entrada aberta, de tal modo que qualquer um que deseje sair pode cair com facilidade.

Menachot 29b

Isso foi o que ocorreu quando Adam decidiu separar-se a fim de comer da Árvore do Conhecimento;[26] foi enviado à Galut primordial,[27] obrigado a abandonar o Gan Eden, a Malchut primordial.[28] A terra já não lhe serviria, assim, Adam teria que obrigar a terra a produzir alimento; seria uma terra que já não responderia a suas necessidades:

Espinho e abrolho produzirá para ti...

Bereshit 3:18

Quando semeares grãos, produzirá (ervas daninhas) espinhos e abrolhos.

Rashi

---

[*] Em hebraico, *min* significa, literalmente, "espécie individual". Os Sábios do Talmud usaram este termo para designar aquele que nega os princípios fundamentais da Torá, separando-se dela e rompendo sua ligação com ela. Em português, o termo é traduzido como "herege" (Nota do Tradutor).

O próprio sistema havia sido fatalmente prejudicado; a morte e a decomposição haviam se tornado parte de todos os seres vivos. Pois, ainda que Adam seguisse sendo um ser que está completamente fora de nossa compreensão, inclusive após sua queda,[29] havia perdido o vínculo de que era capaz, havia destruído o sistema que o mantinha. No nível de seu próprio e grandioso potencial, Adam havia se tornado um *min*.

Rav Yehudá disse, em nome de Rav: "Adam, o primeiro homem, era um *min* (Rashi: um *tzedoki*, saduceu)", pois se diz:

איכה

Ayeka... Onde estás? Para onde o levou seu coração?

San'hedrin 38b

Adam nos deixou um dualismo existencial em vez da unidade que é Malchut, um dualismo que torna impossível que vivamos uma vida de harmonia, um dualismo que conduz diretamente à ruptura na Malchut de Israel.

Nada é mais oposto a Malchut do que a quebra do vínculo essencial que deve haver entre o indivíduo e a totalidade. Entretanto, a forma que Malchut deve adotar ao tratar de restabelecer este vínculo é precisamente o ponto de retenção que constituía o centro da luta entre Yehudá e Yossef. Nenhum outro tema ocupava um lugar tão importante nas mentes daqueles que participaram deste drama. Malchut era o centro da luta.

6.6 VISÕES DE MALCHUT

כִּי הִנֵּה הַמְּלָכִים נוֹעֲדוּ עָבְרוּ יַחְדָּו׃
הֵמָּה רָאוּ כֵּן תָּמָהוּ נִבְהֲלוּ נֶחְפָּזוּ׃ רְעָדָה אֲחָזָתַם
שָׁם…

Pois, eis que os reis se reuniram, vieram juntos. Eles viram e ficaram aturdidos; ficaram atemorizados e fugiram às pressas. Tremor apoderou-se deles ali...

Tehilim 48:5-7

Pois, eis que os reis se reuniram – isso se refere a Yehudá e a Yossef.

vieram juntos – cada um estava cheio de raiva contra o outro.

Tremor apoderou-se deles – isso se refere às tribos. Disseram: "Reis estão guerreando. Não nos cabe interferir; só um rei pode disputar com outro rei".

Bereshit Rabá 83:2

A luta por Malchut desencadeou a raiz de uma transição histórica: ao passar a era dos indivíduos que eram protótipos – os *Avot*, os Patriarcas – chegou a era de Malchut. Pela primeira vez, existiram os *Bene Israel*, os Filhos de Israel, uma nação em microcosmos. Tratava-se de um momento propício para estabelecer um povo e fundar uma nação a partir de indivíduos, e, por isso, a estrutura e a forma que Malchut adotaria tinham importância fundamental.

O futuro de Yehudá se anunciava ali, resplandecente de Malchut, já que a coroa de Malchut iria pertencer a David para sempre.[30] Os sonhos de Yossef também eram sonhos de Malchut, sonhos que se realizaram não apenas em Mitsraim, mas também ao longo da história.[31] Mas, a luta por Malchut transcende os personagens: trata-se de uma controvérsia acerca de toda a natureza e futuro da Nação de Israel... e de toda Criação:

O sonho de um rei é o sonho de todo o mundo.

Bereshit Rabá 89:4

Vista de maneira isolada, cada visão é equivocada, já que projeta apenas uma parte da visão global. As visões dos filhos de Rachel e dos filhos de Léa são complementares; Malchut precisa de ambas. Malchut deve incluir tanto o reinado de Yehudá como o de Yossef ou, caso contrário, não poderá incluir nenhum deles. Malchut não é apenas uma ligação, é uma relação entre sócios, cada um dos quais deve cumprir uma função vital, como veremos mais adiante.* Só se pode atingir a síntese de Malchut por meio de uma colaboração de visões.

Yossef primeiro deve ser rei em Mitsraim, e só então Yaakov pode "enviar Yehudá diante de Yossef" (*Bereshit* 46:28).[32] Yehoshua, descendente e Yossef, e Shaul, descendente de Binyamin, devem primeiramente governar a Terra de Israel antes que chegue o momento de Rei David, da tribo de Yehudá, fazê-lo. A cidade de Shiló, pertencente a Yossef, se torna

---

*   Capítulo 13.

o centro da nação antes da construção do Templo, em Jesuralém.[33] E a redenção final começará com um descendente de Yossef, *Mashiach ben Yossef* (o Mashiach filho de Yossef), antes que Malchut definitiva floresça de *Mashiach ben David* (Mashiach filho de David), da tribo de Yehudá.[34]

Os filhos de Israel foram sensíveis ao problema de o quanto eram tão fundamentalmente importantes as direções adotadas nesta encruzilhada para determinar a forma final de Malchut. Alguns comentaristas explicam que os irmãos de Yossef o consideraram culpado de um delito capital: rebelião contra Malchut Yehudá:

> *E viram (a Yossef) de longe.*

> *Bereshit 37:18*

Viram longe na história que de Yossef sairia a rebelião contra a Malchut de Yehudá, de Yerovam e mais...[35]

Mas o tempo de Yehudá só pode chegar depois que Yossef prepare o caminho:

> Quiseram entregar a liderança a Yehudá, mas uma voz celestial disse: "Esperem até que chegue o momento!"

> *Bamidbar Rabá 13:8*

É por isso que rejeitar Malchut Yossef não é apenas um obstáculo para a própria Malchut Yossef, mas também constitui o maior obstáculo contra qualquer Malchut. A negação:

> *Hamaloch timloch...* – "Acaso serás rei sobre nós? Acaso serás nosso governante?"

> *Bereshit 37:8*

não apenas conduz à Galut, tanto em Mitsraim como depois, mas também conduz, inevitavelmente, à perda de posição do próprio Yehudá:

> E aconteceu, naquele tempo, que Yehudá apartou-se de seus irmãos.

> *Bereshit 38:1*

Seus irmãos o rebaixaram de sua posição. Disseram-lhe: "...se nos houvesse dito que voltássemos para Yossef, haveríamos te escutado".

> *Rashi*

O profeta Yeshayahu descreve Malchut final, o Malchut de Mashiach, em termos que esclarecem essa associação, bem como sua origem histórica:

E o lobo habitará com o cordeiro... e o leão comerá palha como o boi.

Yeshayáhu 11:6

... o "lobo" é Binyamin, quem é comparado a um lobo; o "cordeiro" refere-se às tribos, pois (está escrito:) "Israel é um cordeiro perdido"; "morará junto com" quando Binyamin foi a Mitsraim com elas (tribos) e elas o cercaram e protegeram; o "leão" refere-se a Yehudá, já que (está escrito") "Yehudá é um filhote de leão"; e o "boi" refere-se a Yossef, "o touro primogênito".

Isso se refere a quando Yehudá foi enviado (por Yaakov) para Yossef.

Bereshit Rabá 95:1

Efraim não invejará Yehudá e Yehudá não afligirá Efraim

Yeshayáhu 11:13

"Yehudá" significa Mashiach ben David, e "Efraim" refere-se a Mashiach ben Yossef.

Biur HaGra[36]

A restauração de Malchut Israel só poderá acontecer depois de ter sido restaurada uma conjunção de visões.

6.7 CHANUCÁ E MINUT

Na época do Segundo Templo, surgiu *minut* em Israel e apareceram os *tzedokim* (saduceus) – que logo desapareceram –, que negaram a *Torá shebealpé.*

Rambam, Mishne Torá[37]

Galut Yaván foi uma época de *minut*,[38] de negar o sentido terno e essencial entre a *Torá shebealpé* (Torá Oral) e a *Torá shebiketav* (Torá Escrita),[*] que também foi resultado da mesma cisão que provocou a Galut atual:

> Nesse dia o Eterno será Um e Seu Nome será Um.
>
> *Zechariá 14:9*

> O Nome completo... já que a Torá é tanto a *Torá shebealpê* quanto a *Torá shebiketav*... uma é *prat* (particular) e a outra é *klal* (geral). Uma necessita da outra: devem ser unidas em um todo único.
>
> *Zôhar, Shemot 161b*

Chanucá dá início ao grande processo de reconstruir a totalidade, reparando a cisão que levou à Galut e à perda inevitável de Malchut, e resolvendo a relação que há entre duas visões do mundo em conflito. A luz de Chanucá iniciou a restauração de Malchut:

> (Em Chanucá) Malchut foi devolvido a Israel durante mais de duzentos anos.
>
> *Rambam, Hilchot Chanucá 3:1*

E essa restauração de Malchut será essencial em uma época mais perigosa ainda, quando – conforme se aproxima a época de Mashiach – quando se quebrará, partirá, a síntese de Malchut. Conforme avancem, inexoravelmente, em direção a suas respectivas extremidades opostas, os rostos separados da cisão, o sistema social se converte em uma mistura de indivíduos míopes, centrados em si mesmos ou em um monólito despedaçado que necessita de um rosto humano. Em sua essência, ambos enfoques estão baseados nos ensinamentos dogmáticos que pregam, seja ao indivíduo ou ao Estado, como respectiva divindade:

> O Filho de David (Mashiach) somente chegará quando toda Malchut se tornar minut.
>
> *San'hedrin 97a*

As raízes da cisão constituem a origem tanto de minut quanto de Chanucá. O dualismo origina a Galut Yaván, mas também constitui a fonte

---

[*]   Ver Tabelas Cronológicas

de Malchut e pavimenta o caminho até Mashiach. A base da Malchut de Mashiach é o profundo dualismo expressado ao longo da saga que vai desde Yaakov e suas esposas até Yehudá e Yossef, passa pela Galut Yaván e chega até nossos dias. As sementes conceituais da reconciliação foram semeadas em Chanucá e, eventualmente, florescerão em Malchut coroada, a

...estrela que surgirá de Yaakov.

Bamidbar 24:17

6.8 DE CHANUCÁ À MALCHUT DE MASHIACH

שבטים היו עסוקים במכירתו של יוסף

ויוסף היה עסוק בתעניתו ושקו

וראובן היה עסוק בתעניתו ושקו

ויעקב היה עסוק בתעניתו ושקו

ויהודה היה עסוק ליקח לו אישה

והקב"ה היה עוסק בורא אורו של משיח

As tribos estavam voltadas à venda de Yossef;
Yossef estava voltado a seu luto;
Reuven estava voltado a seu luto;
Yaakov estava voltado a seu luto;
Yehudá estava voltado a conseguir uma esposa;
e *Hashem* estava ocupado em criar a luz do Rei Mashiach

Bereshit Rabá 85:1

Esse midrash considera que os acontecimentos que conduzem a Chanucá carregam diretamente a "luz do Rei Mashiach". Yaakov e seus filhos, Yossef e seus irmãos, bem como os feitos que tiveram lugar entre eles, constituem peças de um drama cósmico que termina com a última Malchut. Todos os diversos fatos que ocorreram neste período histórico têm um impacto no drama: a venda de Yossef, que conduziu à sua própria Malchut, o encontro de Yehudá e Tamar, e o que isso acarretou a Yehudá, bem como o nascimento de Peretz, que levou à Malchut de Yehudá:[*]

> Que garantia te darei? Ela disse: "Seu selo e seu... bastão que está em sua mão".
>
> *Bereshit* 38:18

> Seu selo – refere-se a Malchut;
>
> Seu bastão – refere-se ao Rei Mashiach
>
> *Bereshit Rabá* 85:9[**]

A rejeição por parte de Reuven da relação que Yaakov tinha com Bilá, serva de Rachel, teve tanto impacto nesse processo que a Torá a descreve como ocorrendo:

> ...além de Migdal Éder.
>
> Bereshit 35:21

> *Migdal Éder* – o lugar de onde o Rei Mashiach surgirá ao final dos dias.
>
> *Targum Yonatan*[***][41]

---

[*]   Essa história está completamente fora de lugar[39] e de contexto na Torá, já que interrompe a narrativa de Yossef, a menos que a consideremos sob a perspectiva do que diz esse midrash: que só tem relação com o plano geral de Malchut[40]

[**]   Tamar pede mais uma coisa a ele, cuja tradução, nesse contexto, não é clara: *petilecha* (פתילך). Curiosamente, a tradução literal dessa palavra é "teus pavis".

[***]   Léa e Rachel, as duas Matriarcas que proporcionam as raízes duplas à nação, deram os primeiros passos para a integração:

> *Reuven saiu nos dias da colheita de trigo e encontrou dudaim no campo, e os trouxe à sua mãe, Léa. Rachel disse a Léa: "Peço que me dê dos dudaim de seu filho". Ela lhe disse: "Não lhe basta haver me tomado o marido, agora também quer tomar dos dudaim do meu filho?". Rachel disse: "Então, ele se deitará com você nesta noite, em troca dos dudaim do seu filho".*

Essa rejeição foi a ruína da contribuição que Reuven havia feito com os *dudaim* para Rachel, de sua aceitação de Rachel como mãe, inclusive para os filhos de Léa.[44]

Os dudaim *dão sua fragrância, e em nossas portas estão todas as delícias.*

Shir haShirim 7:14

Os dudaim *dão sua fragrância* – isso se refere a Reuven, que salvou Yossef.

E em nossas portas estão todas as delícias – isso se refere a

---

Bereshit 30:14-15

Devido a esse acordo, Rachel perdeu seu direito de dar à luz Issachar e Zevulun. No entanto, embora ela tenha perdido tribos, ganhou a primogenitura.

Shir haShirim Rabá 7:14

Rachel estava disposta a perder a oportunidade de criar filhos, mesmo com o primogênito de Léa reconhecendo a supremacia dela (Rachel) em ser a Mãe da Nação; se, como resultado, o povo de Israel seria chamado por seu nome, e seu filho Yossef se tornaria o primogênito da nação.

Inclusive na hora do nascimento de seu filho Reuven, Léa havia compreendido que sua primogenitura seria transferida a Yossef, filho de Rachel, e, por isso, o chamou Reuven.[42] Ela e Reuven aceitaram entregar os *dudaim* a Rachel, ato que constituiu o primeiro passo para a unificação de Malchut.

De fato, todos os demais desejos de Rachel se cumpriram. Durante um dos momentos mais ternos e decisivos da história do povo de Israel, quando Boaz estava a ponto de tomar Ruth como esposa e, assim, começar a saga que concluiria em David[43] e em Mashiach:

"Toda gente se reuniu nos portões (da cidade) e os anciãos disseram: 'Que o Eterno faça com que essa mulher que entra em tua casa seja como Rachel e Léa, que juntas unificaram a Casa de Israel... e que sua casa seja como a casa de Peretz, a quem Tamar deu à luz para Yehudá'".

Ruth 4:11-12

A maioria das pessoas dali descendia de Léa e, contudo, fez de Rachel a principal. Rab Aba bar Kahaná disse: Certamente Rachel era a que tinha mais importância... pois todos são chamados de seus filhos, como se declara: "Rachel chora por seus filhos". E não apenas levam o nome dela, mas também de seu filho, como se declara: "Que D'us se apiede do remanescente de Yossef". E não só levam o nome de seu filho, mas também de seu neto, como se declara: "Efraim é um filho querido para Mim..."

Ruth Rabá 7:13

E quando Rachel morreu, cada um dos filhos de Yaakov colocou um pedra em sua tumba: doze pedras. E sobre todas estava a pedra de Yaakov.

Midrash Lekach Tov, Bereshit 38

Chanucá

Yalkut Reuveni, Vayetzé

Assim, pois, Chanucá, não apenas toma parte da experiência de Malchut dos *chashmonaim* (chasmoneus), bem como constitui, também, um elemento essencial no desenvolvimento de Malchut em geral. Esse desenvolvimento está ligado ao processo de Galut e Gueulá,[45] um processo que levará à Malchut definitiva, que é seu propósito oculto:

Antes de ter dores de parto deu à luz...

Yeshayahu 66:7

Antes do nascimento do primeiro indivíduo que trará a Galut (o Faraó), nasceu aquele que trará a Gueulá final (Mashiach, que descende de Peretz).

Bereshit Rabá 85:1

O azeite do Candelabro nos leva à Malchut de Mashiach:

Rab Chanún disse: Graças ao mérito das luzes eternas do Candelabro, vocês terão o mérito de receber a luz do Rei Mashiach.

Vayikrá Rabá 31:11

A própria palavra *Mashiach* (Messias) significa "o ungido", já que Malchut é consagrada com óleo de oliva, o *shémen hamishchá* (Óleo da Unção), utilizado para ungir o Rei e o Cohen Gadol, ambas posições centrais para a história de Chanucá. E o óleo era posto de um modo bastante curioso, que misteriosamente remete a Chanucá:

Para reis, o óleo é untado segundo a forma de uma coroa; e para os *Cohanim Guedolim*, segundo a forma da letra grega shi: X.

Keritut 5b; Rambam, Mishnê Torá[46]

Há quem entenda[47] que o óleo encontrado pelos chasmoneus não era senão o óleo perpétuo[48], o próprio Óleo da Unção, que havia sido selado e escondido durante a época do Primeiro Templo. Assim como esse óleo nunca diminuiu, pois havia sido utilizado para todas as consagrações – no Mishcán (Tabernáculo), nos utensílios, nos Cohanim e nos reis ao longo das gerações –, também permaneceu sem diminuir quando foi usado no próprio Candelabro e proporcionou tanto óleo quanto era necessário. A conclusão do Mishcán, em 25 de Kislev, deu a volta completa em sua própria reinauguração,[49] utilizando o mesmo óleo que Moshe havia usado para sua inauguração, há mais de onze séculos.

 # LACUNAS CONCEITUAIS

Vimos como o dualismo que Adam, o primeiro homem, nos deixou pode conduzir tanto a *minut* quanto à reconstrução da Malchut perdida no Jardim do Éden. De algum modo, Chanucá dá início ao processo de síntese, o que eventualmente levará à chegada de Mashiach.

Entretanto, não compreendemos nada a respeito de Chanucá. Tudo o que, com a ajuda dos Sábios, tem sido estabelecido até agora é simplesmente um esqueleto, uma estrutura que nos permite observar em que lugar as coisas se encaixam. Nós revelamos o padrão que as coisas seguem. Mas já é tempo de começar a preencher as lacunas conceituais, a fim de ver que coisas podem mudar tão profundamente só por causa de uma vitória em conflitos militares relativamente menores.

Vimos que Malchut derivada do evento de Chanucá foi limitada e escassa.[50] Por que, então, Chanucá é tão essencial para o desenvolvimento de Malchut e da Gueulá, a redenção? Devemos definir quais foram as contribuições dos principais protagonistas de Malchut – Yehudá e Yossef – para comprovar por que cada um deles é essencial; só então poderemos descobrir o caminho que leva à síntese por meio de Chanucá e dos Cohanim, os descendentes de Levi.

Falaremos a primeira fase da resposta na relação que existe entre Chanucá e Yehudá.

Capítulo Sete
HODAÁ

Yehudá, seus irmãos se submeterão diante de ti (yoducha)...

Bereshit 49:8

Seus irmãos lhe aceitarão, sua mãe te aceitará, Eu te aceitarei. Todos os seus irmãos serão chamados pelo seu nome; ninguém dirá: "Eu sou reuveni", "Eu sou shimoni". Todos dirão: "Eu sou yehudi (judeu)".

Bereshit Rabá 88:6

Instituíram os dias de Chanucá como dias festivos de Halel e Hodaá.

Shabat 21b

O coração do (Rei) é o coração de toda a Nação de Israel.

Rambam, Hilchot Melachim 3:6

HODAÁ

7.1 HODAÁ E CHANUCÁ

> Depois, Seus filhos entraram em Sua residência sagrada, limparam Seu Templo, purificaram Seu Santuário, acenderam as luzes em Seus pátios sagrados e instituíram esses oito dias de Chanucá para agradecer (*hodaá*) e louvar (*halel*) Seu grande Nome.
>
> Tefilá "*Al haNisim*" do Sidur

Se alguém pedir a qualquer pessoa para descrever os costumes e preceitos relacionados especificamente com Chanucá, o mais provável é que mencionará o acendimento das velas, dar *Chanucá gelt*, o "Dinheiro de Chanucá", incluindo jogar *sevivon* e comer *latkes*. Entretanto, o mais garantido é que não mencione o preceito mais importante e distinto de Chanucá.

Cada Moed apresenta sua própria oportunidade e sua própria missão distinta – sua *avodá* – como resposta ante a influência de um tempo específico. O melhor lugar para definir essa *avodá* especial se faz dentro da *tefilá*, da reza, a qual é descrita como a "*avodá do coração*".[1] E é aí, justamente, onde os Sábios depositaram a chave que se deve utilizar para abordar o enfoque específico para cada "compromisso com o tempo".

A tefilá específica de Chanucá é o texto de *Al haNisim*, citado como introdução. Contudo, essa tefilá não menciona nenhuma das coisas comumente associadas a Chanucá, nem sequer o preceito de acender a *chanukiá* (candelabro de Chanucá). Só nos ensina que são dias para "agradecer e louvar". Assim, *essa* deve ser a ideia central e a *avodá* de Chanucá.

Há dias de regozijo e de liberdade, de lembrança e de expiação. E também há dias de agradecimento e de louvor: os dias de Chanucá. É certo que o "tempo de nossa alegria" e o "tempo de nossa liberdade" também são dias *durante* os quais damos graças e louvamos a D'us. Mas não são *definidos* como dias de agradecimento e louvor; simplesmente não foram instituídos para cumprir esse propósito específico.

Maimônides usou essa definição de Chanucá ao escrever seu código de leis "Mishnê Torá", uma obra-prima, estruturada com precisão quase sobre-humana. Nessa obra, uma incongruência sutil ou uma aparente discrepância na organização de uma lei poderia resultar em inumeráveis inovações *haláchicas* ao longo de várias gerações. Entretanto, o extraordinário é que Maimônides não mencionou as leis de Halel em nenhuma parte de sua seção sobre *Hilchot Tefilá*, as Leis da Tefilá, como seria de se esperar. E tampouco o fez na seção de *Hilchot Yom Tov*, as Leis de Yom Tov, ou nas seções consagradas às festividades de Pessach e Sucot.

Em vez disso, devemos esperar até chegar à seção de *Hilchot Chanucá*, Leis de Chanucá. E aí estando, mesmo antes de que nos informe sobre as leis das velas de Chanucá, ele nos explica as leis e costumes acerca da recitação de Halel. A seção de *Hilchot Chanucá* constitui a fonte primária das leis e costumes relacionados com Halel. É claro que Rambam considera que qualquer Halel[2] está vinculado com as ideias específicas que Chanucá representa.

Como é diferente a festa de Chanucá, vista pela perspectiva dos Sábios! Chanucá não é um Moed para se recordar da vitória[*] e tampouco é, como se tornou comum dizer, *chag haurim* (Festa das Luzes),[5] trata-se tão somente de uma ocasião para dizer Halel e Hodaá.

Contudo, se poderia pensar que para um Moed de agradecimento, Chanucá é uma opção fora do comum. Depois de tudo, o momento que se associa com a alegria não é Chanucá, mas Sucot, a Festa da Colheita; ela é *z'mán simchatenu*, "a época de nossa alegria". As nações do mundo muitas vezes celebram seus momentos de agradecimento durante a temporada

---

[*]   Não há mitsvá de celebrar em Chanucá:

As comidas festivas que são frequentemente servidas (em Chanucá) são voluntárias, já que não se estabeleceu uma lei de celebrar e estar alegre.

Sulchan Aruch[3]

Há autoridades haláchicas que, inclusive, sustentem que há algo de mitsvá em celebrar e o fazem "porque nessa época houve uma dedicação do Altar",[4] não por causa da vitória.

da colheita agrícola, já que esse é o momento natural para agradecer pela abundância. Mas, por alguma razão, para Israel, a "festa de agradecimento" não é Sucot, mas sim Chanucá.

Apesar de ainda não estar claro por que Hodaá está especificamente relacionado com Chanucá, há um denominador comum importante: assim como Chanucá, Hodaá nunca será extinta:[6]

> No futuro, serão abolidas todas as tefilot, mas hodayá (agradecimento) nunca será abolida.
>
> *Midrash Shochar Tov 56*

Talvez Hodaá seja a chave que estamos buscando para compreender a relação que há entre Chanucá e Malchut. Pois, assim como Hodaá é a essência de Chanucá, também constitui o núcleo de Malchut. E, além disso, é precisamente o que significa o nome Yehudá.

7.2 YEHUDÁ E HODAÁ

> *Yehuda, é a ti que louvarão teus irmãos (yoducha)...*[7]
>
> Yehudá, tu *confessaste* (*hodá*) acerca do que ocorreu com Tamar; por isso, teus irmãos concederão (*hodá*) a ti...[8]
>
> *Yehudá é um filhote de leão;*
>
> *Da presa, meu filho, te livraste...*
>
> *Filhote de leão* – ao final, um Rei surgirá de Yehudá, porque:[9]
>
> *Da presa* – tu ficaste fora de matar Yossef.[10]
>
> *O cetro não será tirado de Yehudá... até que chegue a Shiló...*
>
> *O cetro* – não deixarão de haver reis de Yehudá... até que chegue Mashiach, já que o Malchut é seu (*sheló*) e todos os reinos da Terra serão subjugados diante dele.[11]
>
> *Bereshit 49:8-10, Targumim*

A essência da parte que Yehudá tem em Malchut também está em seu nome: Yehudá vem de Hodaá. Hodaá está relacionado com o significado de

Yehudá na citação anterior e em muitos outros sentidos: louvor, confissão, agradecimento, concessão. Embora pareça um jogo de palavras, todos esses conceitos tomam parte do significado de Yehudá e são o fundamento de seu Malchut.

> *Hashem* disse a Yehudá: "Porque tu foste *modê* (reconheceste) teus irmãos serão modê* que tu sejas rei sobre eles".

Bereshit Rabá 89:8

Embora o significado central e de ligação de Hodaá seja difícil de apreender, uma ideia está clara: a essência de Yehudá deriva da Hodaá de sua mãe, Léa:

> Léa disse uma palavra de *hodayá* e homens de *hodayá* surgiram dela: Yehudá (que confessou); David, que disse: "Louvem (*hodú*) ao Eterno, porque Ele é bom"; Daniel, que disse: "Te agradeço (*modê*) e te louvo..."[13]

E também está claro o que significa a *hodayá* de Léa, que constituiu o fundamento do nome "Yehudá": significa agradecimento e louvor.

> *...e ela disse: "Desta vez agradecerei (e louvarei)[14] ao Eterno". E chamou seu nome Yehudá.*

Bereshit 29:35

> Desta vez *agradecerei* a D'us, já que deste menino surgirão reis e o Rei David, que está destinado a *louvar...*

Targum Yonatan

O próprio nascimento do ancestral da tribo da qual eventualmente emanaria Malchut esteve cercado pela Hodaá de sua mãe: recebeu seu nome

---

* A Hodaá de Yehudá também desempenha um papel decisivo na história de Chanucá, já que a Hodaá indiretamente estabeleceu a importância capital que tinha Rachel, por meio do impacto que causou em Reuven:

> Quem fez com que Reuven confessasse (sobre o incidente com Bilá)? Yehudá.

Baba Kama 92a[12]

Durante seu processo de arrependimento, Reuven sentiu-se motivado a salvar Yossef: *Reuven ouviu e o salvou de suas mãos* (Bereshit 37:21). Embora seu impacto seja ofuscado por causa do incidente com Bilá, os *dudaim* de Reuven seguem sendo muito relevantes para Chanucá (veja capítulo 6.8) somente porque seu poder é restaurado por meio de Yehudá.

pela Hodaá, ele mereceu Malchut graças a ter sido *modê* (agradecido) e Yaakov deu a Malchut a ele por meio da palavra que, utilizada como sinônimo de Malchut, implica Hodaá. Por que Hodaá implica, essencialmente, Malchut? É verdade que, ironicamente, a Hodaá de Yehudá a Tamar, sua *confissão* de que ele a teria engravidado, foi o que objetivamente culminou em Malchut: além de salvar a acusada, que era Tamar, Yehudá salvou Peretz (que, de outra maneira, não nasceria), de quem, eventualmente, nasceria o Rei David. Entretanto, por que Hodaá, conceitualmente, forma o próprio núcleo de Malchut? Antes de tentar resolver esse problema, primeiro tentaremos definir o que significa a palavra Hodaá.

7.3 UMA DEFINIÇÃO INICIAL

Deve haver um só conceito que reúna as diversas facetas de Hodaá (que deriva da raiz ידה), palavra que, como já vimos, pode significar graças, louvor, confissão, admissão, aceitação e concessão. Parte da explicação, isto é, no sentido intrínseco que há entre a ideia de gratidão e a de admissão: o agradecimento verdadeiro realmente constitui na *admissão* livre da dívida para com o fornecedor. A afirmação *Aní modê lechá*, que é o equivalente a "Te dou graças", literalmente significa "Eu concedo a Ti". Em inglês, a expressão *much obliged* ou *I am deeply indebted* significam o mesmo.[*] A resposta "De nada" e outras similares constituem expressões cujo propósito é reduzir o fardo da dívida e a dependência dos ombros do receptor.

Aqui, o denominador comum é o reconhecimento: a concessão e aceitação inequívocas ante uma realidade que afeta nosso próprio ser e a imagem que temos de nós mesmos. O reconhecimento também implica em uma resposta, expressa de diversos modos: dando graças, louvando, reconhecendo ou aceitando a superioridade do outro sobre nós e, inclusive, reconhecendo a culpa, confessando. Embora conforme pesquisamos o significado de Yehudá e Yossef veremos que essa explicação é insuficiente, esta será nossa definição de trabalho e nossa aproximação inicial do significado de Hodaá. Como se vê, a aceitação em render-se diante do modo que as coisas são, o reconhecimento dos erros e das faltas, bem como o reconhecimento das forças principais que intervieram na formação do que somos, é algo essencial para a definição de Malchut.[**]

---

[*]   Em português, literalmente, "muito obrigado" e "lhe devo essa", respectivamente. (Nota da tradutora).

[**]   A ruína de Chanucá está ligada à traição dessa Hodaá, já que Ramban atribui a

7.4 DAVID, SHAUL E HODAÁ

O que esconde sua iniquidade não prosperará

o que é modê e abandona (a iniquidade) será apiedado.

Mishlei 28:13

O que esconde sua iniquidade – isso se refere a Shaul (que continuou pensando: "Eu mantive a palavra do Eterno") quando Shmuel o confrontou...

O que é modê – isso se refere a David, que (quando foi confrontado com sua atitude com Bat Sheva) disse: "Eu pequei".

Midrash Tehilim 100

Shaul, que não foi *modê*, foi destruído por causa de uma trágica e inútil negativa em aceitar a perda da sua Malchut. David, que foi *modê*, nem uma vez sequer disse algo para apoderar-se de Malchut. Inclusive, em uma das ocasiões[16] em que Shaul havia sido milagrosamente posto nas mãos de David (nas duas ocasiões em que Shaul perseguiu David com intenção de matá-lo), este ignorou as súplicas de seus conselheiros e se negou a tocar em Shaul.

Avishai disse a David: "D'us entregou teu inimigo em tua mão; deixa-me feri-lo..." Mas David disse: "... seu dia chegará... O Eterno não permita que eu levante minha mão contra o ungido do Eterno..."

Shmuel I, 26:8, 10,11

Mas, em que falhou a Malchut do primeiro rei ungido, Shaul, descendente de Rachel? Por que perdeu a Malchut? Ele estava "uma cabeça acima dos demais" [17], era "o escolhido de D'us", [18] "o homem que nunca

---

derrota e o colapso dos últimos *chashmonaim* (chasmoneus) ao fato de que não devolveram a Malchut a Yehuda:

Todos os descendentes do justo Matitiyahu, o chasmoneu, foram aniquilados porque se apoderaram ilicitamente de Malchut, sendo que não eram descendentes de Yehuda.

Ramban, Bereshit 49:10

Que irônico que todos os que haviam iniciado o processo de restauração da síntese entre Yehuda e Yossef eventualmente a traíram! E que temível a justiça divina, aplicada medida por medida, que seu destino finalmente se reduziu a uma vil guerra de facções: um conflito fratricida, que desembocou na Galut Edom![15]

provou o sabor do pecado", [19] o homem tão modesto e sem pretensões que se escondeu em uma taverna para evitar ser designado rei.[20] E, apesar disso, se tornou tão paranoicamente ciumento de sua posição, que os Sábios puderam dizer dele:

Shaul, Rei de Israel, era pretensioso; por isso o mataram e por isso se acabou a sua Malchut.

Taná d'Ve Eliahu 31

Essa afirmação parece contradizer completamente outra análise dos Sábios, na qual parece que Shaul perdeu a Malchut justamente por ser modesto em demasia:

Por que Shaul foi castigado? Porque renunciou à sua própria honra, como se declara: "Uns indivíduos baixos disseram: 'Como esse (Shaul) poderá nos ajudar?'... E (Shaul) guardou silêncio" (*Shmuel* I 11:27)

Yoma 22b

Esses dois aspectos aparentemente contraditórios de Shaul se manifestam de forma acentuada no âmago do confronto entre Davi e sua esposa Michal, filha de Shaul:

Assim que a Arca do Eterno chegou à Cidade de David, Michal – filha de Shaul – olhou pela janela e viu o rei David dançando e saltando diante do Eterno, e o menosprezou em seu coração... ela saiu para receber David e disse: "Que honrado estava hoje o rei David, descobrindo-se aos olhos das servas de seus servos como se descobre alguém da gentalha!"

Shmuel II 6:16, 20

Michal disse: "Hoje a honra da casa de meu pai se manifesta e podemos ver a diferença entre tu e ele. A família de meu pai é sagrada e modesta, e nunca se expôs em sua vida..."[21]. Mas David lhe responde:

(Danço) diante do Eterno, que me escolheu no lugar de seu pai e de sua casa...

Shmuel II 6:21

"Teu pai buscou sua própria honra e ignorou a honra do Céu. Eu ignoro minha própria honra e busco a honra do Céu"

Bamidbar Rabá 4:16

Shaul era, efetivamente, o mais modesto de todos os homens; ele encarnava a modéstia da Matriarca Rachel.[22] Mas um rei precisa de algo mais que modéstia: necessita Hodaá, o reconhecimento de que como rei não tem querer próprio, que se mantém apenas como uma expressão da nação em seu conjunto. Ele não tem direito de se preocupar com sua modéstia, e sua honra não é sua para que possa renunciar a ela. A razão por que a Hodaá constitui a essência de Malchut é que só Hodaá faz com que seja viável o delicado equilíbrio de um rei: deve ser um rei que existe com majestade e poder, mas também deve ser consciente de que toda a existência majestosa que ele manifesta não é mais do que a expressão total do povo que o fez ser o que ele é. Isso é o que o profeta Shmuel disse a Shaul quando o informou de que D'us o havia rechaçado:

> *Mesmo se aos teus próprios olhos te aches pequeno, és o cabeça das tribos de Israel, o Eterno te ungiu para ser rei sobre Israel.*

Shmuel I, 15:17

A enorme preocupação que Shaul tinha de preservar sua modéstia era sua fraqueza e foi o que causou sua queda. Implicou em um envolvimento em seus próprios interesses, uma sensibilidade diante de sua própria pessoa, tal como era percebida pelos outros. Como, por definição, Malchut não dá lugar para o pessoal, essa preocupação de Shaul implicava que realmente não era rei em absoluto, que se deixara levar pelo poder e pela posição de seu reinado. Significava que o homem que a todo custo queria que o deixassem a sós, que *não* queria ser rei, eventualmente destruiria tragicamente sua vida e a dos que amava com o objetivo de preservar o que de qualquer maneira nunca poderia ser seu. Pois Malchut Israel está baseada em uma Hodaá que Shaul, descendente de Rachel, nunca atingiu: a Hodaá de Yehudá.

De fato, Shaul foi um rei que nunca poderia ter sido *modê*, já que viveu com os dias contados.

7.5 VIVENDO COM OS DIAS CONTADOS

> *(Quando entrares na terra que o Eterno teu D'us te entregará)... e disseres: "Porei sobre mim um rei, como o fazem todas as nações que estão ao meu redor", certamente poderás pôr sobre ti o rei...*

Devarim 17: 14-15

Há três preceitos que Israel está incumbido de fazer quando entrar na Terra (de Israel): nomear um rei sobre si...

San'hedrin 20b

Rambam, Mishnê Torá[23]

Aos olhos de Shmuel, foi ruim o que disseram: "Dá-nos um rei para nos julgar", e Shmuel rezou ao Eterno. E o Eterno disse a Shmuel: "...não é a ti que eles rejeitam, e sim, a Mim".

Shmuel I, 8:6-7

Os comentaristas têm oferecido muitas explicações para tratar de resolver a contradição entre, por um lado, o preceito de coroar um rei e, por outro lado, a raiva dirigida contra Israel quando, na prática, foram falar com Shmuel para pedir um rei.[24] Mas todas essas explicações manifestam uma falha clara e simples que a Torá expressa abertamente, um defeito fatal em Malchut, desde seu início:

וַיֹּאמֶר שְׁמוּאֵל אֵת כָּל דִּבְרֵי יְהֹוָה אֶל הָעָם **הַשֹּׁאֲלִים** מֵאִתּוֹ מֶלֶךְ

כִּי רָעַתְכֶם רַבָּה אֲשֶׁר עֲשִׂיתֶם בְּעֵינֵי יְהֹוָה **לִשְׁאוֹל** לָכֶם מֶלֶךְ

כִּי יָסַפְנוּ עַל כָּל חַטֹּאתֵינוּ רָעָה **לִשְׁאֹל** לָנוּ מֶלֶךְ

*E Shmuel disse todas as palavras do Eterno ao povo que lhe **pedia** um rei (Shmuel I, 8:10).*

*Pois grande é aos olhos do Eterno o mal que fizeram ao **pedir** um rei para vocês (ibid. 12:17)*

*Pois a todos os nossos pecados acrescentamos esse mal, de **pedirmos** um rei para nós (ibid. 12:19).*

Parece claro que o erro de algum modo está no fato de *pedir* um rei. O pedido transformou o que deveria ter sido o cumprimento de uma mitsvá muito importante em um erro.[25] A mitsvá não é ter um rei nomeado sobre o povo, mas sim nomear um rei:

Está escrito: "Certamente colocarás um rei sobre ti".

Não disse: "Eu colocarei um rei", mas sim "tu colocarás".

Vocês mesmos são os que colocaram o rei.

Talmud Yerushalmi, San'hedrin 2:6

Um verdadeiro rei deve ser a manifestação da própria sociedade e não pode ser imposto do alto, inclusive a pedido do povo. Só nomeando-o como parte do fluxo natural dos acontecimentos desde o próprio interior da sociedade – como aconteceu com David –[26] é que pode ser um autêntico *melech* (rei). Caso contrário, não será mais que um governante, a saber, alguém que tenta medir, definir e controlar a sociedade. Um *melech* permite que os membros do povo se expandam e dá a cada indivíduo o necessário para desenvolver todo o seu potencial, mas só porque, como criação de todas as suas possibilidades, ele expressa uma visão global. Um governante obriga o povo a conformar-se com uma visão – a visão dele –, a qual, necessariamente, é limitada, na mesma medida em que ele o é. Ao pedir que se nomeasse um rei, o povo de Israel havia destruído a Malchut. Inclusive o próprio Mestre do Universo nos disse:

O povo pode coroar o Rei; o Rei não pode coroar a si mesmo.

Pirkê d'Rabi Eliezer 11

Um rei que não é a expressão autêntica da nação não pode ser um rei fundado sobre a Hodaá, um rei que realmente é a manifestação do povo. O propósito da Malchut de Shaul, que por toda a eternidade continua sendo "o escolhido de D'us" consistiu em preparar o caminho para a Malchut de Yehudá. Shaul é um autêntico filho de Rachel, um *tzadik* (justo) maior que o próprio rei David,[27] que dá sua vida e seu amor pelo futuro da Nação de Israel.

O problema essencial com Shaul foi justamente que era *shaul*, ou seja, "solicitado". E também por isso, sua Malchut somente foi *shaul*, "emprestado". Pois, na língua sagrada, o hebraico, o próprio significado da palavra shaul refere-se a algo que não é de alguém. "Shaul" se converte, assim, em outra forma de falar de um rei que vive com os dias contados.

Nos dias de Saul fizeram uma guerra...

Divre haYamim I, 5:10

Isso, na verdade, ocorreu nos dias de Yehoshua, mas o chamaram Shaul porque o Malchut estava shaul (שאול, emprestado) em suas mãos.

Bereshit Rabá 98:14

Em busca de si mesmo, a Malchut de Shaul abre espaço para a Malchut de Yehudá que, fundado sobre Hodaá, é uma Malchut que aguarda seu momento, sem pressionar[28] e sem buscar sua própria realização. A Malchut que vive com dias contados cede seu lugar à Malchut a qual se tenha concedido tempo, tanto por parte da humanidade quanto de Adam, o primeiro homem.[29]

Não é a ti que eles rejeitam, e sim, a Mim.

Shmuel I, 8:7

Israel é uma Nação de D'us, cujo único rei é o Rei do Universo. Um rei solicitado, que segue cuidando de sua própria modéstia, não é mais que um indivíduo privado, não importa o quão surpreendente possa ser sua *kedushá* (santidade); e, como tal, só pode constituir um obstáculo que separa Israel e D'us. Mas um *melech* que se baseia em Hodaá constitui o ponto principal da relação entre D'us e a nação inteira. Ele, sim, pode ativar todo o potencial do povo, unificando, por meio de si mesmo, este mundo e o seguinte, outorgando sentido a cada indivíduo e vivendo como expressão de *Malchut Shamáyim*, o Reino dos Céus, com a Presença Divina resplandecendo em seu rosto.

7.6 CHANUCÁ E MALCHUT

> Adam ficou em pé, como a figura de um deus. Toda a Criação o viu e teve medo dele. Pensando que ele os havia criado, vieram e se inclinaram perante ele. Ele lhes disse: "Vocês vêm para se inclinar diante de mim? Venham, vamos todos juntos cobrir de orgulho e poder Aquele que nos criou, pois o povo deve coroar o Rei, e o Rei não pode coroar a si mesmo, se nós não o coroamos". Assim, Adam foi primeiro sozinho para fazer o Rei (D'us), e logo toda a Criação o seguiu e lhe disse: "O Eterno é Rei, revestido de majestade". (Tehilim 93:1).

Pirkê d'Rabi Eliezer 11

Adam, o primeiro homem, era o *melech* da Criação[30] e, como tal, serviu como símbolo da presença de D'us para toda a Criação. Essa é a essência de *Malchut Shamáyim*, a Malchut dos Céus, que unifica, em sua totalidade, a Criação com seu Criador, por meio do ser humano. Na medida em que a relação baseada no reconhecimento profundo, Hodaá permeia os diversos modos que a Presença Divina adota no mundo. Hodaá é a base da totalidade, a integridade e a unidade que Malchut realiza entre os indivíduos que a compõem e a relação que eles estabelecem com o sentido último e com o *olam habá*, o mundo vindouro. Hodaá representa o contato mais forte que há com a realidade.

Chanucá tem como propósito ser um instrumento da realidade, cuja luz de sentido último se torna disponível por meio de Hodaá. Liga os indivíduos com seu potencial e nos lembra da luz do Mundo Vindouro neste mundo. Assim, Chanucá se torna o equivalente à própria Malchut, em uma mensagem ao rei, que está destinado a reconstruir o Templo, uma mensagem ao Rei Mashiach:[31]

> *...eis que vejo um candelabro, todo de ouro, tendo em cima uma grande taça, e em seus braços sete lâmpadas e há sete tubos que alimentam as lâmpadas... e há duas oliveiras, uma à direita e outra à esquerda.*
>
> *E o anjo que me falava respondeu e disse: "Esta é a palavra de D'us a Zerubavel (o Mashiach, que descende de Zerubavel)[32], para dizer-lhe: Não pelo poder, nem pela força, mas por Meu espírito".*
>
> *As oliveiras caíam por si mesmas e, transformadas em azeite dourado, fluíam através dos quarenta e nove tubos até as velas, como sinal da Luz do futuro, quando a luz será quarenta e nove vezes mais intensa do que foi nos dias da Criação.*
>
> *"E o que são esses dois ramos de oliveira que estão ao lado dos dois tubos de ouro, que vertem seu azeite dourado?... e (o anjo) me disse: "São os dois filhos de "yitzhar" que estão parados junto ao Senhor de toda a Terra".*
>
> *Os dois filhos de "yitzhar"* – Malchut e a Kehuná (sacerdócio), que precisam do *shémen hamishchá* (óleo da unção).
>
> *Os dois filhos de "yitzhar"* (יצהר) – leia-se *yetzer* (יצר), o *yetzer hatov* (inclinação para o bem) e o *yetzer hará* (inclinação para o mal), que serão inclinados para o bem por mérito da Torá.
>
> *Zechariá 4: 2-14, Rashi*

A menorá (candelabro) é o símbolo de uma Malchut tão poderosa que a mera necessidade do poder físico seria uma debilidade, uma Malchut dentro da qual o mundo estaria tão unido com D'us, que qualquer ação neste mundo estaria imbuída de "Meu espírito", e nele a totalidade do fluxo da história reflete o poder inato de um sistema que realiza aquilo que estava determinado a acontecer, um sistema em que o Nome dividido seria Um.[33]

A Malchut de Mashiach estará baseada na luz de um candelabro que trará de volta a Malchut original do Jardim do Éden, uma Malchut sete vezes mais desenvolvida, por meio da canalização da expressão gradual dos detalhes, através de todas as vicissitudes das mudanças da história e das civilizações, unindo em um todo unificado os incalculáveis detalhes de cada ato, pensamento, consciência passageira, descobrimento, emoção e relação, unindo-os em uma imensa Luz de entendimento.

Como Chanucá serve de canal para o sentido e a utilização deste mundo? Essa é uma pergunta que exige uma compreensão mais profunda de Hodaá, uma compreensão que nos levará a explorar Yossef e a relação que há entre ele, Chanucá e Malchut.

7.7 O ENIGMA DE HODAÁ

> Desde o dia em que *Hashem* criou Seu mundo, não houve nada que fosse *modê* a Ele, até que chegou Léa e foi *modá* a Ele.
>
> *Berachot* 7b

O agradecimento de Léa pelo nascimento de Yehudá não foi nada mais do que um exemplo de um comportamento natural e comum. Quando "disse uma palavra de *hodayá*",[34] Léa introduziu a Hodaá no mundo e revelou um novo comportamento. Foi desse modo que pôde fundar uma estirpe de descendentes que foram "Homens de *hodayá*",[35] um acontecimento que conduziu diretamente a Malchut.

Segundo os sábios, Léa foi a primeira pessoa na história que foi *modê*. Seria completamente absurdo sugerir que isso significa que, antes dela, ninguém manifestou gratidão. Um dos principais esforços do patriarca Avraham foi voltado a ensinar a apreciar e reconhecer a bondade divina, chegando, inclusive, a disseminar o conhecimento das *berachot*, bênçãos.[36] E Adam, em seu papel de rei da Criação, também disse: "É bom ser *modê* a D'us" (*Tehilim 82:2*),[37] incorporando em si as diferentes matizes do significado de Hodaá analisadas até agora.[38]

Sem dúvida alguma, Hodaá implica mais do que parece à primeira vista, mais que gratidão ou reconhecimento. Algo que só a Mãe da Nação seria capaz de descobrir. Algo que só pôde vir à superfície como parte da síntese com Yossef.

Depois de tudo, há dois elementos envolvidos na *avodá* de Chanucá: Hodaá e Halel. Um deles enfatiza a percepção *interna*, o outro, a intensidade da *expressão* de sentimentos suscitados pela Hodaá.

> Esses dois elementos, Hodaá e Halel, correspondem a Yehudá e Yossef
>
> *Sefat Emet*[39]

Até que compreendamos a relação que há entre ambos, não poderemos entender nenhum.

DE YEHUDÁ A YOSSEF

Concluímos o Primeiro Livro. Esse foi, essencialmente, um livro sobre Yehudá, examinando Hodaá, Malchut, os efeitos *internos* do exílio de Israel. Muito do diversificado material de fundo enfocou Yehudá, desde os perigos de Yossef até a destruição do próprio sistema.

Mas apenas começamos a compreender as Pautas no Tempo que se concentram em Chanucá, padrões que suscitam perguntas que nunca são respondidas totalmente. Assim é como deve ser; é natural que uma compreensão destinada a fazer uma síntese não possa ser totalmente apreendida através da metade da imagem.

Entretanto, está claro onde se localiza a outra metade da narrativa: em Yossef haTzadik, Yossef o Justo. Devemos examinar a outra metade dessa sociedade de visões e compreender como Yossef contribui com Malchut. Chegou a hora, também, de compreender um pouco mais quais são as semelhanças que Israel tem com as demais nações, a fim de entender as diferenças "entre a luz e a escuridão, entre Israel e as nações".[40] Além disso, é hora de investigar as forças opostas: de um lado, a beleza de um Tzadik e, de outro, a beleza da Grécia; de compreender o impacto do exílio na relação que temos com as demais nações; de ver esse mundo através dos olhos de um Tzadik. E também é o momento de compreender qual é o *chinuch* e o *chen* implicados em Chanucá.

Em suma, é hora de voltar nossa atenção à outra metade de Chanucá, da Hodaá e de Yehudá ao Halel e a Yossef. Só os compreenderemos em conjunto.

...serão um só em tua mão.

Yechezkel 37:15

Segundo Livro

YOSSEF E HALEL

Aqui, examinamos o chen de Yossef haTzadik, comprovamos que o Tzadik e a Menorá (candelabro) expressam a mesma ideia, aprendemos a diferença entre a beleza de Yossef e a beleza da Grécia e descobrimos que Halel é a expressão do Tzadik e da luz especial do candelabro.

Começamos com o material de base, apresentado nos quatro primeiros capítulos, examinando a multifacetada relação que Israel tem com as nações e Yaakov com Essav, e descobrindo que Chanucá e Yossef são essenciais para a Gueulá final.

Capítulo Oito
ISRAEL E AS NAÇÕES

Deve-se sempre aproveitar a oportunidade para contemplar os nobres de Malchut, para que, quando chegue a Malchut da Casa de David, se possa distinguir entre uma Malchut e outra.

Talmud Yerushalmi, Berachot 3:1

As nações contribuem com mais preceitos do que vocês e fazem com que Meu Nome seja grande, mais do que vocês:

"Meu Nome é grande entre as nações"

(*Malachi* 1:11);

mesmo assim, "Eu amei a ti... mas não Essav"

(*Malachi* 1:2-3);

já que "amarei a vós (Israel) gratuitamente"

(*Hoshea* 14:5)

Eu lhes dou Meu amor, ainda que eles não sejam dignos...

Tanchuma Ekev 3

(abreviado)

ISRAEL E AS NAÇÕES

8.0 CHANUCÁ: PROVISÃO PARA A GALUT

O final de todos os milagres é... Chanucá

Yomá 29a

O milagre de Chanucá consiste em incorporar todos os milagres da Galut por vir.

Resise Lailá[1]

Chanucá é o legado que nos deixaram os Sábios, a provisão final para os dois mil anos de obscuridade que se seguiram. Chanucá é o Moed que nos proporciona tudo o que necessitamos para enfrentar as provas do *tehom*, o abismo que define Edom.[2] A Galut Yavan, o Exílio Grego, foi precursor e componente de uma Galut mais profunda: o abismo de Edom, que mantém um rosto civilizado, o verniz da Grécia:

... e havia trevas sobre a face do abismo...

Bereshit 1:2

Trevas – refere-se à Grécia;

sobre a face do abismo – refere-se a Edom.

Bereshit Rabá 2:4

De fato, o autor do livro *Bene Issachar* opina que a própria palavra "Chanucá" é formada em torno deste conceito: "Esses dias são chamados Chanucá (חנוכה) porque constituem chinuch (חנוך), um aprendizado que nos acostuma à redenção final".[3] A canção *Maoz Tzur*, entoada pelos judeus junto à luz do candelabro de Chanucá recém-aceso, celebra, ao mesmo tempo, todos os exílios e suas respectivas redenções; cada uma de suas estrofes fala sobre uma redenção adicional, desde a de Mitsraim até a de Chanucá. Conclui com Edom e sua queda:

Descobre Teu braço *Hashem*
e apressa o Final para salvação;
vinga o sangue do Teu servo da nação malvada.
Pois a salvação tem demorado para nós
e não há fim para os dias do mal;
empurra Edom à sombra mais profunda...

Sidur

8.1 ABSORÇÃO ATRAVÉS DA GALUT

E muitas nações se unirão a D'us nesse dia, e serão Meu povo...

Zechariá 2:15

Haftará, Shabat Chanucá

Para atingir a redenção, Israel não deve sobreviver a seu contato com a civilização ocidental, mas deve absorver,[4] sublimar e, finalmente, subjugar tudo o que Essav tem feito.

Para quem Essav está guardando toda essa riqueza? Para Israel.

Shemot Rabá 31:10

Assim como Yossef concentrou todas as riquezas do mundo em Mitsraim, a fim de entregá-las nas mão de Israel, do mesmo modo Israel tomará todo o desenvolvimento, o poder e a riqueza de Edom.[5]

De fato, a Yaakov foi dado esse nome devido a esse mesmo destino:

Depois saiu seu irmão, sua mão agarrando o calcanhar de Essav; e o chamou Yaakov (literalmente, "ele será o calcanhar", quer dizer, o fim – *Sforno*[6]).

Bereshit 25:26

(Agarrando) o calcanhar – como sinal de que este não completará sua Malchut antes que Yaakov se levante e o destrua.

Rashi

Israel absorve as nações do mundo por meio do exílio,[7] por meio de semelhanças que, na realidade, são opostos, imagens de espelho que, finalmente, conduzirão a Mashiach.

Rav Huna disse: "Por que Israel está submetido a todas as demais nações? Para que em Israel o mundo continue, já que Israel incorpora todo o mundo".

Zôhar, Shemot 16b

Israel se converte na expressão de certos aspectos da cultura dominante e transforma esses aspectos em *kedushá*, convertendo-se, assim, em conquistadores, em vez de conquistados. A quintessência de muitas culturas que há muito desapareceram da Terra resplandece – transformada, purificada e embelezada – nas características, na forma de falar, na poesia e nos cantos dos judeus, com as várias origens de suas respectivas andanças. É só *de dentro* que se pode romper o exílio:

O mesmo que ocorreu ao Faraó ocorrerá a Edom... Mashiach desenvolverá com eles (Edom) em seu próprio país.

Tanchuma, Tazria 8

Para utilizar corretamente nosso legado e ver de que modo nos permite fazer com Edom o que Yossef fez em Mitsraim,[8] devemos investigar mais a personalidade de Yossef haTzadik e sua relação com as nações.

8.2 AS SETENTA NAÇÕES

בְּהַנְחֵל עֶלְיוֹן גּוֹיִם בְּהַפְרִידוֹ בְּנֵי אָדָם יַצֵּב גְּבֻלֹת
עַמִּים לְמִסְפַּר בְּנֵי יִשְׂרָאֵל

Quando o Altíssimo deu aos povos sua herança, quando Ele a separou aos filhos de Adam, dispôs as fronteiras das nações conforme o número dos Filhos de Israel.

Devarim 32:8

Para o bem dos Filhos de Israel que estavam destinados a vir, conforme o número dos Filhos de Israel que desceram a Mitsraim: setenta nações para essas setenta pessoas.

Rashi

As setenta nações primordiais são detalhes, fragmentos de uma unidade que só é perceptível em Israel. Cada uma das setenta almas da proto-nação que desceu a Mitsraim representava uma face da totalidade de Israel, uma faceta exemplificada isoladamente através da cultura de uma das nações.

> Assim como Ele é Um, assim também Israel é um. Assim como Seu Nome é Um, mas detalhado em setenta (nomes), assim também Israel é um, mas detalhado em setenta (nações).
>
> *Zôhar, Shemot* 16b

Todos os nossos símbolos de unidade compartilham uma relação similar de *klal* (geral) a *prat* (particular):

> (D'us) estabeleceu as fronteiras das nações conforme o número dos Filhos de Israel... que correspondem aos setenta nomes de Israel, aos setenta nomes de Yerushalayim e aos setenta nomes da Torá.
>
> *Midrash Zutá, Shir haShirim* 1:1

Esses setenta aspectos da Torá se relacionam diretamente com as setenta nações preliminares,[9] já que exatamente depois de ter cruzado o Rio Jordão para entrar na Terra de Israel, o povo judeu foi ordenado a erguer pedras enormes e...

> *...escrever nas pedras todas as palavras da Torá, bem explicada.*
>
> *Devarim* 27:8

Isso quer dizer (explicada em) setenta línguas.

> *Sotá* 32a[10]

...setenta línguas, uma para cada uma das setenta nações.

As línguas divergem entre si em aspectos mais profundos que a mera substituição de símbolos alternativos para expressar as mesmas ideias. Uma língua representa a destilação das atitudes e os atributos particulares que definem uma cultura. Encarna a essência de uma civilização e proporciona uma noção profunda dos mecanismos internos de sua alma. As setenta nações primordiais constituem a mais clara expressão das setenta facetas distintas: assim como cada nação primordial reflete um aspecto de Israel, do mesmo modo, cada uma das setenta línguas expressa um aspecto de *lashon hakodesh* (a Língua Sagrada), a língua de Israel.

Lashon hakodesh é uma língua de *klal*, um instrumento de integração no qual cada palavra inclui, por sua vez, muitos matizes detalhados de significado, cujo poder[11] reside em sua capacidade de expressar a ideia *central* de cada conceito do qual se derivam os detalhes. As setenta línguas são fragmentos culturais; são línguas de *prat*: de detalhe, matiz e precisão, cada uma em sua dimensão particular, seja sua capacidade técnica, emoção humana, romance ou poder.

A capacidade das setenta línguas em expressar o detalhe é relevante para compreender a Torá. Do mesmo modo que Israel e *lashon hakodesh*, a Torá é uma totalidade integrada, mas suas facetas de compreensão são setenta: as "setenta facetas da Torá".[12] Essas facetas são tão intrínsecas a ela, que nem sequer foi necessário *traduzir* a Torá para revelá-las – a Torá imediatamente se fragmentou nas setenta nações:

> ...Minha palavra como fogo... como martelo que despedaça a pedra.
>
> *Yirmiyahu* 23:29

> Assim como o martelo despedaça em muitos fragmentos, do mesmo modo cada palavra que saiu de *Hashem* se rompeu em setenta línguas.
>
> *Shabat 88b*

Israel tem a necessidade dessas setenta facetas em sua totalidade para compreender a Torá. As facetas de unidade eram refletidas nos setenta membros do San'hedrin: um para cada uma das cosmovisões primordiais.[13] Cada membro deveria lançar luz sobre uma faceta distinta de uma decisão da corte; caso contrário, seu voto não era contado separadamente.[14] A mensagem final de Moshe ao povo de Israel consistiu em uma revisão da Torá, que formou o *Mishne Torá*, o livro de *Devarim*, o livro de *prat*:[15]

> ...na terra de Moav Moshe começou a explicar essa Torá...
>
> *Devarim 1:5*

> A explicou em setenta línguas.
>
> *Rashi*

> Moshe explicou toda a Torá desde o primeiro dia (do mês) de Shevat até o dia seis de Adar. Tomou-lhe *trinta e seis* dias fazê-lo.
>
> *Seder Olam Rabá* 10

Trinta e seis são as velas de Chanucá.

8.3 UM PAI PARA AS NAÇÕES

> Teu nome já não será Avram, mas Avraham será teu nome, pois Eu te fiz pai de muitas nações.
>
> *Bereshit 17:5-6*

> Eu fiz um rei para as nações.
>
> *Shabat 105a*

O próprio nome de Avraham reflete o status de Israel como rei e pai das nações. Enquanto indivíduo, Avraham também foi aceito como rei por seus compatriotas:

> *Os filhos de Chet responderam a Avraham, dizendo: "Ouça-nos, meu senhor..."*
>
> *Bereshit 23:5-6*

> Tu és um rei sobre nós, um príncipe sobre nós.
>
> *Bereshit Rabá 42:5*

A relação de "pai" com "rei" se torna evidente na proclama que se faz diante de Yossef, proclamando-o *Av-Rex* (Bereshit 41:44). Como Rashi explica, *Av* significa "pai" e *rex*, "rei", em latim (*rex*).

Israel, a *mamlechet cohanim*, "reino de cohanim",[16] constitui Malchut[17] do qual as nações são reflexos dispersos. Israel é comparado com o coração de um corpo que abarca todas as nações,[18] o próprio núcleo de sua existência.

Enquanto pai e rei, Israel é responsável pelo bem-estar das nações da terra. Na festividade de Sucot, Israel oferecia setenta bois como oferenda (começando com treze no primeiro dia de Sucot e reduzindo um a cada dia):

> Os setenta bois são pelas setenta nações; só o boi (de *Shemini Atzéret*) é pela nação única (Israel).
>
> *Sucá 55b*

As nações são abençoadas, inclusive, por meio do contato que mantêm com Israel durante o exílio.[19] Israel lhes brinda com um contexto para viver, um mundo que tem propósito e sentido e, indiretamente, com todo tipo de prosperidade.[20]

No processo de Galut/Gueulá, exílio e redenção, Israel absorve[21] todos os detalhes das setenta nações, formando com eles uma unidade, uma Malchut integrada, em que, finalmente, todos se unirão em *kedushá*, santidade.[22] É por isso que o exílio requer que Israel seja exposto às setenta nações em sua totalidade, como veremos mais adiante.[23] Assim como ocorreu durante a época do rei Shlomo (que é chamado *Kohelet*, "o que incorpora"[24]), na qual os produtos, as comunicações e a sabedoria de todo o mundo convergiam para Yerushalayim,[25] do mesmo modo, na época da Malchut completa de Israel, ocorrerá que toda a civilização será canalizada para Tsión.

> *As riquezas do Ocidente[26] serão devolvidas a ti, as riquezas das nações serão vendidas a ti... teus portões sempre estarão abertos, dia e noite não se fecharão, para que te tragam o poder das nações... Beberás o leite das nações, e serás amamentado com o peito de reis.*
>
> *Yeshayahu* 60:5, 11, 16

Embora a forma final da Malchut de Israel esteja reservada para Mashiach, já houve uma ocasião em que todas as nações aceitaram essa Malchut: na hora de sepultar o patriarca Yaakov, embora fosse carregado por seus filhos, seguindo a formação que depois constituiria a estrutura do acampamento de Israel no deserto.

> *Chegaram à hera dos espinhos...*
>
> *Bereshit* 50:10

> Acaso os espinhos necessitam de caminhos para trilhar? Na verdade, isso significa que as nações cercaram o caixão de Yaakov com suas coroas, de forma semelhante a que uma hera é protegia por espinhos.
>
> *Sotá* 13a[27]

> E nos ensinaram: foram colocadas trinta e seis coroas ao redor do caixão de Yaakov.
>
> Ibid.

Trinta e seis coroas: uma para cada vela de Chanucá. Velas que, segundo Beit Shamai, são acesas em ordem decrescente, começando por oito na primeira noite, e assim sucessivamente...

> Uma a menos a cada dia, em correspondência aos bois que se ofereciam em Sucot.
>
> *Shabat* 21b

8.4 MALCHUT E MALCHUIOT

> As nações do mundo dizem a Israel: "*Nós* somos aqueles cujos atos são belos, *nós* somos aqueles a quem *Hashem* deseja!"
>
> *Midrash Tanchuma, Shelach 13*[28]

> As nações dizem: "Nós somos a essência, e o mundo foi criado por nós".
>
> *Bereshit Rabá 83:5*

A Galut é um tempo em que a ordem do real se inverte, em que uma das nações se expande até converter-se em uma civilização mundial e assume o disfarce do verdadeiro Israel, a Malchut única, um tempo em que o *prat* expandido tenta usurpar o *klal*. Essa usurpação tem um impacto muito real, pois ela faz com que já não se outorgue a prosperidade ao mundo através de Israel, as nações prosperam somente graças ao "resíduo".[29] Na Galut, o oposto é verdade: Israel deve receber por meio das nações.[30]

Parte da preparação celestial para o exílio consiste na metamorfose de uma das partes – uma das setenta nações – em uma Malchut que apresenta a aparência de ser o suficientemente ampla para representar a unidade, assim como Israel:

> Nesse dia, o *sar* (guardião celestial) de Mitsraim lhe concedeu domínio sobre todas as demais nações... e só então a Shechiná (Presença Divina) e Israel foram ao exílio.
>
> *Zôhar, Shemot 16b*

> Por que a *Merkavá* viajou a Bavel (em *Yechezkel* 1:4)? Para dominar todo o mundo ante Nabucodonosor (antes da Galut Bavel).
>
> *Chaguiga 13b*[31]

Esse mesmo processo ocorreu com as outras Malchuiot (plural de Malchut), que se tornaram importantes apenas quando houve necessidade da Galut.[32]

Quanto mais desenvolvida for uma Malchut, mais elementos incorporará e mais se converterá em um sistema unificado. Todas as Malchuiot foram potências mundiais; no entanto, por meio de sua tecnologia e seu poder, que constituem um sinal distintivo e a bênção que o Céu lhe concedeu, Edom conseguiu criar uma civilização mundial[33] mais além dos limites da imaginação dos maiores impérios do passado. A civilização ocidental tem penetrado até os confins mais remotos da Terra, e a cultura e os valores de Edom são aceitos, quase sem reservas, em todo o lugar.

Somente através da extensão desta última Galut, Israel tem sido exposto, como deve ser, a *todas* as setenta nações.

> (No momento da redenção) Israel disse: "Mas *Hashem* não jurou enviar-nos para a Galut a *todas* as setenta nações?"
>
> (D'us) lhes responde...: "Esta Malchut envia seus contratos a todo o mundo a partir de todos os países. Se há um etíope ou um sumeriano, estão sujeitos a eles, é como se todos fossem submetidos a eles".

Shir haShirim Rabá[34]

De fato, se concede a Israel o domínio sobre todas as setenta nações somente graças à benção que Yitschak originalmente pensou em dar a Essav/Edom:

> *Povos te servirão e nações se prostrarão diante de ti...*

Bereshit 27:29

Isso se refere às setenta nações.

Bereshit Rabá 66:4

Contudo, a usurpação do papel de Israel é perigosa, já que não é só em sua universalidade que as Malchuiot se assemelham a Israel.

8.5 ENTRE ISRAEL E AS NAÇÕES

> Bendito é Aquele que *distingue* entre *o Sagrado* e o profano, entre a luz e a escuridão, entre Israel e as nações...

> Benção da *Havdalá, Sidur*
>
> Distingue implica uma diferença da grossura de um fio de cabelo.
>
> *Rashi*[35]

A escuridão da Galut não constitui um desafio maior quando escurece as coisas, mas sim, quando causa confusão:

> A escuridão implica dois perigos: escurece a própria visão a tal ponto, que não se pode ver absolutamente nada ou a confunde... esse último é mais perigoso, já que apresenta o mal como se fosse bom por excelência, ou vice-versa...
>
> *Messilat Yesharim*[36]

A usurpação do papel de Israel não é apenas uma questão de poder e de Malchut; a confusão vai muito além disso. As Malchuiot também apresentam uma fachada de nobreza, moralidade e relevância. Além disso, constituem a vanguarda da civilização; elas são as que dão coesão ao mundo, estruturando-o em um sistema funcional e produtivo.

A Galut é um desafio final, pois constitui uma ameaça à identidade e à essência de Israel, um desafio à sua singularidade. Cada Galut enfrentada com êxito implica adquirir uma consciência mais profunda da identidade nacional, uma *havdalá* (distinção) mais clara. Cada sucessiva Galut põe à prova, com maior intensidade, a identidade nacional, exigindo uma distinção cada vez mais clara: a capacidade para discernir, inclusive, nos pontos mais sutis a linha divisória entre a luz e a escuridão, entre Israel e as nações.

Esse desafio foi lançado abertamente durante a Galut Yaván, na qual a Torá foi traduzida para o grego, convertendo-a, assim, em parte integrante da civilização e da nobreza universais, ato que, na realidade, constitui a "obscuridade de Yaván".[37] Entretanto, é justamente a Torá Oral que constitui a chave para a *havdalá*:

> Moshe pediu que a Mishná também fosse entregue por escrito. Entretanto, *Hashem* previu que as nações iriam traduzir a Torá e a leriam em grego e diriam: "Nós somos Israel". (...) A Mishná representa os mistérios de *Hashem* e Ele só entrega seus mistérios aos tzadikim (justos).
>
> *Midrash Tanchuma, Vayerá 5*

A civilização grega e seus sucessores utilizaram as semelhanças inerentes entre Grécia e Israel para tentar destruir a singularidade de Israel. Foi nesta época que a relação natural entre Israel e as nações – o desejo por parte de Israel de absorver e integrar as nações à *kedushá*, santidade – foi pervertido, convertendo-se em confusão[33] "entre Israel e as nações"; trata-se de uma confusão que se manifesta ao fazer distinções pequenas e sutis, uma distinção que constitui um fator essencial na rejeição da Torá Oral por parte dos *mityavnim*, os judeus helenistas.

Chanucá contribuiu para a vitória da Torá Oral e deu início ao processo de absorção e definição, necessário para se liberar da Galut.

8.6 A GALUT DE EDOM

> Nenhuma nação zomba tanto de Israel como Edom, que cospe abertamente em Israel. Eles dizem que todos os judeus são impuros. E ostentam: "Nós somos os filhos do D'us Vivo, e Seu Nome será honrado em nós. Nós dominamos o mundo porque somos grandes (gadol)... Mas Israel é o mais insignificante de todos".
>
> *Zôhar, Ki Tissá, 188b*

O clímax do desafio é atingido ao final da última Galut, a Galut de Edom. Israel nunca enfrentou um perigo tão grande como o de Edom, uma civilização que se considera ética, moral e humana, como nunca houve outra antes, que se preocupa com o conhecimento, com a paz, a vida e, inclusive, com a ecologia. Trata-se de uma civilização que se apropria do nome de Israel, uma civilização "judaica-cristã", que crê que superou Israel*

---

*   Não deixarei de lutar mentalmente,
e minha espada não dormirá em minha mão,
até que tenha redimido Jerusalém
na verde e delicada terra da Inglaterra.

William Blake

Esses homens sem lei têm se reunido para derrotar Teu reino,
para destruir Tua querida Jerusalém: Tua Rússia amada...

e que considera o povo judeu e a Torá como uma relíquia indesejável.

Entretanto, o certo é que existem perigos em Edom que crescem em proporção direta aos desafios que a civilização contemporânea lança sobre Israel. Edom nunca pode ser um *klal* verdadeiro, somente um conglomerado de partes egoístas, cada uma procurando sua própria felicidade e ansiando cada vez mais para si. Isso significa que o sistema está em perigo, tal como esteve em perigo por causa da Árvore do Conhecimento; os oceanos e os animais, as chuvas e o solo, os mercados e a produtividade, tudo está em perigo. Os perigos crescem conforme aumenta o poder da civilização ocidental, ao ponto de colocar a própria Terra em risco. A escuridão confusa da Galut conduz à sua própria destruição.

Somente com a luz de Chanucá se poderá dispersar as sombras, ao fim de uma longa Galut...

...acontecerá que ao anoitecer haverá luz.

Zechariá 14:7

...o anoitecer do retorno completo do povo de Israel da Galut Yavan e sua escuridão, trazendo a luz do azeite de oliva:

A pomba retornou ao anoitecer com um ramo de oliveira...

Bereshit 8:11

Fortalece com Teu poder a nosso gracioso...

imperador Alexander Pavlovich.

E que preserve, a nós, Tua Israel escolhida...

Concede-lhe a vitória, assim como Tu deste a vitória a Moshe contra Amalek

Tolstói, Guera e Paz, Livro IX, cap. 18

 # QUEM É JUDEU

A confusão entre Edom e Israel não é algo novo, nem tampouco é algo que afeta somente aos que têm uma compreensão limitada da realidade, que sustentam suas próprias dúvidas acerca da natureza de Israel. A questão final de "quem é Israel" ofuscou o julgamento de um dos patriarcas da nação. Essa pergunta está na raiz da rivalidade histórica entre Yaakov e Essav; começa com o patriarca Yitschak.

Capítulo Nove
YAAKOV E ESSAV

Os teatros e ginásios de Edom serão utilizados algum dia pela nobreza judaica para ensinar Torá em público...

Cesareia de Edom e Yerushalayim: Se alguém lhe disser que ambas serão destruídas, não acredite; que Cesareia está destruída e Yerushalayim assentada, acredite; que Yerushalayim está destruída e Cesareia assentada, acredite.

É como está escrito: "Me preencherei da que foi destruída" (*Yechezkel* 16:2). Se uma está plena, a outra está destruída.

Rab Nachman bar Yitschak disse: (Se aprende) o seguinte do versículo: "E uma nação predominará sobre a outra" (*Bereshit* 25:23).

Meguilá 6a

YAAKOV E ESSAV

9.1 NAÇÕES GÊMEAS

> Tu tens feiras e mercados, e ele tem feiras e mercados;
> tu tens tua cidadania e ele tem sua cidadania...
>
> *Bereshit Rabá* 67:7
>
> Há duas nações em teu ventre.
>
> *Bereshit* 25:23
>
> Leia isso como "dois aristocratas em teu ventre": Adriano em Roma e Shlomo em Israel; Antonino em Roma e Rebi em Israel.
>
> *Bereshit Rabá* 63:7
>
> *Berachot 57b*

A batalha entre Yaakov e Essav é uma luta pelo futuro do mundo, pela direção que deve seguir toda a História, pela definição do posto que o homem deve ocupar no universo.

> ...e lutou (avek) com ele.
>
> *Bereshit 32:25*
>
> O povo (*avak*) se elevou até o próprio Trono de Glória.
>
> *Chulin* 71a

Trata-se de uma luta que reproduz, a nível microcósmico, a complexidade da relação entre Israel e as nações do mundo.[1]

Como acontece com todas as batalhas primárias, as forças de ambos os lados estão equilibradas. As implicações da batalha somente se manifestam ao longo de milênios, com sutileza infinita. Ambos os lados possuem uma visão viável da realidade, e as semelhanças entre ambos já existem desde o ventre, da mesma maneira que as diferenças também começaram desde o ventre. Tão próximo está Essav de ser Israel que o Talmud o chama Israel *mumar*, um judeu apóstata.[2] Até as bênçãos que Yitschak deu a cada um deles compartilham muitos pontos em comum. Mesmo assim, algo influenciou no patriarca Yitschak para que ele tenha escolhido inicialmente Essav para receber as bênçãos essenciais a Israel.

9.2 A KEDUSHÁ DE ISRAEL

> E eis aqui uma escada plantada no solo, com sua ponta chegando até o céu...

Bereshit 28:12

Israel é uma ponte que abarca o céu e a terra, a transitoriedade de *olam hazé*, este mundo, e a eternidade de *olam habá*, o mundo vindouro. A escada que Yaakov contemplou unia um Templo físico a um Templo espiritual, paralelo com um mundo transcedental.[3]

A natureza de Israel está configurada de tal modo que deve trazer *kedushá*, santidade, a este mundo. Utilizar, decifrar e apreciar, por meio da Torá, que a Criação de D'us é essencial para afirmar que *Hashem echad ushmo echad*, que D'us é Um e Seu Nome – quer dizer, sua expressão neste mundo – é Um.[4] A Malchut divina exige que todo o mundo se converta em manifestação evidente de Sua vontade, reconhecida por todas as nações.[5]

Por definição, Israel não pode estar voltado, exclusivamente, para o espiritual, não pode renunciar ao mundo em favor do espiritual. A *kedushá* **exige** o envolvimento com este mundo. Para Essav, a "santidade" implica um refúgio monástico do material. Para Israel, ao contrário, o matrimônio é *kidushin*, um ato de santidade. Shabat também é *kedushá*, expresso no prazer do sensorial, por meio de comidas e relações físicas.[6] A *kedushá* define os limites e o contexto de um mundo terreno transformado, permitindo ao homem "caminhar na Terra da Vida (o mundo vindouro) mesmo vivendo no mundo terreno".[7]

> *...e os anjos de D'us ascendiam e desciam (pela escada).*

Bereshit 28:12

Ascendiam e viam acima a imagem de Yaakov,[8] e desciam e viam a imagem de Yaakov sobre a Terra.

Chulin 91b

Quando Yitschak escolheu Essav em vez de Yaakov, não foi porque não sabia dos defeitos de Essav.[9] Foi por sua convicção de que não pode haver envolvimento com este mundo sem Essav. A Yaakov, custariam vinte e um penosos anos para demonstrar que era digno de receber as bênçãos que removeu de Essav; essas mesmas bênçãos que somente foram suas porque foi capaz de agir de forma semelhante a Essav, mas que, na realidade, representavam a essência do verdadeiro e correto, essas mesmas bênçãos, que, eventualmente, prenderam, para sempre, Essav a este mundo.[10]

> Essav tem uma parte neste mundo, mas não no mundo vindouro. Yaakov tem sua parte tanto neste mundo como no vindouro.

Bereshit Rabá 6:5

Isso se deve ao fato de que em seu íntimo mais profundo, Essav odeia a *kedushá*,[11] e aí bate um coração obscuro, que somente séculos de maldade e derramamento de sangue seriam capazes de expor, completamente, um espírito de trevas que foi exposto por um instante diante dos olhos de Yitschak, deixando-o abalado pela vida.[12]

> *Yitschak foi tomado de um temor muito grande...*

Bereshit Rabá 27:33

Quando Essav entrou (para receber suas bênçãos), o guehinom entrou com ele.

Midrash Tanchuma, Toledot 13

9.3 DE YAAKOV A ISRAEL

> *Meu irmão, que seja teu o que é teu...*

Bereshit 33:9

Aqui, Essav cedeu as bênçãos.

Rashi[13]

Quando Yaakov saiu de Beer Sheva, era um fugitivo que tinha medo de não poder enfrentar as recriminações de Essav e não poder demonstrar que as bênçãos eram suas por direito.[14] Mas quando voltou, vinte e um anos mais tarde, o próprio Essav admitiu, abertamente, que as bênçãos eram de Yaakov.

O aparente engano que Yaakov provocou em seu pai, Yitschak, deu início a uma série de eventos agitados e quase suicidas,[15] que se prolongaram ao longo de várias décadas. Durante esses anos, Yaakov pôde chegar a descer ao mais terreno – e perigoso[16] – indivíduo do planeta, Lavan: "Eu sou seu irmão no engano".[17] E Yaakov, ao final, prosperou mais que Lavan, economicamente. Converteu-se em um homem que já não "morava em tendas", mas que vivia no campo,[18] e que, inclusive, chegou a se casar com a mulher que estava destinada a Essav.[19] E no caminho de volta, enfrentou o anjo guardião de Essav e o derrotou.[20] Yaakov voltou para apresentar, diante de Essav, um rosto de riqueza e independência, dizendo a seus mensageiros:

> Digam a Essav: "Não tente dizer que Yaakov levou coisas de sua casa quando se foi; tudo o que há aqui o adquiri graças a minhas ganâncias pessoais e a meu próprio poder".

Bereshit Rabá 75:11

Já não havia dúvidas de que Yaakov possuía a capacidade de realizar os sonhos que, para Israel, constituíam o propósito da Criação.[21] E foi por isso que, nesse momento vitorioso, ele foi informado que seu novo nome era Israel:

> *Já não se dirá que seu nome é Yaakov, mas Israel...*

Bereshit 32:29

Já não se dirá que tu tomaste as bênçãos por meio de manipulação

יעקב = עקב

Yaakov = Akav

e engano, mas sim, por meio de luta aberta e força.

שררה = ישראל

s´rara = Israel

Rashi

O anjo de Essav estava pouco disposto a consentir esse novo nome,* já

---

*   Segundo Rashi explica, o anjo guardião de Essav chorou e implorou a Yaakov, a

que Essav ainda tinha uma alternativa.

9.4 UM SÓCIO REJEITADO

> *E (Essav) disse: "Viajemos juntos, e eu caminharei como seu parceiro..."*
>
> *Bereshit 33:12*

> Essav disse: "Viajemos juntos, dividamos este mundo e dominemos juntos".
>
> *Zôhar, Bereshit 172a*

> Essav disse a Yaakov: "Yaakov, meu irmão, marchemos juntos, neste mundo, como sócios".
>
> Mas Yaakov disse: "Vai tu na frente... Eu andarei no meu tempo".
>
> *Zôhar, Bereshit 172a*

Com essas palavras, Essav ofereceu a Yaakov nada menos do que uma alternativa à Galut. Ambos seriam sócios: Yaakov ficaria livre para buscar *kedushá* e a Presença Divina, enquanto que Essav desenvolveria este mundo e o compartilharia com Yaakov.[23] Mais tarde, Issachar e Zevulun compartilhariam um acordo similar que lhes brindaria com benefícios mútuos,[24] já que ambos estavam dedicados à *kedushá*, que resultaria desse acordo e a compartilhariam. Mas, neste caso, tinha servido ao sonho secreto de Essav, que é o que Israel mais odeia[25]: separar este mundo do vindouro e, com isso, provocar a inevitável destruição da *kedushá*.

Foi preciso toda sabedoria, treinamento e sacrifício pessoal, por parte de Yaakov, para poder evitar os perigos que cercavam essa armadilha.[26] Voltamos a viver esse episódio a cada ano, durante a tefilá de *Neilá*, em

---

fim de adiar o confronto final pelas bênçãos:

וַיָּשַׂר אֶל מַלְאָךְ וַיֻּכָל בָּכָה וַיִּתְחַנֶּן לוֹ

Lutou com um anjo e venceu; chorou e implorou...

Hoshea 12:5

Esse versículo é entendido como uma alusão ao início de Chanucá:

בכ"ה ויתחנן ל"ו בָּכָה וַיִּתְחַנֶּן לוֹ pode ser entendido como quer dizer, "em vinte e cinco (de Kislev) haverá uma Chanucá de trinta e seis (velas)".[22]

Yom Kipur.[27]

Os sábios nos dizem que tanto as palavras de Essav como a rejeição de Yaakov tiveram um impacto permanente na História.

> Os romanos guerrearam trinta e duas batalhas com a Grécia e não tiveram êxito até que se uniram a Israel... Os romanos enviaram recado à Grécia: "Em vez de por meio da guerra, decidamos nosso confronto por meio da justiça. (...) Entre um diamante e um *Sefer Torá*, qual deve ser a base do outro? Entretanto, o *Sefer Torá* está conosco e Israel está conosco". Grécia se rendeu.

> Durante vinte e seis anos Roma cumpriu acordos, mas logo subjugou Israel...

> De início, fizeram a oferta de Essav: "Viajemos juntos, e eu caminharei como seu parceiro".

> Mas logo tiveram a resposta de Yaakov: "Vai tu... Eu andarei no meu tempo..."

Avodá Zará 8b

Na verdade, Edom nunca perdeu a esperança de compartilhar com Israel. No dia do juízo final, D'us perguntará a Edom: "Em que trabalhaste?" E Edom responderá: "Senhor do universo: desenvolvemos mercados, casas de banho, dinheiro e riquezas, e tudo isso fizemos somente para que Israel pudesse sentar e estudar Torá".

> *Hashem* responderá: "Tolos de primeira classe! Tudo o que fizeram foi somente para seu próprio benefício".

Avodá Zará 2b

Yaakov prossegue para celebrar o milagre de sua libertação completa de Essav (de um modo curiosamente familiar) quando chega à Terra de Israel, um lugar chamado Shechem...

Capítulo Dez
DINHEIRO E MERCADOS

Sonhou, e eis que uma escada estava apoiada na terra e seu topo chegava aos céus; e eis que anjos de D'us subiam e desciam por ela.

Bereshit 28:12

(...) Isso ensina que *Hashem* mostrou ao patriarca Yaakov o anjo guardião de Bavel (Babilônia) que subia e descia, o anjo guardião de Madai (Pérsia), que subia e descia, o anjo guardião de Yaván (Grécia), que subia e descia, o anjo guardião de Edom, que subia e descia (sem parar).

Nesse momento, Yaakov teve medo e disse: "Quiçá este último não desça".

(...) *Hashem* lhe disse: "Se *tu* subires ele nunca descerá".

Mas se negou a acreditar e não queria subir. Então, *Hashem* lhe disse: "Por que não acreditaste, teus descendentes serão submetidos a essas quatro Malchuiot, com impostos sobre a renda, impostos sobre os bens imóveis, sobre propriedades pessoais e impostos por cabeça".

Tanchuma, Vayetzê 2, Vayikrá Rabá 29:2

DINHEIRO E MERCADOS

10.1 EM DIREÇÃO A SHECHEM

> E Yaakov chegou, íntegro, à cidade de Shechem...
>
> *Bereshit* 33:18

> Quando os milagres ocorrem, deveríamos fazer como fez Yaakov, já que se declara: "E Yaakov chegou, íntegro, à cidade de Shechem, e trouxe *chen* (ויחן, *vayichan*) à cidade". (*Bereshit* 33:18).
>
> Rav disse: "Yaakov instituiu a cunhagem de moedas para eles".
>
> Shmuel disse: "Eles desenvolveram mercados".
>
> Rabi Yochanan disse: "Estabeleceu casas de banhos para eles".
>
> *Shabat* 33b

Edom justifica sua existência por meio do desenvolvimento deste mundo, "riqueza, mercados, instituições, tudo isso para Israel".[1] O curioso é que, estando em Shechem, é exatamente por meio dessas atividades tão próprias de Essav que Yaakov celebra sua vitória. Celebra a rejeição completa de Essav, que se converte em um provedor primário, desenvolvendo, ele mesmo (Yaakov), este mundo. O domínio de Yaakov sobre este mundo depende da posição que diga respeito a Essav:[2]

> Todas as vendas... todos os negócios... todas as guerras nas quais Israel tem êxito neste mundo, só prosperam graças ao povo (levantar-se em sua luta com Essav).[3]
>
> *Shir haShirim Rabá* 3:1 (5)

Essa inauguração de uma nova era de independência[4] tem lugar em

Shechem,* uma cidade destinada a desempenhar um papel misterioso na história de Malchut, na relação entre as doze tribos e na relação que Israel tem com as nações.[6] E lá mesmo em Shechem, na própria gestação da longa e turbulenta história de Shechem "lugar destinado a aflições",[7] a Torá decidiu descrever a resposta ao milagre da libertação em termos de ויחן (palavra da mesma raiz de חנו בכ"ה), o que sugere a resposta que Chanucá deu para a libertação.[8]

Yaakov começou sua nova vida na terra de Canaã, instituindo o sistema monetário e mercados. O dinheiro ocupa um papel muito importante em Shechem desde o momento em que "Yaakov chegou, íntegro, à cidade de Shechem" (*Bereshit* 33:18).

> ...íntegro em seu dinheiro...
>
> Shabat 33b

Yaakov negou-se a ser um hospede[9] e preferiu viver exclusivamente dos bens que ele havia adquirido por si mesmo (posses que mais tarde legaria a Yossef[10]). Chamor, o governante de Shechem, ofereceu a Yaakov e sua família "fazer negócios aqui" (*Bereshit* 34:10). Além disso, no que quase parece ser uma piada grotesca, a menos que se entenda a ligação que há entre Yossef,** a razão que Yehudá ofereceu a seus irmãos para vender Yossef, em vez de matá-lo, foi:

> Que benefício monetário teremos se matarmos nosso irmão...?

---

* Há muito do que Shechem implica, e que não podemos abordar no contexto deste livro, mas aqui há feitos que convidam à reflexão: A primeira cidade a que Avraham chegou na Terra de Israel foi Shechem, e ela se converteu na primeira localidade que se tornou propriedade de Israel na Terra de Israel.[5] Foi o lugar no qual se fez o pacto quando Yehoshua entrou na Terra de Israel, e, posteriormente, foi também o lugar onde se tornou a fazer um pacto antes de sua morte (ver *Yehoshua* 24:1). E, em nosso futuro, há alusões sutis a Shechem:

Ao descrever a destruição das nações:

אֲחַלְּקָה שְׁכֶם... (*Tehilim* 60:8)

Ao descrever a eventual aceitação da Malchut de D'us pelas nações:

...לִקְרֹא כֻלָּם בְּשֵׁם ה' לְעָבְדוֹ שְׁכֶם אֶחָד (*Tzefania* 3:9)

E a ação conjunta realizada por Shem e Yefet, no episódio que constitui o início da história de Chanucá, é descrita como:

...וַיָּשִׂימוּ עַל שְׁכֶם שְׁנֵיהֶם (*Bereshit* 9:23)

** Ver capítulo 14.3.

Vamos vendê-lo".

Targumim sobre Bereshit 37:26

O envolvimento de Yaakov com o dinheiro e a importância que tem começou, na realidade, durante sua visita a Lavan,[11] fato que consistiu em parte de seus preparativos para seu eventual confronto com Essav. De fato, o confronto com o anjo guardião de Essav só ocorreu porque Yaakov estava só, longe de seu acampamento, devido à rápida chegada da noite, durante o que parece ser uma missão insensata:

(Yaakov) se demorou por causa de uns vasilhames pequenos (Rashi: de pouco valor). Daqui, aprendemos que o dinheiro de um Tzadik é mais valioso para ele do que seu próprio corpo.

Chulin 91a

De algum modo, essa preocupação por "vasilhames pequenos" se transforma, quatorze séculos mais tarde, em um pequeno vaso para azeite em Chanucá...

10.2 O DINHEIRO DE CHANUCÁ

Hashem disse a Yaakov: "Tu puseste tua vida em perigo por um vasilhame pequeno, e Eu mesmo pagarei a teus descendentes com um vaso pequeno para os *chashmonaim* (chasmoneus)".

Midrash, Tzeda laDerech[12]

Chanucá parece ter uma relação curiosa com o dinheiro e os mercados, já que há duas regras importantes a respeito das velas que são expressas de uma forma inusual:

As velas de Chanucá devem arder até que o mercado tenha se esvaziado (de gente).

Shabat 21b

É proibido contar dinheiro diante das velas de Chanucá.

Shabat 22a

Como o povo de Israel não institui *min'haguim* (costumes) à toa,[13] o mais natural é suspeitar que esses dois costumes inusuais próprios de Chanucá estão ligados com a importância que o dinheiro tem em Chanucá. É óbvio que isso se refere ao *chanucá guelt* ("dinheiro de Chanucá") e o jogo com o *dreidel*, o pião. Antes de rejeitar essa hipótese por ser maluca, examinemos, primeiramente, o papel que a riqueza tem no exílio, e, particularmente, na relação que temos com as nações. Sem dúvida, em sua própria essência, o final do exílio implica dinheiro,[14] já que foi descrito ao patriarca Avraham nos seguintes termos:

> *...e depois sairá com vasta riqueza.*

> *Bereshit* 15:14

Essa é a mesma "riqueza de todo o mundo que Yossef havia reunido em Mitsraim",[15] essa riqueza que se converteu em propriedade do povo de Israel quando deixaram Mitsraim. E então...

> Os babilônios (caldeus) chegaram e a tomaram de Tzidkiyahu, os persas vieram e a tomaram dos babilônios, os gregos chegaram e a tomaram dos persas, os romanos chegaram e a tomaram dos gregos. E permanece em Roma até hoje.

> *Pessachim* 119a

Essa mesma riqueza voltará a Israel na redenção final.[16] Essa riqueza representa o desenvolvimento do mundo e se converte no ponto principal do confronto entre Yaakov e Essav.

10.3 UM MUNDO PERDIDO

> *Assim dirás a meu senhor Essav: "Teu servo Yaakov disse..."*

> *Bereshit* 32:5

> Nesse momento, quando Yaakov chamou Essav "meu senhor", *Hashem* lhe disse: "Tu te rebaixaste ao chamar Essav de 'senhor' oito vezes. Por tua vida que eu farei surgirem dele oito reis antes que teus descendentes (tenham rei)!"

Bereshit Rabá 75:11

O patriarca Yaakov investiu vinte anos de trabalho árduo a fim de se preparar para o encontro com Essav, e, finalmente, foi capaz de ganhar de Lavan e de derrotar o anjo guardião de Essav. Yaakov, cuidadosamente, faz alusão a esses dois fatos na mensagem que envia a Essav quando vai se aproximando seu primeiro encontro cara a cara.[17]

Mas, no último minuto, em vez de se manter firme, Yaakov parece se humilhar diante de Essav e trai todos os feitos que havia conquistado.

> Quando Essav escutou isso, pensou: "Nunca poderei derrotá-lo; é melhor que faça as pazes com ele". Mas, então, Yaakov começou a se curvar e a se prostrar diante dele, e Essav pensou: "Se *realmente* ele tivesse todo esse poder, não se inclinaria diante de mim".

Zôhar, Bereshit 116b-167a

O que estava em jogo nesse encontro não era simplesmente se Yaakov deveria enviar presentes a Essav ou enfrentá-lo em uma posição de força. O que Yaakov fez aqui teria implicações drásticas para a história futura. O que Yaakov realmente fez foi conceder o mundo a Essav, trazendo sobre nós milênios de sofrimentos, relegando a Israel uma posição secundária e deixando a civilização ocidental como o poder principal e promotor do desenvolvimento do mundo.

> Passe, meu senhor, rogo, passe diante de mim...

Bereshit 33:14

> Yaakov disse: "Que Essav domine agora... e eu sofrerei a Galut até que chegue o momento para que eu domine sobre a montanha de Essav".

Zôhar, Bereshit 172a

A vida que vivemos hoje – em um mundo que crê que a ética, a moral e toda a grandeza destinada à humanidade pertencem à cosmovisão de Essav – devem-se, precisamente, a essas palavras de Yaakov.

> *Hashem* disse: "Por tua vida, Yaakov, que será tal como dizes. Essav te dominará neste mundo".

Pirkê d'Rabi Eliezer 37

Vivemos a frustração de ver a Torá e a verdade relegadas num canto, como um infeliz e sujo enteado, porque Yaakov sentiu que precisava de tempo. O prometido encontro em Seir para ajustar contas tem sido adiado cerca de três mil e quinhentos anos.

Algo aconteceu que tirou a derrota das garras da vitória; todavia, havia um obstáculo em Yaakov, o "homem completo".

10.4 O *GUID HANASHÊ* (NERVO CIÁTICO)

וַיַּרְא כִּי לֹא יָכֹל לוֹ וַיִּגַּע בְּכַף יְרֵכוֹ

Quando (o anjo) viu que não podia contra ele, tocou-lhe na juntura de seu músculo.

Bereshit 32:26

דָּבָר שָׁלַח אֲדֹנָי בְּיַעֲקֹב וְנָפַל בְּיִשְׂרָאֵל

A palavra que enviou o Senhor a Yaakov estará sobre Israel.

Yeshayahu 9:7

A palavra que enviou a Yaakov – isso se refere a *guid hanashê (nervo ciático)*;

estará sobre Israel – essa proibição afeta a todo Israel.

Chulin 91a

O dano causado a Yaakov durante o confronto com Essav foi tão suficientemente significativo, que teve como consequência uma proibição permanente: até este dia, não comemos o quarto traseiro de um animal até que seja retirado, completamente, o nervo ciático (*guid hanashê*). Esse foi o único dano que o anjo guardião de Essav infligiu a Yaakov:

Essav encontrou Yaakov completo e pleno em tudo... Que poderia fazer? Astutamente, decidiu prejudicar seu músculo, quer dizer, seu *sustento*. Disse: "Ao tirar o sustento material da Torá, a 'voz de Yaakov' se enfraquecerá e as 'mãos de Essav' se fortalecerão... Agora que não há quem apoie materialmente os que estudam Torá, não terão músculo ou perna sobre os quais se apoiar".

Zôhar, Bereshit 171a

Yaakov sofreu um dano em sua capacidade de utilizar o dinheiro. No Talmud se usa a expressão "perna sobre a qual se apoia" como símbolo de independência e riqueza, dita em referência a Corach e ao "sustento de seus pés" (*Devarim* 11:6):[18]

> *O sustento de seus pés* – refere-se ao dinheiro de um homem, que faz com que ele possa parar sobre seus pés.

Pessachim 119a

Depois do encontro, Yaakov mancava, pois havia sido afetado em sua capacidade para fazer uso dos recursos deste mundo de um modo significativo. Até hoje, o êxito econômico de uma empresa está em proporção inversa ao significado que tem para a Torá. Nisso consiste a traiçoeira penetração que Essav conseguiu fazer em Israel, e, por causa dela, nossa relação com o mundo e seu desenvolvimento tem sido mutilada: já não podemos dirigir a produção de bens no mundo a uma direção com propósito. O *guid hanashê* abriu a porta para a ruptura na Malchut de Israel e às divisões. O dano deixou Yaakov, *de fato*, nas mãos da sociedade que Essav tanto desejava. A fim de evitar esse risco, Yaakov estava disposto a sofrer a perda devastadora do mundo para Essav.

Na mistura e confusão de elementos que, por decreto divino, são diferentes – o limpo, com o sujo, a luz com a escuridão, Israel com as demais nações – está o potencial pernicioso do *guid hanashê* debilitado. De fato, a fonte primária das leis de *taarovot* (a mistura de substâncias proibidas com permitidas) se aborda em um capítulo difícil do tratado talmúdico Chulin, cujo nome é "Guid Hanashê", o qual examina, profusamente, as regras das técnicas, em detalhes hagádicos, referentes ao encontro de Yaakov com Essav.

Na manhã seguinte do encontro com o anjo, o sol brilhou especialmente[19] para curar Yaakov:

> *E o sol já nascia quando passou de Penuel, ele mancava de sua coxa...*

Bereshit 32:32

Do mesmo modo, também brilhará para curar Israel[20] no dia do ajuste de contas:

> *... o sol da justiça trazendo saúde em seus raios...*

Malachi 3:20

O sol que curava levava consigo os primeiros raios de Chanucá:

ויזרח לו השמש

"O sol brilhou לו (para ele)". A palavra לו refere-se às ל"ו (trinta e seis) velas de Chanucá."

Maharil[21]

Pois, em Chanucá, tem início a viagem para a vitória final em Seir. Chanucá culminará na restauração dos recursos do mundo para Israel e Chanucá curará para sempre o *guid hanashê*. É por isso que...

Graças ao cumprimento do preceito de *guid hanashê*, Israel teve o mérito dos pequenos vasilhames de Yaakov e do milagre de Chanucá.

Or Torá[22]

 YOSSEF E A CURA

Essa restauração requer que o povo de Israel seja curado e volte a ser completo, do mesmo modo que Yaakov foi curado. É Yossef quem inicia a restauração, já que ele é capaz de dominar Essav e este mundo.

Só o Tzadik pode restaurar a capacidade para manter-se neste mundo e usá-lo ao máximo, sobrepondo-se ao dano causado por Essav e às divisões.

O Tzadik é o complemento do *guid hanashê*.

Tikunê HaZôhar 18

E é exatamente para Yossef haTzadik que se dirige nossa exposição, bem como o ponto central da história.

Capítulo Onze
FOGO E CHAMA

Por que Essav cai nas mãos de Yossef? De Yossef, se diz: "Eu temo a D'us". De Essav, se diz: "Que não temeu a D'us".

Yossef adquiriu a primogenitura graças a atos meritórios; Essav perdeu a primogenitura graças a atos malvados.

Yossef sustentou seus irmãos; Essav tentou matar seu irmão.

Yossef se absteve de cometer adultério e assassinato; Essav se envolveu com adultério e assassinato.

Yossef arriscou sua vida pela honra de sua mãe; Essav quis matar sua mãe.

É certo que um caia nas mãos do outro.

Quando os *sarim* (anjos ministeriais) de todas as tribos confrontam o *sar* de Essav, este tem resposta para cada um deles. Mas, no momento em que o *sar* de Yossef o enfrenta, o *sar* de Essav se desmonta, como está escrito:

"A casa de Yaakov será fogo e a casa de Yossef será chama, e a casa de Essav se converterá em palha" (*Ovadiá* 1:18).

Pessikta Rabati 12
Tanchuma Ki Tetzê 10 (trechos)

FOGO E CHAMA

11.1 A TRANSMISSÃO DA TOCHA

.וַיֵּשֶׁב יַעֲקֹב בְּאֶרֶץ מְגוּרֵי אָבִיו בְּאֶרֶץ כְּנָעַן

...אֵלֶּה תֹּלְדוֹת יַעֲקֹב יוֹסֵף

E Yaakov habitou na terra das peregrinações de seu pai. Estas são as gerações de Yaakov: Yossef...

Bereshit 37:1-2

Yaakov desejou morar com tranquilidade e livre de problemas. Mas *Hashem* lhe disse: "Não é suficiente a tranquilidade do mundo vindouro?"

Rashi, Bereshit Raba 84:3

Depois de ter machucado o *guid hanashê*, o patriarca Yaakov parece retrair-se, já que não é só frente a Essav que Yaakov se humilha. A partir desse momento, o traço distintivo de Yaakov parece ser o de esquivar-se dos confrontos, o qual se observa em sua passividade frente ao abuso sofrido por Diná,[1] em seu luto, em sua atitude indecisa sobre enviar ou não Binyamin,[2] e em sua atitude queixosa perante o Faraó.[3] A Torá enfatiza essa característica ao enunciá-la como introdução à saga de Yossef.

A partir daí, a Torá volta seu foco a Yossef, e o seguinte versículo começa com as palavras: "Estas são as gerações de Yaakov: Yossef tinha dezessete anos..." (*Bereshit* 37:2). Apenas Yossef seria capaz de expressar plenamente o poder de Yaakov; somente Yossef seria capaz de proporcionar a chama que incendiaria a palha de Essav.

Yossef viveu os sonhos que Yaakov não estava disposto a viver,[4] convertendo-se em uma extensão sua ao desenvolver um serviço a D'us que havia surgido do serviço desempenhado pelo próprio Yaakov, e convertendo-se em um próprio mundo que seguia ao de Yaakov. Isso é o que significa a promessa reconfortante que D'us fez a Yaakov, no sentido de que "Yossef colocará suas mãos sobre seus olhos" (*Bereshit* 46:4).

Pois Yossef era amado por Yaakov e, quando foi tirada a luz deste mundo de Yaakov, foi entregue a Yossef. Fechar os olhos de alguém amado quando este morre, é como dizer: "Se perdeu a tua visão deste mundo; agora eu serei tua visão para ti".

Zôhar, Bamidbar 169a

O período ativo dos patriarcas conclui quando Yaakov alcança seu ápice, ao obter o nome "Israel". A partir de então, a tocha passa para as mãos de Yossef, que deve dar o seguinte passo: formar a *nação* de Israel[5], a partir dos 70 indivíduos que formaram o grupo que desceu para Mitsraim.

Estas são as gerações de Yaakov: Yossef...

Bereshit 37:2

Todas essas gerações de Yaakov chegaram somente graças ao mérito de Yossef e para seu benefício. Quem haveria de trazê-los a Mitsraim (para que se convertessem, ali, em uma *nação*)?[6] Yossef. Quem haveria de sustentá-los? Yossef. O Yam Suf somente foi dividido graças ao mérito de Yossef. É por isso que o versículo diz: "Tu redimiste Teu povo com poder, aos descendentes de Yaakov e de Yossef" (Tehilim 77:16).[7]

Bereshit Rabá 84:5

11.2 YAAKOV E YOSSEF

> *Quando Rachel deu à luz Yossef, Yaakov disse a Lavan: "Envia-me e irei ao meu lugar..."*
>
> *Bereshit* 30:25

> Somente quando Yossef, adversário de Essav, nasceu, foi que Yaakov quis voltar, já que "a casa de Yaakov será fogo e a casa de Yossef será chama" (*Ovadiá*, 1:18)
>
> *Rashi*

Yossef amplia o poder de Yaakov, não como se fosse uma entidade diferente, mas do mesmo modo que a chama amplia o fogo. É por essa razão que os Sábios vêm em Yossef a imagem de Yaakov. O Midrash põe em relevo a similaridade de seus respectivos ambientes, experiências e personalidades:

> Yaakov e Yossef tinham a mesma aparência... e experiências similares. Ambos tiveram mães estéreis; ambos foram um de dois filhos; ambos foram considerados primogênitos; as mães de ambos tiveram gestações difíceis; ambos foram odiados por seus irmãos; ambos foram vítimas de tentativa de fratricídio; ambos deixaram a Terra de Israel; ambos se casaram com mulheres oriundas de fora da Terra de Israel; ambos tiveram filhos fora da Terra de Israel, ambos foram acompanhados por anjos; ambos se tornaram grandes por meio de sonhos; ambos trouxeram bênçãos às casas de seus sogros; ambos foram a Mitsraim; ambos fizeram com que a fome acabasse; ambos exigiram um juramento; ambos ordenaram; ambos morreram em Mitsraim; ambos foram embalsamados; os ossos de ambos foram levados à Terra (de Israel)...
>
> *Bereshit Rabá* 84:6 (resumido)

Enquanto encarnação de Israel, em suas esperanças para o futuro, o patriarca Yaakov não fez distinção alguma entre as esferas pessoal e nacional. Todas as suas aspirações estavam postas em Yossef e no papel que este haveria de desempenhar na edificação do povo de Israel, um papel que fez com que a venda de Yossef fosse um acontecimento potencialmente fatal para Israel.[8]

A ruptura entre Yossef e seus irmãos poderia implicar no não desenvolvimento de Malchut, uma nação de Israel. O *guid hanashê* havia perdido o sentido de *kedushá* neste mundo e no vindouro e restringiu a expressão do povo de Israel neste mundo, abrindo, assim, a porta para uma ruptura que quase destruiu a Malchut de Israel. É por isso que a divergência foi uma ferida que nunca se curou e se converteu em fonte de muita dor para Yaakov. A divergência também foi o assunto primordial dos últimos trinta e nove anos de Yaakov e o assunto principal das bênçãos, que foram suas últimas palavras.[9]

11.3 AS CHAMAS DE YOSSEF E DE CHANUCÁ

Quando Yaakov viu os chefes de Essav (em uma visão do futuro), sentiu medo e disse: "Quem poderá enfrentar todos esses?"

Ao que isso pode ser comparado? A camelos que vieram (para um ferreiro), carregados de linho. O ferreiro os viu chegar e disse: "Onde poderá caber todo esse linho?". Um homem inteligente, que estava parado ali, disse: "Com o que te preocupas? Uma faísca de teu martelo poderá se desfazer de tudo isso!"

Do mesmo modo, Yaakov viu Essav junto de seus chefes e se assustou, mas *Hashem* lhe disse: "Uma faísca sua poderá queimar tudo isso, e essa faísca é Yossef".

Tanchuma, Vayeshev 1

Yossef é aquele que subjuga este mundo,[10] e é por isso que, eventualmente, poderá submeter Essav. É Yossef quem sobe às alturas do poder e da fama em Mitsraim; é Yossef quem se converte em um dos maiores detentores de riqueza da história; é Yossef que sustenta e mantém não só sua família, mas também o mundo inteiro.

É Yossef quem vence a confusão e a destruição potenciais provocadas pelo *guid hanashê*. É Yossef quem, como gesto simbólico, antes do banquete com seus irmãos, retira o *guid hanashê* na presença de seus irmãos.

וטבח טבח והכן

"E degola (o animal) e o prepara..." (*Bereshit* 43:16)

"o prepara" – tire o *guid hanashê* na presença deles (os irmãos).

Chulin 91a

As últimas letras das palavras de Yossef, וטבח והכן, constituem um anagrama da palavra חנוכה...

E o valor numérico das palavras וטבח טבח é 44, o número de velas de Chanucá (incluindo os *shamashim*).[11]

Taná d'Be Eliyahu[12]

Pois é Chanucá o que abre o caminho até a subjugação deste mundo e até a redenção final, e é Chanucá que brinda a cura para o *guid hanashê*. E é assim que no único lugar de toda a Mishná em que se menciona as velas de Chanucá, no meio de uma discussão técnica no tratado talmúdico *Baba Kama* sobre a responsabilidade por uma chama, a Mishná parafraseia a parábola dita a Yaakov:

Uma faísca que sai de um martelo e danifica (faz de seu dono) culpado.

Se um camelo carregado com linho foi levado ao interior de uma tenda, e o linho se queima com a vela do dono da tenda e queima o edifício, o dono do camelo é culpado. Mas se o dono da tenda deixa sua vela fora, o dono da tenda é culpado.

Rab Yehudá disse: "Se era uma vela de Chanucá, não é culpado".

Baba Kama 62b

 # PARA ENTENDER YOSSEF

Yaakov se volta a Yossef para o que concerne o futuro, já que só ele é capaz de reparar o dano causado pelo *guid hanashê*: só ele é capaz de trazer a *kedushá* ao mundo. No próximo capítulo, veremos que o que Yossef consegue fazer é reparar a ruptura com seus irmãos e restaurar a fertilidade e a produção do mundo, preparando-o, desse modo, para que o povo de Israel o utilize. Mas só no Capítulo Treze começaremos a analisar *como* é que Yossef consegue fazer isso, e será a partir deste ponto que, pela primeira vez, começaremos a entender a relevância que Chanucá tem para a *avodá* de Yossef.

Mas uma coisa é certa: essa beleza que constitui o traço distintivo de Yossef, que é a característica que parece compartilhar com a Grécia de Yefet e que lhe causa tanto sofrimento e o leva à tentação, é, justamente, a chave de seu êxito.

Capítulo Doze
FUNDAMENTO PARA MALCHUT

Yossef conheceu *Hashem* por meio do reflexo conhecido como "Todo" (*kol*),[1] o "Fundamento" (*yessod*). Também é conhecido como Tzadik e é por isso que Yossef é conhecido como *Kalkol* (*Melachim I* 5:11), já que está escrito: "Yossef sustentou e alimentou (כלכל, *kilkel*) seu pai e seus irmãos, e toda a casa de seu pai" (*Bereshit* 47:12), e também está escrito: "o Tzadik é o Fundamento do mundo" (*Mishlei* 10:25).

Tossafot haZôhar 302b

Yehudá e Yossef devem se unir em um, já que Yossef é o Tzadik e Yehudá é o Melech (rei). É por isso que "Yehudá aproximou-se dele (Yossef)" (*Bereshit* 44:18).

Pois, quando estão unidos, trazem muitas coisas boas ao mundo, bem como paz para as tribos e fazem com que o espírito de Yaakov viva.

Zôhar, Bereshit 206b

FUNDAMENTO PARA MALCHUT

12.1 O *CHEN* DE YOSSEF

> Filho de chen é Yossef, filho de beleza viva diante dos olhos; as filhas de Mitsraim subiam nos muros (para vê-lo).

Bereshit 49:22; *Rashi*

Yossef, o Tzadik que se tornou a estrela nacional de Mitsraim, aquele a quem todos podiam contemplar e amar, o rei-menino: *Av-rech*.[2] Ele era capaz de se relacionar com as pessoas e proporcionar-lhes um sentimento de destino comum. Sem ele, não havia plano para o futuro, não havia missão nacional nem possibilidade de ação conjunta.[3] Sem ele, o Faraó era incapaz de inspirar seu país para que enfrentasse o desafio que se apresentava, o desastre que se aproximava. Contudo, Yossef não se mostrou como uma ameaça para o Faraó;[4] pelo contrário, foi Yossef que proporcionou uma via de acesso ao Faraó, permitindo-lhe manter a soberania sobre Mitsraim.

> *O Faraó disse a Yossef: "Eu sou o Faraó, e sem ti nenhum homem levantará sua mão ou seu pé em todo Mitsraim".*

Bereshit 41:44

Essas mesmas qualidades de *chen* – charme, atração, franqueza infantil, fascínio, favor, graça – que faziam com que Yossef pudesse ser facilmente mal-interpretado como um *éguel* (bezerro de idolatria),[5] foram as que o tornaram único para ocupar uma posição de liderança em uma nação caracterizada como *éguel*:

> *Mitsraim é um* éguel *belo.*

Yirmiyahu 46:20

O êxito que obteve ao longo de seu cativeiro esteve baseado, de modo consistente, sobre seu *chen*:

E Yossef achou chen a seus olhos (Potifar), e o servia; e ele o encarregou sobre sua casa e tudo o que tinha entregou em suas mãos (de Yossef).

Bereshit 39:4

E (D'us) lhe outorgou chen aos olhos dos guardas... e tudo o que (Yossef) fazia, D'us o prosperava.

Ibid. 39:21-23

(Yossef) era popular com todos...

Rashi

Sua capacidade para interpretar sonhos* se originava em sua atitude franca, em sua sensibilidade diante de cada indivíduo e seus pensamentos inconscientes.[6]

E (Yossef) perguntou aos ministros que estavam presos com ele: "Por que estão tristes hoje?"

Bereshit 40:7

Essa sensibilidade tornou possível que Yossef estabelecesse relações pessoais com todos e pudesse se comunicar com eles em seu próprio idioma:

Todas as nações vieram para comprar alimento, trazendo seus tributos e um presente para Yossef, e ele falava a cada uma delas em seu próprio idioma.

Pirkê d'Rabi Eliezer 39

A capacidade que Yossef tinha para alimentar a população mundial não era resultado do poder ou da manipulação, apenas derivava de sua extraordinária facilidade para estabelecer relações com as pessoas, de sua

---

*   O Midrash destaca os muitos paralelos óbvios que Yossef tem com Daniel e sua interpretação dos sonhos de Nabucodonosor. Um dos mais notáveis é o fato de que Daniel também é descrito como um jovem "sem defeito e bonito" (Daniel 1:4) e "agradável"[7] (ibid. 9:23, 10:11,19); que encontrava graça aos olhos de seu amo (ibid. 10:9); que interpreta corretamente o sonho do rei, depois de todos os seus conselheiros terem falhado no intento; que é nomeado governador de toda Bavel e que demonstra compaixão, inclusive, por seus guardas.

abertura e de sua preocupação com os demais:

> *Yossef alimentou o mundo durante a fome como um pastor que cuida de seu rebanho. Quando o Rei David rezou pela misericórdia divina durante a fome, disse: "Escuta, Pastor de Israel, guia como ao rebanho de Yossef!" (Tehilim 80:2)*

David disse: "Senhor do universo! Trata Teu rebano como Yossef o fez, aquele que alimentou o mundo na fome".

> *Bereshit Rabá 91:5*

12.2 YOSSEF, O HOMEM PESSOAL

> Yehudá perguntou a Yossef: "Acaso pensavas em se casar com nossa irmã para fazer-nos todas essas perguntas?"

> *Midrash Tanchuma, Vayigash 5*

Yossef não apenas possuía um alto grau de sensibilidade diante dos demais, mas também costumava agir de um modo que enfatizava a relação pessoal. Com frequência, contrastava o cuidado pessoal com a ânsia por poder e dinheiro e, em certas ocasiões, enfatizando essa diferença de um modo doloroso para seus irmãos. A complexa rede de tratamentos que teve para com seus irmãos em Mitsraim foi calculada para lhes fazer ver que a beleza e a personalidade de Yossef constituem o centro do sucesso neste mundo e são essenciais para Malchut. Ele os obrigou a reconhecer e aceitar que tudo o que haviam suspeitado *dele* se aplicava, na verdade, a eles próprios.

Yossef aterrorizou seus irmãos ao devolver-lhes o dinheiro, ao parecer desprovido de qualquer razão, já que nunca voltou a mencionar esse incidente. Os irmãos estavam convencidos de que tudo havia sido um complô para acusá-los. Durante toda sua angustiante viagem de volta para casa, se preocuparam com o dinheiro, e quando foram convidados para a casa de Yossef:

> *Os homens sentiram medo quando foram levados à casa de Yossef e disseram: "É por causa do dinheiro devolvido antes em*

nossos sacos, que estamos sendo trazidos até aqui, para ficarmos com medo e intimidados, para nos tomar como escravos".

Bereshit 43:18

Suplicaram ao "homem encarregado da casa" – que na verdade era Menashê, filho de Yossef [8] – com a esperança de convencê-lo de que eram inocentes.

Por favor, meu senhor... quando chegamos à pousada, abrimos nossos sacos e notamos que o dinheiro de cada um estava na boca de seu saco... e o temos de volta em nossa mão e trouxemos outro dinheiro em nossas mãos para comprar alimento. Mas não sabemos quem pôs dinheiro em nossos sacos."

Bereshit 43:21-22

O homem escutou a explicação e disse, amavelmente: "Estejam em paz... não têm com o que se preocupar... Eu recebi o dinheiro".

Seu medo se converteu em confusão: diante deles estava o homem mais poderoso do mundo, preocupado com a família deles, comovido até as lágrimas por seu irmão, chamando-o "meu menino" e bendizendo-o com *chen* (*Bereshit* 43:29). Era um homem que se preocupava com seu irmão Shim'on, depois de, segundo as aparências, tê-lo encarcerado, que claramente lhes devolveu seu dinheiro e que não parecia dar importância ao dinheiro, mas, não obstante, havia conseguido enriquecer Mitsraim.[9]

Apenas o patriarca Yaakov compreendeu imediatamente o que Tzafnat Paneach (o nome egípcio de Yossef) realmente queria:

Israel, seu pai, lhes disse: "Se é assim, então façam isso: ...levem um presente ao homem: um pouco de bálsamo, um pouco de mel, cera, incenso, pistaches e amêndoas. E levem o dobro do dinheiro... em caso de ter sido um erro".

Bereshit 43:11-12

Se *não* era um erro, porque um pequeno presente pessoal, sem valor monetário, poderia evitar o possível complô tramado por Yossef? Na verdade, Yaakov interpretou a mensagem: Tzafnat Paneach queria uma resposta pessoal a seu próprio enfoque pessoal frente à família deles; o dinheiro não era essencial. E apenas quando os filhos de Yaakov finalmente entenderam que seu pai tinha razão, decidiram seguir seu conselho:

Eles prepararam o presente antes da chegada de Yossef, ao

meio-dia... e quando Yossef chegou à casa, eles lhe entregaram o presente.

Bereshit 43:25-26

Prepararam e decoraram o presente em vasos bonitos.

Rashi

Foi então que Yossef tirou o *guid hanashê* diante deles: quando a relação pessoal significa mais que o dinheiro

Chen *é (preferível) à prata e ao ouro.*

Mishlei 22:1

Logo foi colocado o copo de Yossef no saco de Binyamin; e também, de novo, o dinheiro deles foi devolvido sem que houvesse uma razão evidente para fazê-lo. Se o único propósito do complô era forçar a questão e Binyamin, o lógico teria sido que os irmãos fossem acusados de roubar, de agir com a imperdoável falta de temor de andar pelos recintos privados do governador de Mitsraim e levar um copo fabulosamente caro. Mas, em vez disso, Yossef ordena ao mensageiro que lhes diga:

"Por que vocês pagaram mal pelo bem? Não é este o copo no qual meu senhor bebe?

Bereshit 44:4

Dito assim, como se o único problema fosse o de haver violado a relação com Yossef; como se levar o dinheiro não tivesse importância, mas não no caso de seu copo *pessoal*: isso já era demais. Aqui, novamente, ele enfatizou a importância de respeitar a relação humana, mais que ao dinheiro, mediante o estratagema de devolver-lhes o dinheiro.

Contudo, a lição final foi a mais dolorosa de todas. Os irmãos voltaram à casa de Yossef, todos, e cada um deles preparado para se tornar "escravo de meu senhor". Mas quando Yossef magnanimamente recusa sua oferta e, em vez disso, lhes diz que só ficará com Binyamin e que eles estavam livres para "ir em paz até seu pai", de repente algo se despertou em Yehudá: nunca mais haveria *shalom* para Yaakov se eles voltassem sem Byniamin. Por Binyamin e por Yaakov, Yehudá estava disposto a morrer destruindo Mitsraim.[10]

Yehudá considerou que Tzafnat Paneach era capaz do pior[11]. Sem dúvida alguma, compreendeu que Byniamin era a chave da vida de Yaakov, o último que restava de Rachel, seu verdadeiro amor.[12] Paneach, o homem que demonstrava preocupação pela relação humana. "Tu não és diferente do Faraó!", Yehudá grita.[13] "Quer dizer, esteve jogando com nossas vidas durante todo esse tempo, acusando-nos falsamente e fingindo que se preocupava com nosso pai, pedindo somente 'pôr seus olhos'[14] em nosso irmão menor, fingindo interesse pelo seu bem-estar e compartilhando, calorosamente, a mesa conosco, entretanto, durante todo esse tempo, na verdade, manipulavas as coisas para ter um pretexto para ficar com Byniamin e, desse modo, matar friamente nosso pai. E, agora, cinicamente, nos diz: 'Vão em paz até seu pai'. Eu te matarei e ao Faraó!"

E é nesse momento que Yossef faz a revelação avassaladora:

"Eu sou Yossef. Meu pai ainda vive?"

Bereshit 45:3

Que comovente, Yehudá escutar falar de sua recém-descoberta preocupação por seu pai! Realmente está vivo depois de todo o dano que lhe causou? Você sempre desconfiou da juventude, da espontaneidade e do amor. E, sem dúvida, foi o sólido e confiável Yehudá que me vendeu; você, que quase mata a nosso pai e que se viu obrigado a admitir publicamente sua indiscrição com Tamar. Mas eu, o sonhador de dezessete anos de idade, com todo o perigo que meu carisma representava, fui capaz de viver meus sonhos sem cair nas mãos daquela mulher sedutora e, quando estive debaixo do meu poder, o tratei com o cuidado que você nunca me demonstrou.[15] Você não tem o suficiente para comer, mas eu alimentei o mundo inteiro. Eu sou Yossef, o Tzadik, com essa circuncisão preservada em pureza e santidade.[16] E, apesar de tudo o que você fez, meu pai ainda vive.

O colapso súbito de todas as suas crenças e intrincadas racionalizações,[17] o horror de enfrentar a verdade frente a frente,* constituiu um choque tão devastador, que não havia resposta possível que pudessem dar:

E eles não puderam responder-lhe, já que estavam perturbados...

---

* Yehudá disse a Yossef: "O que diremos a meu pai?". Yehudá disse: "Esse é um tribunal sem jurisdição". Yossef respondeu: "Como aquele no qual vocês venderam seu irmão". Yehudá disse: "Sinto o fogo de Shechem que arde em meu coração". Yossef lhe respondeu: "O fogo de Tamar, sua nora, pode apagá-lo". Yehudá disse: "Haverá sangue tingindo todas as praças de Mitsraim". Yossef lhe disse: "Você tem muita experiência em tingir: também tingiu a túnica de seu irmão com sangue".

Midrash Tanchuma, Vayigash 5

Bereshit 45:3

"Vocês são espiões!" (*Bereshit* 42:9), acusou Yossef, e logo lhes demonstrou que tinha razão. O espião está interessado no que pode descobrir e usar para seus propósitos pessoais, naquilo que pode agarrar de uma determinada situação. Busca violar, não estabelecer uma relação: "É a nudez da terra o que vocês vieram ver" (ibid. 42:12).

Em uma sequência cheia de suspense,[*] Yossef se apresentou uma e outra vez mais como seu irmão: se preocupou com Shim'on, demonstrou carinho para com Binyamin, chama a todos pelos nomes, se negou a tomar dinheiro deles, os sentou em um banquete, seguindo a ordem em que haviam nascido e lhes relatou detalhes da infância deles.[18] E, ainda assim, eles não suspeitaram dele nem sequer uma só vez!

Finalmente, ele lhes diz abertamente: "Yossef está aqui!". Eles, assombrados, olham ao redor e perguntam: "Onde? Onde?" Ele lhes responde: "Aqui! Aqui mesmo!" "Onde?"

"Eu sou Yossef". Mas vocês são espiões cegos e preconceituosos, que não estão interessados na realidade, na vida, mas sim em manipular; a verdade não lhes interessa, mas apenas suas próprias crenças. E, repentinamente, tudo ficou claro, ao ponto de que por causa de seu medo e de sua surpreendente cegueira, desfaleceram:

> Os irmãos desfaleceram por causa do choque, e *Hashem* fez um milagre e eles reviveram.

Midrash Tanchuma, Vayigash 5

Esse era o momento pelo qual Yossef havia esperado, o momento em que todos os irmãos reconheceriam que tanto dependiam uns dos outros e podiam ver a si mesmos como as pedras que, fundidas em uma, apoiariam a cabeça de Yaakov.[19] Tratava-se de um momento em que a unidade de Israel se convertia no único sentido que tinha a existência e no qual estava claro que as relações que Yossef mantinha com os demais eram essenciais para fazer com que a Criação chegasse a seu ápice e desembocasse em uma Malchut tão poderosa e completa, que abrangia o mundo inteiro. Era um momento em que se poderia declarar *Shemá Israel* e assim proclamar que

> 'ה, que é o D'us de Israel, será אחד 'ה, Um sobre todas as nações... "Nesse dia, o Eterno será Um e Seu Nome será Um".

Rashi, Devarim 6:4

---

[*]   Resumido do *Midrash Tanchuma, Vayigash 5 e Bereshit Rabá* 93:8.

12.3 CHANUCÁ E O SHEMÁ ISRAEL

E Yossef... foi receber seu pai Israel em Goshen... e caiu sobre seu colo e chorou...

Bereshit 46:29

Yaakov não abraçou nem beijou Yossef... porque Yaakov estava recitando o *Shemá*.

Rashi (Midrash Agadá)

Depois de vinte anos de luto e desespero, Yaakov recebe Yossef enquanto recita o *Shemá*! Isso se deve ao fato de que a afirmação do *Shemá* – que o D'us de Israel é Um – só se aplica se as tribos são realmente a expressão de D'us, se todas elas se incluem dentro da unidade de seu pai Israel,[20] somente se as tribos realmente são

Uma só nação na Terra, a quem D'us redimiu... para fazer um Nome para Ele.

Shmuel II, 7:23

O êxtase experimentado por Yaakov consistiu no júbilo que se sente ao alcançar a plenitude e estar, finalmente, ligado à nação de Israel, de saber que sua vida atingiu o clímax e que tudo está bem. "Agora posso morrer" (*Bereshit* 46:30), afirma.

Graças a que mérito Israel obteve o *Shemá*? Quando o patriarca Yaakov perguntou a todos seus filhos juntos: "Acaso seus corações estão divididos contra *Hashem*?", eles lhe responderam: "*Shemá* – ouça –, Israel, nosso pai: o Eterno é nosso D'us, o Eterno é Um. Assim como é em seu coração... assim é no nosso".

Então, Yaakov abriu seus lábios para sussurrar:

ברוך שם כבוד מלכותו לעולם ועד

"Bendito é o Nome de Sua gloriosa majestade para sempre seja".

Bereshit Rabá 98:3[21]

A unidade que Yossef conquistou constitui a chave do *Shemá* e da resposta de Yaakov, que sussurramos até hoje, sempre que se recita o *Shemá*. Também constitui a chave da síntese atingida em Chanucá, a festividade do *chen*, a qualidade de Yossef. Os Sábios assinalam que a palavra Chanucá é composta de duas palavras: *chen* (חן) e das letras *kaf* e *hei* [22], (כ e ה), cuja soma é vinte e cinco:

> Os oito dias da *milá* (circuncisão), que é o Fundamento, o Tzadik, são os oito dias de Chanucá, que seguem as vinte e quatro letras de[23]

ברוך שם כבוד מלכותו לעולם ועד

> e trazem, como a pomba o ramo de oliveira, o dia vinte e cinco de Kislev e as vinte e cinco letras de unidade no *Shemá*.

שְׁמַע יִשְׂרָאֵל יהוה אֱלֹהֵינוּ יהוה אֶחָד

É por isso que Chanucá é ה"כ חנו, *chen* vinte e cinco.

Tikunê Zôhar 13

A festa de Chanucá, que conduz à unidade, começou com a divisão de Shechem, a cidade que, eventualmente, chegaria a simbolizar um pacto de responsabilidade mútua.[24] O acrônimo da frase: ברוך שם כבוד מלכותו לעולם ועד, que leva até as velas de Chanucá é:

בשכם ל"ו

Em Shechem chegou trinta e seis.

12.4 SENTIDOS POR MEIO DE YOSSEF

רֹעֶה אֶבֶן יִשְׂרָאֵל

(Yossef) pastoreia a rocha (éven) de Israel.

Bereshit 49:24

Éven (אֶבֶן) é uma palavra composta; deriva de אב בן, *av ben*, pai e filho.

Rashi, Targum

Foi Yossef quem finalmente conseguiu reunificar as tribos com o patriarca Yaakov, ele que proporcionou um canal por meio do qual puderam se relacionar entre si todos os aspectos distintos de Israel. Toda sua vida foi dedicada a construir esta base da nação e de Malchut, e ele, penosamente, deu um passo atrás do outro, até que o fundamento (*yessod*) ficou completo e foi restaurada a base para estabelecer as relações mútuas.

Em todas as circunstâncias, Yossef desempenhou a mesma função: a de servir de símbolo de relação humana para Mitsraim, para Potifar, para seu carcereiro e para sua própria família. Ele proporciona o sentido entre o *klal* e o *prat*, o sentido entre as múltiplas facetas de uma sociedade com seu centro.

Yossef é o que permite que haja uma inter-relação entre as demais nações e Israel, ao unir os detalhes deste mundo – expressados pelas nações – com a santidade que Yaakov, o Ancião de Israel (*Israel Saba*), deve proporcionar. As nações cercaram o caixão de Yaakov com trinta e seis coroas, como símbolo do papel central que ele desempenha para todas as Malchuiot. Mas só o fizeram por causa de Yossef:

> *Nós aprendemos: todos eles vieram, inicialmente, para fazer guerra, mas quando viram a coroa de Yossef no caixão de Yaakov, todos tiraram suas coroas e as depositaram ao redor do caixão.*

Sotá 13a

A contribuição de Yossef é essencial para Malchut, já que sem o sentido que seu fundamento (*yessod*) dá, não se poderia criar um sistema a partir de detalhes e nem a expressão dos súditos no rei.

(Israel) enviou Yehudá de sua presença a Yossef... a Goshen...

Bereshit 46:28

Para o patriarca Yaakov, era fundamental enviar Yehudá diante de Yossef, já que só dessa maneira se poderia estabelecer, antes de seu assentamento em Mitsraim, o sentido eterno entre o fundamento (*yessod*) proporcionado por Yossef e o Malchut de Yehudá. O nome do lugar do encontro, a região que iria se converter no lugar dos Filhos de Israel durante duzentos anos, era uma palavra que deriva da raiz גש (*gosh*)[*] que significa "próximo". Goshen se converteu no símbolo de uma vida excepcionalmente pacífica e tranquila.

> *E Israel habitou... na região de Goshen, e tomaram posse dela, e cresceu e se multiplicou imensamente.*

Bereshit 47:27

Goshen foi uma propriedade eterna... Em Goshen não havia dor, e ali (Israel) viveu no seio de todos os luxos do mundo.

Zôhar, Bereshit 211b

Yaakov passou os últimos dezessete anos de sua vida em Goshen, em meio à tranquilidade com a qual havia sonhado tanto:[27]

---

[*] O próprio nome da seção da Torá que descreve o momento de vinculação reflete essa palavra: *Vayigash* (ויגש), palavra, que, claramente, se refere ao confronto final entre Yehudá e Yossef. Pode-se notar o caráter fundamental desse conceito se considerarmos a importância que Goshen tem, já que se tratava de uma região que um Faraó anterior havia entregado à matriarca Sara[25] e era uma terra que havia esperado desde aquele momento, durante muito tempo.[26] Yaakov, Yossef e todos os irmãos reconheciam que a reconciliação deveria acontecer em Goshen. Agindo conjuntamente, todos influenciam no curso dos acontecimentos para assegurar-se de que seu lugar de moradia seria em Goshen.

Habitarás na região de Goshen e estarás perto de mim...

Bereshit 45:10

E enviou Yehudá de sua presença a Yossef... a Goshen; e chegaram à região de Goshen (ibid. 46:28); e Yossef... aprontou e subiu ao encontro de seu pai Israel em Goshen... (Ibid. 46:29); vocês dirão (ao Faraó)... para que se assentem na região de Goshen (ibid. 46:34); e ei-los aqui, na terra de Goshen (ibid. 47:1); por favor, deixa que teus servos se assentem na terra de Goshen (ibid. 47:4); que teu pai e teus irmãos se assentem na terra de Goshen (ibid. 47:6); Israel se assentou na região de Goshen (ibid. 47:27).

...uma vida neste mundo semelhante a dos justos no mundo vindouro.

Taná d'Be Eliahu 6b

A razão disso é que Goshen representou um período de plenitude genuína neste mundo, que se nutria da integração de Yossef com Yehudá, bem como das bênçãos próprias deste mundo, providas por Yossef. Goshen representou o início do sentido entre o Mashiach descendente de David e o Mashiach descendente de Yossef,[28] o começo de um processo de integração no qual Chanucá exerce um papel muito importante, uma síntese que atingirá seu ápice quando a redenção completa chegar.

O autor da obra *Bene Issachar*[29] descobre uma alusão encantadora sobre esse encontro no costume de jogar com um *sevivon* (pião) de madeira em Chanucá. A madeira nos recorda os dois pedaços de madeira juntos, nas mãos do profeta Yechezkel, que simbolizam a união de Yehudá e Yossef, girando ao redor de um mesmo centro. O sevivon leva escritas, nesta ordem, as seguintes letras, em seus quatro lados:

ג ש נ ה

A palavra formada significa "em Goshen", e é idêntica à palava utilizada pelo versículo:

וְאֶת יְהוּדָה שָׁלַח לְפָנָיו אֶל יוֹסֵף... גֹּשְׁנָה

Bereshit 46:28

12.5 YOSSEF E A PRODUTIVIDADE

Yossef é um filho belo, uma videira frutífera junto à fonte...[30]

...bênçãos do céu acima, bênçãos do abismo que jaz embaixo, bênçãos de pai e de mãe...

Bereshit 49:22,25

... muito grão do poder do Touro.

Mishlei 14:4

De alguma forma, a beleza e o *chen* de Yossef proporcionam o caminho de acesso universal a este mundo. Yossef manteve uma relação pessoal com a terra e sua produtividade e, desse modo, sustentou o mundo; converteu-se em símbolo da fertilidade, a origem da chuva que provém do céu e da fecundidade dos abismos subterrâneos. Ele constitui o sentido entre este mundo e seu propósito, chegando a ser o vínculo perfeito entre o céu e a terra.

A origem das divisões neste mundo está na divisão entre o céu e a terra, entre as águas superiores e as inferiores, entre o *klal* e *prat*, entre a Torá Escrita e a Torá Oral.* Como já vimos, os Sábios entendem que o primeiro ato divisório (*machloket*) foi a divisão causada pelo firmamento (*rakia*) entre o céu e a terra:[31]

> *E dividiu entre as águas que estavam abaixo do firmamento e as águas que estavam acima do firmamento.*
>
> Bereshit 1:7

É Yossef quem proporciona o sentido entre o mundo do particular e o mundo da unidade; é Yossef quem mantém a Torá do patriarca Yaakov[32] e é ele quem constitui uma ponte entre as águas:[33]

> *bênçãos do céu acima,*
>
> *bênçãos do abismo que jaz embaixo...*
>
> Bereshit 49:25

E é exatamente a beleza de Yossef o que fornece a ponte entre o céu acima e o abismo que jaz embaixo, essa sua chen tão precária, que foi o aspecto que mais apreensão causou, por que remetia ao Bezerro:

> Ridyá (a força espiritual nomeada sobre a chuva: Rashi) tem a forma de um bezerro... parado *entre o abismo abaixo e o abismo acima.*
>
> Taanit 25b

A santidade pura da beleza de Yossef, fato que vincula este mundo com a eternidade do mundo vindouro, é o desafio de Yossef que mais enfureceu a Grécia.[34] Nela encontra-se sua expressão em seu intento de anular a relação de Israel com o tempo,** que é o fundamento da santidade de Israel.

---

*   Veja capítulo 5.3

**   Os três decretos principais de Antíoco foram a proibição de observar o Shabat, de consagrar o novo mês (*kidush hachodesh*) e de praticar a circuncisão (*brit milá*)[35], que constituem os três componentes da santidade: sua fonte em Yaakov,[36] sua expressão em Malchut (a lua)[37] e no direito de Israel de determinar as festas designadas,[38] e o vínculo que

Isso constitui a base de seu ódio contra a circuncisão, esse impressionante vínculo entre o espiritual e o material, que representa um compromisso com a criação e a procriação[40] neste mundo e que se torna a chave da relação com D'us no mundo vindouro.[41] Este é o tom simbólico do decreto imposto pela Grécia que, de outro modo, não seria compreensível, um decreto que, para os Sábios, representa a essência da Galut Yavan:

> Grécia é chamada "escuridão", pois disse de Israel:
>
> Escrevam no chifre do Touro:
>
> "Não temos parte com o D'us de Israel".
>
> *Bereshit Rabá 2:4*[42]

DO DESCRITIVO AO CONCEITUAL

Este foi o capítulo de descrições, no qual se traçou um retrato de Yossef, no qual ele parece ser tudo para todos: o símbolo de Mitsraim, o sentido entre Yaakov e seus filhos, o provedor de sustento (*hamashbir*), o que brinda a fertilidade, o fundamento do mundo. Como pode o *chen* de um só indivíduo, tão fugaz quanto frágil, se revestir de tanta importância? Já é tempo de passar do descritivo ao conceitual e de analisar qual é o ideal de um Tzadik, de compreender por que:

> O mundo foi criado para os interesses de um só Tzadik...
>
> O mundo se mantém para os interesses de um só Tzadik.
>
> *Yomá 38b*

---

une o físico com a santidade, por meio da circuncisão.[39]

Capítulo Treze
O TZADIK E O CANDELABRO

Os rostos dos tzadikim são semelhantes ao Candelabro (menorá) puro do Templo.

Vayikrá Rabá 30:2

O TZADIK E O CANDELABRO

13.1 O CANDELABRO (MENORÁ)

Quando acenderes velas, as sete velas iluminarão o Candelabro.

Bamidbar 8:1

Isso pode ser comparado a um rei que tinha um amigo querido, ao qual certo dia disse: "Estou pensando em ir à sua casa para comer; faça os preparativos".

O amigo se apressou em arrumar sua casa, e arrumou sua simples mesa e sua lâmpada. O rei veio visitá-lo, cercado de seu séquito e precedido por um servo que portava uma lâmpada de ouro. Quando o amigo viu toda a honra do rei, se sentiu envergonhado e rapidamente guardou tudo o que havia preparado, já que tudo era tão simples e humilde.

O rei entrou e disse: "Não lhe disse que vinha? Por que nada está preparado?" Seu amigo lhe respondeu: "Vi toda sua honra e me envergonhei, pois tudo o que havia preparado era simples e humilde".

Então, o rei lhe disse: "Eu lhe juro que ponho de lado tudo o que possuo. Por amor a você, quero compartilhar consigo apenas coisas simples".

Do mesmo modo, *Hashem* é Luz pura, mas, ainda assim, diz a Israel que acenda um candelabro. E tão logo eles acendem o Candelabro, a Presença Divina chega.

Bamidbar Rabá 15:8

O Midrash emprega o Candelabro como símbolo do conceito mais importante na existência humana: não importa o quão insignificantes possam parecer os atos simples do homem e não importa quão falsas suas decisões independentes possam parecer, ainda assim, constituem o propósito de toda a Criação, e D'us as ama mais que a qualquer outra coisa que Ele tenha criado. Somente o ser humano desempenha um papel significativo na Criação e é apenas o ser humano que D'us pode amar realmente.

...deseja as obras de suas mãos!

Yov 14:15

(Israel disse) "Tu dás luz ao mundo inteiro e, ainda assim, disseste-nos para que acendêssemos o Candelabro? Que nós vejamos luz em Tua luz" *Hashem* responde: "As pequenas luzes do seu Candelabro são mais queridas a mim do que as luzes de todas as estrelas que Eu coloquei no céu".

Midrash Tanchuma, Tetzave 2

Chanucá perpetua a luz do Candelabro do Mishcan (Tabernáculo).[1] Chanucá, que é uma festa instituída por decisão rabínica (*mid'rabanan*) – quer dizer, devido a uma ação humana – converte-se em símbolo da posição central que ocupa até mesmo um só Tzadik para a Criação inteira, no símbolo da posição que o ser humano ocupa no universo. É um símbolo que se expressa por meio de uma luz, que constitui a antítese da escuridão de uma entidade que é exatamente o reflexo inverso: o universo da Grécia, cujo eixo central é o homem.

13.2 O TZADIK INDIVIDUAL

O mundo foi criado para os interesses de um só Tzadik...

O mundo se mantém para os interesses de um só Tzadik.

Yomá 38b

Poderia ser difícil aceitar com seriedade a ideia de que todo um universo existe para os interesses da coisa mais fugaz e efêmera, essa pequenez chamada vida, que depende de um conjunto de condições quase impossíveis em um vasto universo. A ideia de que este universo exista para os interesses de um só indivíduo parece uma ideia piedosa, quiçá poética, mas certamente absurda. Ainda assim, isso é exatamente o que implica o Candelabro.

Sem o homem e sua liberdade, a Criação não daria em nada, pois tudo já existia no potencial da vontade divina e sua concretização não Lhe agrega nada. O propósito da Criação é a existência, o bem, do que foi criado.[2] Somente o homem possui livre-arbítrio;[3] só o homem pode ser o recipiente da bondade da existência, já que apenas ele pode ser autenticamente ele mesmo. A liberdade do ser humano não é apenas um meio pelo qual se pode "ganhar" o mundo vindouro: constitui o próprio fundamento, a base, da existência do mundo vindouro,[4] um mundo que está mais além do que está por vir. Um mundo do ser-você mesmo.

> *Para que faça com que os que Me amam herdem a Existência...*[5]
>
> *Mishlei* 8:21

Cada Tzadik, individualmente, terá um mundo próprio.

> *Vayikrá Rabá* 18:1

Veremos, mais adiante, de que maneira Chanucá é a chave para que cada pessoa possa realizar o sonho de ser um Tzadik,[6] para que aspire cumprir o ensinamento dos Sábios:

Cada pessoa deve dizer: "O mundo foi criado para mim".

> *San'hedrin* 37a

13.3 A PRESENÇA DIVINA E O CANDELABRO

Hashem quer que todo o mundo veja como Israel ilumina Aquele que ilumina o mundo. A que isso pode ser comparado? A um guia que conduz um cego. Quando entram em um lugar, o guia diz a seu companheiro cego: "Pegue uma vela e ilumine o caminho". O cego responde: "Como assim? Durante todo o caminho *sua* visão foi o meu apoio, e, agora, me diz para *eu* segurar a vela?"

Seu companheiro lhe diz: "Não quero que se sinta

dependente de mim por minha ajuda, e, por isso, peço que você faça o mesmo por mim".

Do mesmo modo, *Hashem* diz a Israel: "Ilumine para Mim...".

Bamidbar Rabá 15:5

A condição isolada do ser humano sempre enfrenta um equilíbrio precário, já que caminha sobre uma corda bamba. A separação é a escuridão do Mal e conduz à morte, ao *karet*, que é o corte de todo e qualquer vínculo com a Fonte da Vida. Entretanto, a dependência completa do estado de não-separação também implica na negação da existência, já que

...o homem não poderá ver-Me e viver...

Shemot 33:20

Na parábola do cego e seu amigo, o candelabro simboliza a solução ao paradoxo que implica a condição separada do ser humano: acendemos as velas para que nossa separação não seja esmagada por nossa dependência. Sem dúvida, o cego realmente ilumina o caminho para seu amigo. Mas, neste caso, que sentido tem acender um candelabro que, na realidade, não ilumina o caminho de D'us? Se é apenas uma farsa, que valor possuem o ser humano e seus atos, tal como são expressos pela parábola do rei e de seu amigo?

O rei dessa parábola não se regozija com suas preciosas lâmpadas, já que não expressam um sentimento ou uma relação humana: sempre foram suas. São as coisas humildes de seu amigo as que contam tanto para ele, já que são oferecidas com amor e expressam uma relação humana de livre escolha, o que, por definição, implica a participação do outro, alguém diferente de si mesmo.

O Rei do universo se regozija com sua criação,[7] mas não no que sempre foi Seu, senão na humilde, mas amorosa, independência alcançada pelo homem. Nem o maior dos anjos pode dar-Lhe isso, e nem sequer é capaz de compreender o propósito do ser humano.[*] Só este pode estar consciente da

---

[*]   Quando *Hashem* quis criar Adam, criou um grupo de anjos e lhes disse: "Estão de acordo de que criemos o ser humano à Nossa imagem?" (...) Eles responderam: "O que é o homem para que o consideres?" (*Tehilim* 8:5). (D'us) colocou seu dedo mínimo entre eles e os queimou. Fez o mesmo com outro grupo (de anjos), e logo criou mais um grupo, que lhe disse: "Os primeiros grupos não conseguiram muito com o que Te disseram. O mundo inteiro é Teu; o que quiseres fazer em Teu mundo, o faças".

luz de D'us, e do modo com que responde a ela, tanto que é um ser "como um de Nós"[8] (*Bereshit* 3:22), cria uma Luz que é, inclusive, mais valiosa: a luz da Presença Divina (*Shechiná*), a expressão da Malchut divina.

O candelabro é o símbolo da relação de D'us com o homem, que é, exatamente, o que significa a *Shechiná*.

Por acaso Ele necessita de nossa luz? (...) Na verdade, é um testemunho para todos na Terra de que a *Shechiná* vive em Israel.

Shabat 22b

Hashem teve de sentar-se com seres de carne e osso por essa luz.

Midrash Tanchuma, Behaalotechá 6

13.4 OS OLHOS DO TZADIK

Israel é chamado "o Olho de *Hashem*".

Eichá Rabá 1:51

Em si mesma, a Criação não é apenas um sistema que conecta o homem com o mundo: a Criação é um todo orgânico, no qual o homem é o órgão de percepção, a matriz da consciência. O Tzadik e sua beleza – a expressão de sua abertura ao relacionamento – se tornam parte integral do universo, convertendo-se em sua visão:

Tu és bela, meu amor, muito bela; teus olhos são como os da pomba...

Shir haShirim 1:15

"Teus olhos são como os da pomba"... isso refere-se ao Tzadik.

San'hedrin 38b

Aqui se afirma, de forma indireta, o propósito de criar o ser humano: o anjo é consumido pela mera presença do "dedo mínimo", enquanto que o homem pode falar "cara a cara" com D'us (*Shemot* 33:11)

Zôhar Chadash, Yitró 4

A pomba, que havia sido enviada à Grécia* e havia voltado com o azeite do candelabro, é aqui o símbolo de uma Criação estruturada como um organismo que sente. Trata-se de uma estrutura de vínculos que permite a liberdade de ser um indivíduo sem paradoxos. Somente dentro de uma relação assim pode existir uma Malchut divina plena, já que apenas aqui se tem um equilíbrio completo e se compartilha plenamente; só aí cada uma das partes está envolvida por igual no conjunto:

Meu amor, minha pomba, minha perfeita (tamatí)...

Shir haShirim 5:2

"Minha perfeita" (*tamatí*) – leia-se *teomati*, que significa "minha gêmea", como se dissesse: "Eu não sou maior do que você, e você não é maior do que Eu".

"Minha gêmea" – assim como quando um gêmeo é ferido e o outro sofre a dor, do mesmo modo ocorre entre *Hashem* e Israel.

Shir haShirim Rabá 5:3

O candelabro é o símbolo dessa relação, da consciência e da compreensão,[9] do *chen* e o olho da Presença Divina sobre o que lemos na Haftará de Chanucá:

Pois eis a pedra (angular do Segundo Templo) que pus diante de Yehoshua (o Cohen Gadol); sete olhos para uma só pedra.

Quando for mostrada a pedra angular, será saudada com aplausos: "Chen! Chen a ela!"

Eles verão a pedra na mão de Zerubavel: ...os olhos de D'us pairam por toda a Terra.

Zechariá 3:9; 4:7,10

"Os olhos de D'us" – refere-se ao Candelabro.

Midrash Tanchuma, Behaalotechá 5

A luz do candelabro prova que o Tempo ainda vive, que a Presença

---

*   Veja o capítulo 3.4

Divina (*Shechiná*) está presente, que os olhos de D'us estão abertos sobre a Terra: "...é testemunho de que a Presença Divina vive em Israel". Os olhos do Tzadik no mundo são prova de que o mundo vive e está consciente, de que participa da Malchut da Presença Divina. O Tzadik é o candelabro do mundo.

13.5 FUNDAMENTO E IMPÉRIO

> O Tzadik é chamado "vivo", como se declara: "o filho de um homem vivo" (*Shmuel II*, 33:20). Ele ilumina sua geração do mesmo modo que o Ser Vivente acima ilumina o mundo.
>
> O Tzadik é a vida dos mundos... Vivo em dois mundos. Vivo para um mundo acima e vivo para um mundo abaixo, que existe e é iluminado por ele.
>
> *Zôhar, Bereshit 135b-136a*

Yossef deu uma identidade de nação a Mitsraim, exatamente do mesmo modo que forneceu fertilidade e chuva para a Terra: ele foi capaz de fazer com que partes desconexas se juntassem até formar uma entidade identificável e viva. Ele foi absolutamente necessário para o Faraó pela mesma razão que é absolutamente indispensável para a futura Malchut de Israel. Sem ele, o rei não é mais do que alguém nomeado para supervisionar partes desconexas; com ele, o rei se converte na personalidade manifesta de um todo orgânico.

Sem Yossef, Mitsraim carece de direção; seus cidadãos eram incapazes de planejar em conjunto um programa para o futuro e de executar ações que, ainda que dolorosas para os indivíduos, eram necessárias para o país. O fracasso e a queda das grandes civilizações sempre reflete a perda do nacionalismo, consequência da perda da identidade nacional, na qual os indivíduos vivem separados uns dos outros, incapazes de atuar de comum acordo.

> *Naqueles dias, não havia rei em Israel; cada homem fazia o que lhe parecia reto a seus olhos.*
>
> *Shoftim* 21:25

Yossef se torna os olhos de uma identidade que transcende todos esses olhos individuais:

Yossef é como um olho para todos os que o cercam.

Zôhar Chadash, Vayeshev 37a

O potencial da nação em seu conjunto vive nos olhos, no idealismo, a abertura e o cuidado de *chen*. Entre as nações, o *chen* é o carisma, a graça, as convicções profundas de um líder que chega a encarnar os ideais e o modo de vida que corre nas veias de um povo. O líder é capaz de comover uma nação, inspirar as pessoas a se sacrificar e incitar um determinado público a alcançar objetivos inimagináveis sem a presença de um espírito e de um impulso em comum. No povo de Israel, o *chen* do Tzadik realiza isso mesmo, mas com uma diferença essencial: a visão do Tzadik é a de um mundo vivo, que inclui a Presença Divina.

Yossef provê Mitsraim com *eles mesmos*. A seus irmãos, Yossef proporciona a base sobre a qual eles podem se unir ao patriarca Yaakov para formar uma nação. Yossef permite que a própria Terra volte a viver, que seja plena. Isso ele faz porque cura a Árvore do Conhecimento,[10] transformando a "árvore do jardim"[11] na Árvore da Vida:

O fruto do Tzadik é a Árvore da Vida.

Mishlei 11:30

Este é Yossef haTzadik, fruto da Árvore da Vida.

Zôhar Chadash, Chukat

É por isso que a morte de Yossef indica o fim da produtividade e o começo da Galut:

Quando Yossef haTzadik morreu, as nascentes e a foz dos rios secaram, e todas as tribos foram para a Galut.

Zôhar, Shemot 156a

Apenas Yossef provê a nação com o necessário para Malchut, fornecendo o Fundamento (*yessod*) sobre o que o Império pode crescer.

13.6 O CANDELABRO E *CHINUCH*

> Por que se menciona o preceito de acender o Candelabro no Santuário justamente depois da consagração do Mishcan (Tabernáculo)? Porque quando Aharon viu que nem ele nem sua tribo haviam tomado parte junto com os líderes na consagração do Mishcan, sentiu-se mal.
>
> Então, *Hashem* lhe disse: "Por tua vida! Tua parte é maior que a deles, pois tu acenderás e fixarás as velas (do Candelabro)".

> *Rashi, Bamidbar 8:2*

Aharon foi encarregado de todas as diversas oferendas do Mishcan; sua tribo era a responsável por transportá-lo e erguê-lo; também tinham a tarefa permanente de cuidar do Mishcan e do Templo.[12] Mesmo assim, Aharon sentiu-se mal porque queria tomar parte na consagração do Mishcan; para ele, as tarefas contínuas no Mishcan não eram um substituto válido. Mas, por que se sentiria consolado ao escutar que também seria encarregado do preceito de acender o Candelabro, que também formava parte das tarefas contínuas do Mishcan?

Não há como escapar da ideia que este midrash implica: as velas do Candelabro representam a consagração contínua do Mishcan, renovada continuamente, a cada acendimento das velas. Em hebraico, *chinuch* não significa apenas "começo"; significa *consagração*. Pois *chinuch* reflete a presença de um ideal de tomada de consciência, uma preocupação por uma consagração a algo que converte o cotidiano em sublime. A luz da tomada de consciência associada ao Candelabro cria o *chinuch* ideal, uma memória *contínua* da crença e o idealismo, que serviram de pano de fundo para a criação do Mishcan.

Foi a Aharon a quem se deu o privilégio do chinuch permanente; a capacidade de estar envolvido na consagração do Mishcan, séculos depois das cerimônias de consagração dos líderes. Aparentemente, através do sacerdócio (*kehuná*) superior, Levi expressa um frescor, uma claridade, um júbilo e um compromisso contínuo, que para sempre mantêm vivos os sentimentos da consagração original.

Essa capacidade da *kehuná* torna sua expressão em outro preceito, que joga luz sobre a natureza do *chinuch*. Cada Cohen deve trazer uma oferenda especial no dia em que entra no Templo para servir pela primeira vez. Essa oferenda recebe o nome de *minchat chinuch*, a oferenda de *chinuch*. Além disso, o Cohen Gadol oferece todos os dias essa oferenda, uma parte pela manhã e outra pela tarde. Essa oferenda, chamada *minchat chavitin*, atua como dedicação contínua do Templo, validada pelo amor e pelo cuidado de Aharon e seus descendentes.

Essa é a razão pela qual a tribo de Levi é chamada de professora de todo Israel: "Ele ensinará Tuas leis a Yaakov e Tuas instruções a Israel" (*Devarim* 32:10). Pois o verdadeiro significado de *chinuch* não é o efeito anestésico da "educação", mas sim o efeito vivificante da consagração. Necessita atualizar o potencial do indivíduo e vinculá-lo com o que mais *lhe* interessa, bem como permitir-lhe sentir seu próprio nexo interno com a aprendizagem:

> Em certa ocasião, Levi e Rabi Shimon Baribi estavam estudando com Rebi (Rabi Yehudá haNasi). Terminaram um livro, e Levi disse: "Agora vamos estudar *Mishlei* (Provérbios)". Mas Rabi Shimon disse: "Vamos estudar *Tehilim* (Salmos) agora". Pressionaram Levi e trouxeram *Tehilim*.
>
> Quando aprenderam o versículo "...mas seu desejo está na Torá de D'us" (*Tehilim* 1:2), Rebi explicou: "Aprendemos que um homem só aprende o que seu coração deseja".
>
> Então, Levi disse: "Rebi, acaba de me dar permissão para sair!"

Avodá Zará 19a

A necessidade de que o *chinuch* se adeque às necessidades do indivíduo não é uma questão de "metodologia educacional". Constitui a própria definição do que é o *chinuch*: *dedicação*, não educação. A palavra chinuch deriva de *chen*, com todas as implicações que vimos que *chen* contém: relação humana, potencial, abertura e idealismo.

חֲנֹךְ לַנַּעַר עַל פִּי דַרְכּוֹ גַּם כִּי יַזְקִין לֹא יָסוּר מִמֶּנָּה

Aplique chinuch *para a criança conforme seu próprio caminho
e assim, quando crescer, não se desviará dele.*

Mishlei 22:6

"Não se desviará dele", que dizer, do *chinuch*.[14] Ele sempre será parte da dedicação contínua e a paixão do *chinuch*. O *chinuch* verdadeiro exige que o indivíduo se identifique com o mundo do estudo que é seu, em vez de olhar de fora como um estranho aquilo que, realmente, não tem sentido para ele.

Chanucá é o Moed do Candelabro, o tempo para *chen*, e nos brinda com o instrumento necessário para renovar a dedicação, para descobrir que nossa vida e nossas crenças são valiosas e amadas. Chanucá faz com que o mundo esteja tão pleno de *chen* para seu Criador como esteve no instante em que foi concluído – o instante de seu *chinuch* original, quando transbordava de potencial:

> Quando Hashem concluiu a Criação, disse a Seu mundo: "Mundo Meu, mundo Meu... Só espero que sempre Me causes o chen que estás Me causando neste momento".
>
> *Bereshit Rabá 9:4*

É justamente em seu potencial que o mundo e o homem possuem seu maior *chen*, enquanto eles ainda são crianças, sem importar que idade tenham; quer dizer, sempre que os ideais e o calor da dedicação/*chinuch* sejam parte da vida.

O Tzadik é um jovem.

> *Hashmatot haZôhar 259a*

Capítulo Catorze
A LUZ E A ESCURIDÃO DA BELEZA

יְדַע מָה בַחֲשׁוֹכָא וּנְהוֹרָא עִמֵּהּ שְׁרֵא

Ele conhece o que está na Escuridão e a Luz que está com Ele.

Daniel 2:22

"Ele conhece o que está na Escuridão" – esses são os atos dos maus.

"E a Luz que está com Ele" – esses são os atos dos justos.

Bereshit Rabá 1:6

A LUZ E A ESCURIDÃO DA BELEZA

14.1 A BELEZA DO POTENCIAL

> Ensina-nos, nosso Mestre: aquele que vê uma pessoa bela, que bênção deve dizer? ...(depois de tudo,) não houve nada mais belo do que Rachel, e Yaakov quis se casar com ela por sua beleza.

Midrash Tanchuma, Vayetze 6

> Aquele que observa árvores belas e criaturas belas, inclusive idólatras ou animais, deve dizer:
>
> "Bendito és Tu... Rei do universo, que assim é para Ele em Seu mundo".[1]

שככה לו בעולמו

Shulchan Aruch, Orach Chayim 225:10

> Isso é dito apenas sobre algo muito belo.

Mishná Berurá, Shaar haTziyun

"Que assim é para Ele em Seu mundo". Que bênção mais incomum! Em vez de mencionar as obras ou manifestações específicas do Criador "que extrai pão da terra", que "cria o fruto da vida" ou "cujo poder e força comandam o universo", em vez do formato usual das bênçãos, falamos do modo que as coisas *são* para D'us no mundo. E nem sequer deixamos claro que estamos nos referindo à beleza, mas simplesmente "que é assim".

Os Sábios nos ensinam aqui, que a beleza é a expressão mais *geral* da Criação, que é o modo pelo qual uma parte determinada dela expressa a harmonia e o equilíbrio do conjunto. A apreciação da totalidade da Criação e sua relação com o específico se manifesta na beleza. Nela, não são os detalhes o que nos chamam a atenção, mas a percepção da transcendência da totalidade. Nos sentimos em êxtase diante de um pôr do sol, maravilhados pela suavidade com que a luz atinge a água ou comovidos por um simples golpe de brisa em uma noite estrelada, não porque haja algo sublime nos detalhes específicos do que vemos, mas sim porque, de repente, nos sentimos transportados para mais além, transcendemos. Em sua totalidade, a Criação se embrenha em nossa consciência e nos sentimos comovidos: *Assim como é para Ele em Seu mundo!*

> E qual é o modo de amar e temer (a D'us)? Quando um homem contempla Suas obras e Suas grandiosas e maravilhosas criações... como David afirmou: "Quando observo o céu, a obras de Teus dedos, a lua e as estrelas... o que é o homem para que o consideres?" (*Tehilim* 8:4)
>
> *Rambam, Mishne Torá*[2]

A beleza implica potencial, a expressão que está dentro de toda criação. É por isso que os Sábios podem demonstrar que a Criação começou em Tsión:

> Os Sábios afirmam: O mundo foi criado a partir de Tsión, como se diz: "A partir de Tsión, beleza consumada, D'us se manifestou" (*Tehilim* 50:2), (o que implica que) a partir dela, a beleza foi incorporada ao mundo.
>
> *Yoma* 54b

Como o Tzadik, Tsión[3] incorpora o potencial do mundo, fazendo com que a Criação se torne um só organismo. E, como o Tzadik, o que expressa essa incorporação em Tsión é a beleza. A cidade em que "Meus olhos e Meu coração estarão todo os dias" (Melachim I, 9:4), é a cidade da qual aprendemos que:

> Aquele que não tenha visto Yerushalayim em sua glória... não viu uma cidade bela em sua vida.

A cidade cuja maior glória era uma construção da qual se dizia:

> Aquele que não tenha visto o Templo... não viu uma construção bela em sua vida.
>
> *Sucá* 51b

Trata-se de uma construção que é a sucessora do Mishcan, feita para expressar a beleza e a criatividade de todo Israel,* assim como para unificá-los com a Presença Divina, por meio da beleza.

Hashem deu a Betzalel nomes baseados no Mishcan de amor: Achumai (*Divre haYamim* I, 4:2), porque ele uniu (*achá*, אחה) Israel com Hashem. Lahad (ibid.), porque ele trouxe glória e beleza (*hadar*, הדר) ao Mishcan, que era a beleza de Israel.

E no dia em que o Mishcan foi montado, Moshe entrou e ouviu

uma voz esplendorosa,

uma voz linda,

uma voz esplêndida...

Midrash Tanchuma, Ki Tissá 13; *Nassó* 25 (resumido)

O poder e a abertura do *chen* são expressos por meio da beleza, que é o recipiente de todo potencial. A beleza do Tzadik é o resultado direto da plenitude da Criação refletida dentro dele.

14.2 UM *CHEN* QUE NUTRE

Que com Sua benevolência sustenta o mundo inteiro, com *chen*, com bondade e com misericórdia.

Bircat haZan, de *Bircat haMazon*, a Bênção pelo Sustento

Chen é a primeira coisa que notamos em nossa alimentação; é a primeira característica que a bênção enfoca. Em certa ocasião, Rab Yechezkel Sarna, זצ"ל, o Rosh Yeshivá (Diretor) da Yeshivá de Chevron, me descreveu as sensações de *chen* que sentia na comida: pegou uma laranja bonita, brilhante e cheia de cor (que realmente poderia cumprir a mesma função de alimento, caso fosse da cor cinza) e descascou-a, obtendo um fruto fresco e limpo, que não havia sido tocado antes; posso comer um delicioso

---

* E também o Mishcan que surgiu como reflexo do espelho do Bezerro de Ouro,[4] que, por sua vez, era uma consequência natural dos perigos da beleza do Tzadik (veja capítulo 4.3).

pedaço do fruto de cada vez, porque cada parte do mesmo está envolta individualmente por uma membrana, como em um celofane; o suco está em gominhos, e sai com frescor para fora, conforme o mastigo – "Isso", exclamou, "é o que chamo de *chen*!".

O que a ordem de ideias dessa bênção implica é que a função de sustento que o alimento cumpre – que pode haver sido dada apenas por "bondade" (חסד) – é secundária à qualidade de *chen* que reside no alimento, e é dela que o mundo é sustentado, na prática.[5] Isso se deve ao fato de que o alimento é realmente a expressão de uma relação recíproca entre as diferentes partes da criação, as quais estão mutuamente ligadas entre si e são interdependentes, ao que cada usuário se converte, por sua vez, em um provedor, tanto em sua morte quanto em sua vida. O alimento constitui uma expressão de *chen* que vincula o homem ao mundo e à Presença Divina.

Esse foi o conceito que Yossef ensinou a seus irmãos em Mitsraim. O dinheiro que eles haviam trazido para comprar comida era um símbolo de sua própria produção fracassada, resultado de um enfoque que enfatizava a utilidade e o controle. Yossef lhes demonstrou que o poder maior – a base sobre a qual o homem realmente se mantém neste mundo – é o poder corretamente dirigido do *chen* do Tzadik. O sustento fiel se deriva do mundo em sua totalidade, não das intenções das quais um indivíduo lança mão para manipular, nem do poder que ele exerce com seu dinheiro:

> *Melhor é o* chen *que dinheiro...*
>
> *Mishlei* 22:1

Por outro lado, o dinheiro possui um *chen* único e muito especial.

14.3 A BELEZA DO MERCADO

> *Do mais formoso dos lugares, alegria de toda a Terra.*
>
> *Tehilim* 48:3

Certa vez, um comerciante veio a Yerushalayim para vender sua mercadoria. Esperou, mas não teve nenhum comprador. Então, disse: "Esta é a Yerushalayim de que se diz "do mais formoso dos lugares, alegria de toda a Terra?". Uma hora depois, vendeu tudo o que tinha, e exclamou: "Do mais formoso dos lugares, alegria de toda a Terra!"

Shemot Rabá 52:5

(Os Sábios declararam que) dentro de uma distância de um dia de caminho de Yerushalayim, os frutos do quarto ano devem ser levados a Yerushalayim. Por quê? Para que os mercados de Yerushalayim estejam embelezados com frutos.

Betzá 5a

O *chen* mencionado em *Bircat haMazon*, a Bênção pelo Sustento, se reflete nas palavras que associamos com a manutenção e os mercados. A mesa é chamada *shulchan* (שלחן), palavra que significa "do *chen*"; uma loja é chamada *chanut* (חנות), que significa "*chen* alcançado". Em nenhum lugar se aprecia mais claramente a relação recíproca entre os seres humanos que no mercado, um lugar no qual cada um pode interagir com qualquer um por meio de um intercâmbio: o dinheiro. Pode-se notar, facilmente, de que modo o dinheiro pode ser o *chen* supremo, já que se trata de puro potencial, a expressão do trabalho e a produção de um indivíduo transformados em uma entidade abstrata, que pode se converter em qualquer coisa e que pode fazer com que o mundo todo venha para suas mãos. É por causa do *chen* que o dinheiro possui que tudo no mundo está aí *para você*:[6]

> Ben Zoma viu uma multidão nas escadas do Monte das Oliveiras e disse: "Bendito é Aquele que criou toda essa gente para me servir.
>
> Quanto trabalho teve Adam, o primeiro homem, antes de poder comer um pedaço de pão! Arou, semeou, plantou, colheu, juntou, debulhou, separou, moeu, amassou e assou... e só então pode comer...
>
> Quão duro Adam, o primeiro homem, teve de trabalhar antes de ter uma roupa para se vestir! Tosquiou, branqueou, penteou, fiou e teceu... e só então obteve uma roupa.
>
> Mas eu me levanto de manhã e tenho tudo preparado para mim; e todas as nações trabalham e vêm à minha porta. Eu me levanto e tenho tudo pronto".
>
> (Ele era rico, e todos vinham para fazer negócios com ele –

Rashi)

Berachot 58a

Adam havia perdido seu sistema, a Malchut que era sua provedora. O *chen* do Tzadik recupera o perdido:

Hashem fará com que os *tzadikim* sejam tão belos como o foi Adam, o primeiro homem, quando entrou no Jardim do Éden.

Zôhar, Bereshit 113b

Agora ficou claro por que Yaakov escolheu um modo tão diferente de proporcionar *chen* à cidade de Shechem: a cidade que tinha mais necessidade de *chen*:

Yaakov chegou íntegro a Shechem, e trouxe *chen* à cidade.

Bereshit 33:18[7]

Rav disse: Yaakov estabeleceu a cunhagem de moedas para eles. Shmuel disse: Estabeleceu mercados para eles.

Shabat 33b

O *chen* do Tzadik se expressa no *chen* do dinheiro. Os irmãos de Yossef haviam invertido a ordem, pondo a função antes do *chen* e, simbolicamente, afirmaram seu controle sobre o Tzadik, vendendo-o por dinheiro:

Yossef é chamado "Tzadik", como se afirma: "...venderam o Tzadik por dinheiro" (*Amós* 2:6)

Midrash Tanchuma, Noach 5

Mas, ironicamente, a venda de Yossef levou toda a família, junto com seu dinheiro, diante de Yossef, já que o próprio Tzadik possui o *chen* do dinheiro:

"Dinheiro" se refere aos tzadikim.

Chulin 92a[8]

Como Yaakov, Essav desenvolve o mundo[9], fornecendo mercados e dinheiro, assim como o *chen* físico de instalações para banhar-se,[10] já que não há outro caminho para a construção de uma civilização poderosa e da Malchut. Mas Essav apenas deseja manipular e tomar para si:

Hashem disse a Edom: "Tolos! Tudo o que fizeram foi apenas para vocês".

Avodá Zará 2b

Pois aí está a essência de Essav, cujo fundamento – e bênção – no mundo reside no poder e no controle, vivendo por sua espada[11] e sua tecnologia.[12] Para Edom, este mundo deve ser usado e explorado: não está aí para a beleza e para o Tzadik. Yossef é aquele que derrotará Essav,[13] mas deve ir contra algo mais do que o simples desejo de poder e de controle. Porque Essav possui um rosto mais sutil – e mais traiçoeiro –: o rosto da Grécia, a "escuridão sobre a face do abismo".[14]

14.4 BELEZA VS. FUNÇÃO

A maior escuridão que Yavan possui é o verniz que proporciona a Essav. Por meio de Yavan, o poder e a tecnologia de Essav se mesclam com a beleza.[15] Yavan é beleza: é um "amor juvenil pelo questionamento", uma visão na qual "a harmonia, a unidade e a forma forneceram, simultaneamente, a arte da lógica e a lógica da arte".[16] Yavan também possuía um bom "olho" para a beleza: "Atenas, o olho da Grécia, a mãe das artes".[17]

Entretanto, se pode perceber a diferença que há em Edom sem Yavan, já que há um aspecto de Roma que nunca absorveu completamente a Grécia:

Itália de Yavan (se converteu)[18] na metrópole de Roma...

Um lado é uma cortina de ferro.[19]

Meguilá 6b

O poder cru e primitivo do "Avermelhado" (Edom) é mais perigoso para Israel quando se reveste com a beleza, o refinamento e a universalidade pura da civilização ocidental, que consiste no matrimônio de Grécia com Roma[20], que, eventualmente, triunfará em todo o planeta.[21] Ao se associar a Yavan, Edom adota a fachada imaculada[22] de uma Grécia "ilustrada", apresentando-se debaixo de um rosto de consideração amorosa diante dos demais e proclamando-se o novo Israel.[23]

Ainda que Edom se interesse pela conquista física, Yavan está comprometido em incorporar os "benefícios" da conquista cultural. Alexandre, o Grande, o belo e jovem rei, "construiu seu império com um ideal: quis fundir as raças e 'ordenou a todos os homens a considerar o mundo como seu país... a homens bons como se fossem próximos e a homens maus como se fossem forasteiros'".[24] O conceito grego de uma *oikumene*[25] unificada, de uma civilização mundial, é a Malchut Yavan que ameaça Israel, inclusive desde as entranhas da Malchut Edom.

Yossef é o Tzadik: o reflexo de espelho de Yavan.[26] É Yossef, o belo e jovem rei, o que criou seu império com um ideal: para, ao final, unificar as nações para que sirvam D'us. O Mashiach descendente de Yossef (*Mashiach ben Yossef*) abrirá o caminho.[27]

A beleza da Grécia era uma beleza destinada à ruína. Uma beleza assim nunca poderá transcender seu próprio separatismo e corrupção. Quanto mais celebra sua própria individualidade, mais reduz a Criação às dimensões de cada indivíduo. Se Alexandre, o Grande, foi verdadeiramente belo, se houvesse considerado a si próprio como a expressão do potencial da vida inteira, não teria tido mais necessidade de conquista da que Yossef teve. Mas o fato é que suas necessidades pessoais constituíram a força motriz de sua vida. Seu caminho seguiu para a inevitável perda de *chen*, no acúmulo de poder e riquezas como valores que suplantam o sustento e o vínculo:

> Alexandre chegou a um país na África... E lhes disse: "Tragam-me pão". E lhe trouxeram um pedaço de pão feito de ouro maciço. Ele exclamou: "Acaso pode um homem comer um pão de ouro?" Eles lhe responderam: "Se tudo o que realmente querias era pão, acaso não havia pão mais do que suficiente no país de onde vens?"
>
> *Tamid* 32a-b

A civilização grega caiu, convertendo-se na vítima clássica de seu próprio *minut*,[*] presa de "seu individualismo corrupto, seu trágico fracasso de unir a liberdade com a ordem e a paz".[28] Só um Tzadik é capaz de unificar o indivíduo com a ordem e a paz; apenas um Tzadik pode escapar da corrupção do individualismo e, ainda assim, seguir sendo o indivíduo por excelência, para quem o universo foi criado. Só um Tzadik pode ser encontrado no fato de ser um indivíduo o bem de toda a Criação.

---

[*]   Individualismo separatista (N. da T.).

14.5 ENTRE O BEM E O MAL

Não há "Bem" maior que o Tzadik, como se afirma: "Digam do Tzadik: 'Bom!'" (*Yeshayahu* 3:10)

Chaguigá 12a

O Tzadik é a *essência* do Bem, não apenas aquele que realiza atos bons; ele constitui a antítese do Mal e é aquele que possui em suas mãos o poder para curar a destruição provocada pelo *yetzer hará*, a má inclinação, no Jardim do Éden. Quanto mais compreendemos as raízes do Mal, mais profunda será nossa valorização do Bem que o Tzadik representa.

Se um indivíduo cobiça o que não está destinado para ele, aquilo que busca não lhe será dado, e o que possui será retirado dele...

A Primeira Serpente (*nachash hakadmoni*) pôs seus olhos em algo que não era para ela. Aquilo que buscava não lhe foi dado, e o que possuía foi tirado dela...

Sotá 9a-b

As raízes do Mal estão na destruição dos parâmetros do indivíduo, na violação dos limites, na perda do âmbito delimitado para o *prat*:

וּפֹרֵץ גָּדֵר יִשְּׁכֶנּוּ נָחָשׁ

Aquele que ultrapassa a barreira, uma serpente (*nachash*) o morderá.

Kohelet 10:8

O Mal é o câncer da busca sem-fim. O câncer destrói um corpo por meio da destruição dos limites e a afetação de lugares próprios. A expansão ininterrupta de um detalhe, que deste modo perde sua diferenciação e sua função, ao final destrói todo o organismo... e a si mesmo junto com ele. Esse é o traço distintivo de Essav, o qual conduz à diferença essencial entre Essav e Israel, a divergência final nos resultados de suas respectivas civilizações:

Essav disse: "Tenho muito, meu irmão".

(Muito mais do que necessito – *Rashi*)

Mas Yaakov disse: "D'us tem me dado chen *e tenho tudo (kol)".*[29]

(Tudo o que necessito – *Rashi*)

Bereshit 33:9-10

Um indivíduo que constantemente está em busca de algo mais fora de si mesmo, nunca será próprio e carece de *chen*:

Aquele que ama o dinheiro nunca se satisfará com dinheiro; aquele que ama a abundância não achará já ter o bastante.

Kohelet 5:9

O Tzadik que destruirá Essav terá alcançado a beleza de uma relação completamente delicada, a beleza daquele que é totalmente livre, daquele que não necessita de nada, exceto o potencial e o *chen* daquele que ele mesmo é. Esse Tzadik manterá o potencial puro mediante o recurso de nunca corromper-se procurando obter o que nunca poderá ser seu. O Tzadik é sempre – e somente – ele mesmo, e, por isso mesmo, totalmente confiável.

14.6 A *EMUNÁ* E O TZADIK

A cada dia, um eco celestial (*bat kol*) sai e proclama: "O mundo inteiro é sustentado por Meu filho Chanina. E Chanina se mantém com um punhado de alfarrobas de uma sexta-feira a outra".

Taanit 24b

Como seu nome indica, Rabi Chanina ben Dossa representava o *chen* que fornece sustento para a geração, mediante o sustento do Tzadik. Ele foi capaz de fazer isso porque nunca precisou de nada mais do que tinha.[30]

A essência do Tzadik constitui sua expressão da simbiose de um universo inteiro através de sua própria individualidade e através dos olhos de sua própria consciência. Mas no momento em que cede e se deixa levar pela necessidade, pela ânsia de se expandir, de manipular, perde seu *chen* e a força da totalidade. Até mesmo o simples pedido que Yossef fez ao homem ao qual havia ajudado, a quem solicitava: "Menciona meu nome diante do Faraó", lhe custou dois anos adicionais na prisão.[31] O Tzadik deve ser o paradigma da incorruptibilidade.

Na Torá, o significado de *emuná* é confiança plena: fidelidade,[32] "manter a fé em algo". Todas as relações, todos os *britot* (pactos) se baseiam na fidelidade; a própria palavra *amaná*[33] designa um tratado de lealdade.

Em hebraico, a Língua Sagrada, o mais próximo que se pode chegar à tradução da palavra "crer" (no sentido de manter "uma firme crença religiosa") é empregar uma palavra que possui uma conotação profundamente distinta: *lehaamin* (להאמין), que significa "investir com emuná",* considerar que algo é confiável e digno de crença. Como tradução de *emuná*, a "fé" nunca deve ser confundida com o conceito não judaico de crença irracional no que não é crível: isso seria o oposto do significado de *emuná!*[34] Ter fé verdadeira consiste em perceber a completa confiabilidade em D'us, que é "o Tzadik do Mundo", o Confiável.[35]

O Tzadik, aquele por meio do qual todos podem se relacionar, o pilar único sobre o qual o mundo inteiro se sustenta,[36] *é* a confiabilidade. Também é o pilar único sobre o qual se sustenta nossa relação com D'us e todos os preceitos:

Seiscentos e treze preceitos foram dados a Moshe... Chabakuk veio e os pôs todos em um:

צַדִּיק בֶּאֱמוּנָתוֹ יִחְיֶה

O Tzadik vive por sua emuná (Chabakuk 2:4)

"O Tzadik viverá por sua honestidade".

Sotá 9a-b

A confiabilidade de Yossef procede de sua integridade pessoal, sua própria *emuná*. Essa foi a base e, simultaneamente, a expressão de seu *chen* e de seu êxito em Mitsraim:

(Potifar) o nomeou supervisor de sua propriedade; e tudo o que possuía pôs nas mãos de Yossef.

Bereshit 39:4

O guarda da prisão não precisava cuidar de nada que (Yossef)

---

* É por isso que *chinuch* e *emuná* – ambos relacionados com a educação e o treinamento – estão profundamente ligados entre si. Ambos ligam o indivíduo ao seu ser íntimo, com sua expressividade, por meio de suas crenças (אמונות), com suas habilidades (אמנות), com sua dedicação (חינוך) e com sua abertura e seu encanto (חן).

tinha sob sua responsabilidade.

Ibid, 39:23

O interesse que Yossef tinha para com o Faraó consistia em sua total fidelidade.[37] Ele nunca se aproveitou de seu poder ou pôs em questão a ordem do Faraó. Ainda que tivesse sob seu controle a economia do mundo, nunca fez uso de sua posição privilegiada para obter um desejo pessoal:

> O dinheiro que Yossef reuniu em Mitsraim alcançava três construções enormes, cada uma com um cubo de cem, todos de cada lado (em torno de cento e vinte e cinco mil metros cúbicos), e entregou até o último centavo ao Faraó, sem deixar a seus filhos sequer cinco centavos (dele). Por quê? Porque fez tudo com *emuná*.

Midrash Al Yithalel

Mas o mais importante é que Yossef ganhou o nome de Tzadik[38] apenas por causa de sua confiabilidade, que é a essência de um *brit*, pacto. O versículo deixa claro que a famosa tentação à qual Yossef foi submetido por parte da esposa de Potifar se tratava de um assunto de *confiabilidade em uma relação*, não de um pecado isolado:

> *Mas ele se negou e disse à esposa de seu amo: "Meu amo não sabe de nada do que eu faço nesta casa, e me confiou tudo o que possui. Nada tem mais poder nesta casa do que eu. Ele não me recusou nada, exceto você, que é sua esposa. E como hei de cometer esse mal tão grande? Seria um pecado diante de D'us!"*

Bereshit 39:8-9

> A própria traição seria um pecado contra D'us, já que é uma grande maldade: "Seus olhos estão postos nos fiéis (נאמני)" (*Tehilim* 101:6), e diante d'Ele não chegará nada que seja traiçoeiro.

Ramban

> Isso foi escrito para que aprendas a dominar os desejos e permaneças fiel (*emuná*) àquele que confiou em ti, não importa quem ele seja...

Radak[39]

A capacidade que o Tzadik tem de manter sua integridade e seu *chen* se origina no reconhecimento de que o mundo inteiro existe só para ele.

Para o Tzadik, o desejo de obter e ser *mais* do que ele mesmo é equivalente à perdição do mundo. Para Yavan e Edom, o desejo de obter cada vez mais é o modo natural de escapar dos tristes limites que eles percebem no seu próprio ser. Quando se reduz a totalidade às necessidades do indivíduo, se trai a beleza e o *chen* – junto com a própria Criação.

O potencial contido em toda a Criação existiu desde a primeira expressão de *maasse Bereshit*, a obra da Criação:[40]

Que haja luz!

Bereshit 1:3

Os belos atos do Tzadik constituem a expressão deste potencial e em um só instante irradiam o significado da luz primordial, impregnada com todo o sentido da Criação:

E D'us disse: "Que haja luz..."

Isso se refere aos atos dos *tzadikim*.

Bereshit Rabá 3:8

A luz do Tzadik é a antítese da escuridão de Yavan.

Capítulo Quinze
LUZ E HALEL

As nações do mundo... dirão:

"Que nação é essa, que usa a Luz para tudo?"

Sua Torá é Luz...

- e Torá é Luz (Mishlei 6:23).

Seu D'us é Luz...

- a Luz de Israel (Yeshayahu 10:17).

Seu redentor é Luz…

-trouxe Sua Luz (ibid. 60:1).

Sua felicidade é Luz...

- a Luz dos Tzadikim se alegrará (Mishlei 13:9).

Seu futuro é Luz...

-Luz tem sido semeada para os tzadikim (Tehilim 97:11)

"Eles são deuses, não homens mortais..."

Midrash Tehilim 22:11

LUZ E HALEL

15.1 PARA ILUMINAR A ESCURIDÃO

> "O Tzadik, fundamento do mundo" (*Mishlei* 10:25).
> Esse é o fundamento sobre o qual Hashem criou Seu
> mundo e é chamado Luz.
>
> *Zôhar Chadash, Bereshit 11b*

Nas primeiras palavras da Criação, a primitiva "escuridão sobre a face do abismo" (*Bereshit* 1:2), que é Malchut Yavan[1], cede espaço para que "haja Luz" (*ibid.* 1:3), a Luz primitiva, que é o Tzadik. O homem é capaz de expressar a essência de toda a Criação – que é o potencial contido na primeira luz[2] – por meio de seu entendimento, sua consciência e sua vontade, tal como são expressos em seus atos.

A Luz primordial não é a luz que utilizamos hoje:

> Com a Luz que Hashem criou no primeiro dia, um podia ver desde um extremo do universo ao outro...
>
> (D'us) ocultou essa Luz para os Tzadikim... como se declara: "E D'us viu que a Luz era boa" (*Bereshit* 1;4), e não há "Bom" senão o Tzadik, como se diz: "Digam do Tzadik: Bom" (*Yeshayahu* 3:10).
>
> *Chaguigá 12a*

Não é a luz que utilizamos hoje; é uma Luz que está oculta *dentro* da luz que usamos hoje.[3] É uma luz de entendimento e consciência. "Vejo a luz!" significa *compreendo*. Trata-se de uma luz de consciência que se deriva da inclusão de "um extremo do universo ao outro" nos atos de um homem que é Tzadik, o homem que revela essa Luz. Só o Tzadik é capaz de contemplar em detalhes a beleza da totalidade; só a beleza do Tzadik é a Luz que engloba, em um só instante, de um extremo ao outro do universo, expressada no momento. É a Malchut edificada sobre o Tzadik o que pode expressar o *klal* oculto dentro do *prat*.

Essa é a Luz que permite atingir a compreensão de que a essência de todas as coisas *é* a Luz original. Pois somente se pode abranger a totalidade da Criação tomando consciência de todos os detalhes da existência com os quais D'us impregnou a Criação, a qual foi criada em Sua honra[4] e com Sua Luz. Por meio do olhar de um homem, o caos primordial é transformado em ordem, e por meio do olhar do Tzadik é transformado em vida.[5]

À primeira vista, o azeite parece ser só um alimento. No entanto, transformado já em azeite, o simples fruto mostra que continha luz! E, observando-o com atenção, começamos a suspeitar que há uma luz oculta em tudo o que existe (sim, há), uma luz condensada nos objetos físicos mais simples, que só está esperando para se expressar mediante nosso entendimento e nosso emprego dela. É por isso que, para o povo de Israel, a azeitona se converte em modelo físico da luz espiritual, a *Or haGanuz*.

Para Israel, a luz se torna uma forma de vida, uma vida dedicada ao júbilo de se aprofundar, de entender o sentido das coisas e de revelar seu significado, de descobrir nos objetos mais simples o vínculo com D'us e com Sua Luz. O Tzadik trocaria, de bom grado, qualquer outro tipo de alimento por essa Luz.

A oliva que a pomba trouxe é um símbolo idôneo dessa luz concebida como modo de vida, e também se torna uma alegoria de Israel e da luz do Candelabro.[6]

> Quando foi que a pomba trouxe luz ao mundo? Está escrito: "A pomba veio diante dele (Noach) antes do pôr do sol, com um ramo de oliveira em seu bico". (*Bereshit* 8:11).

> A pomba disse a Noach: "Melhor que meu sustento seja amargo como a oliva, mas (dado) pela mão de Hashem, do que doce como o mel, mas da mão do homem".

> *Vayikrá Rabá 31:10, Pirkê d'Rabi Eliezer 23:1*

> Com a Luz Oculta (*Or haGanuz*), Hashem alimenta o mundo.

> *Zôhar, Shemot 149a*

Na Torá, a palavra "luz" é mencionada trinta e seis vezes,[7] o mesmo número de horas que a Luz primordial serviu o mundo:

A Luz serviu durante trinta e seis horas... e com ela Adam, o primeiro homem, via de um extremo ao outro do mundo.

Talmud Yerushalmi, Berachot 8:5

Trinta e seis horas: o mesmo número das velas de Chanucá, as quais brilham com essa mesma luz,[8] oculta na obscuridade da *Torá shebeal pê*, a Torá Oral.

15.2 A LUZ E A TORÁ

A Torá Escrita (*Torá shebiktav*) é *klal* e a Torá Oral (*Torá shebeal pê*) é *prat*. A Torá Oral é difícil de aprender e muito dolorosa, já que é comparada com a escuridão, como está escrito: "A nação que caminha na escuridão verá uma grande luz" (*Yeshayahu* 9:1). (...) Ninguém pode apreendê-la, exceto aquele que ama Hashem com todo o seu coração, com toda sua alma e com todas as suas posses.

A "grande luz" refere-se à Luz criada no primeiro dia que Hashem ocultou para os que se esforçam (no estudo) na Torá dia e noite, aqueles sobre cujo mérito o mundo se sustenta.

Midrash Tanchuma, Noach 3

O esforço no estudo da Torá Oral consiste na dor de descobrir a totalidade no detalhe, a escuridão magicamente se torna luz, quando se descobre que um novo modo de ver as coisas era, na verdade, o único modo no qual se podem integrar os detalhes, quando se descobre que era o único modo com o qual se pode dar sentido a algo que parece irremediavelmente confuso.

Chanucá é a vitória da Torá Oral, o triunfo dos que se preocuparam com a luz e o entendimento sobre os que apenas queriam ver o mundo como quisessem, como se não houvesse vida própria. Apesar de a sabedoria da

Grécia aparentar ser uma iluminação, a Torá a define como escuridão total. Em vez disso, a Torá Oral aparenta ser escuridão, mas, na verdade, é a fonte da Luz oculta e é o único modo de entender que o mundo que nos cerca palpita com consciência própria, que constitui a expressão da Malchut divina.

O *minut* não busca a unidade da Criação; busca sua fragmentação. A compreensão que *minut* tem da realidade está fatalmente limitada por sua dedicação a conceber as coisas tal como o ser humano deseja que sejam, a vê-las através do prejuízo da atmosfera circundante de lugar, tempo e conveniência pessoais. Os filósofos gregos preferiram discutir sobre os possíveis significados do conceito de "natureza", em vez de observar o que ocorria no mundo. Afirmaram que a realidade final é algo que somente pode ser acessível mediante o pensamento humano puro.

Com frequência, se afirma que a civilização moderna deve tudo aos antigos gregos: que a matemática, a ciência e a filosofia moderna são derivadas de... dois mil anos atrás. Mas quanto mais se analisa essa ideia com atenção, mais se descobre que carece de fundamento. Apesar da existência de filósofos e matemáticos com imaginação e genialidade, os gregos não produziram um conjunto significativo de conhecimentos científicos ou tecnológicos.[9]

Contudo, como veremos, Yavan eventualmente escapa deste limite graças a seu contato com Israel e com Edom, a fim de ter êxito, a Filosofia Natural deve estar limitada a formas, à descrição do "quê" das coisas, nunca do "por quê". Essa é a razão pela qual o esclarecimento do *minut* é, no final das contas, escuridão: sempre deve considerar a Criação como um conglomerado de detalhes sem vida, de tal modo que não importa o quão maravilhosas sejam as descrições matemáticas, não importa de que modo tão simples possa ser descrita a relação entre as partes, não importa o quão unificada esteja a teoria, o que permanece é sempre a natureza carente de consciência e alma. A sabedoria da Grécia não tem mais vida que sua beleza:

Na arte grega, deixe de lado o estudo do personagem e a descrição da alma, e sua paixão pela beleza física e pela saúde a fazem menos madura...

Will Durant, The Life of Greece[10]

Essa obsessão pela forma também se expressa na literatura grega, e constitui a antítese da impressionante riqueza de profundidade e de caráter contida na Torá, expressa com apenas poucas palavras:

> Seria difícil imaginar estilos mais distintos entre si (o grego de Homero e o da Torá). Por um lado, fenômenos externos... que ocorrem em um tempo e lugar definidos, conectados entre si... num primeiro plano permanente. Por outro lado, uma frágil exteriorização dos fenômenos essenciais... mas que são carregados de profundidade. São personagens como Shaul e David! A qualidade de "profundidade" como condição psicológica é impensável em Homero. Mas, o mais importante são os múltiplos níveis que cada personagem individual contém, algo que, a duras penas, se encontra em Homero... (Nele) só se mostra a complexidade da vida psicológica na sucessão e alteração das emoções; por outro lado, (o texto bíblico) é capaz de expressar a existência simultânea de vários níveis de consciência, assim como o conflito entre eles.

> Erich Auerbach,[11] Mimesis, *The Representation of Reality in Wester Literature*

A sabedoria e a beleza de Yavan carecem de fundamento verdadeiro; carecem do fundamento do Tzadik:

> O fundamento de todos os fundamentos e o pilar de todos os (tipos de) sabedoria consiste em ter consciência de que há uma Existência Primeira...

> Rambam, *Mishnê Torá*[12]

A luz da Torá é a antítese da escuridão da Grécia, assim como a beleza do Tzadik é o oposto à beleza de Yefet. E, ao final, o resultado é que a Torá se expressa na beleza e no *chen*.

15.3 A BELEZA DA TORÁ

> Tu és mais belo que os mortais; em teus lábios se derrama chen; portanto, D'us te abençoou para a eternidade.
>
> *Tehilim* 45:3
>
> Esse salmo foi escrito como canção de amor para os *talmidei chachamim* (sábios)
>
> *Rashi*

A beleza do Tzadik, a vida de que ele dá aos detalhes sem vida, é exatamente o *chen* e a beleza dos que estudam Torá.[13] Pois eles se esforçam para descobrir o mundo real através dos detalhes e para expressar a vida da Criação que está oculta em uma mera palavra. Aí está a diferença entre o Tzadik e Yavan, seu esforço não está limitado a descrever as leis da natureza por meio dos detalhes de um universo que, essencialmente, permanece sem vida, mas devem dar um passo além para revelar um mundo de propósito, sentido e vontade, um mundo de vida: o ambiente do Tzadik.

O *talmid chacham* resplandece com a beleza que só pode vir das expressões do ser humano, que são mais bonitas que a própria beleza natural.[14] Ele é "mais belo que os mortais" porque ele é totalmente Homem, modelado à imagem de Adam, o primeiro homem, um indivíduo completo, que abriga, dentro de si mesmo, o potencial da totalidade. Ele é consciente de um mundo que nada pode ver.

O Candelabro é o símbolo da Torá Oral, a Luz Oculta que o Homem é capaz de acender. A Arca (Arón) constitui o símbolo da Torá Escrita que abriga aquilo que vem de fora do ser humano. Poderia parecer paradoxo que os *minim* (hereges) e Yavan não rejeitaram que o fato de o *Sefer Torá* (Rolo da Torá) ter sido entregue por D'us, mas sim a Torá processada e passada através das bocas dos *homens*. Entretanto, aí está, justamente, o ponto: é a *relação* que o homem estabelece com a Torá o que constitui um desafio tão grande para a Grécia, já que isso faz com que a Torá – ou mesmo com que a Criação – seja parte de um organismo vivo, que seja como uma noiva,[15] algo tão querido pelo qual vale a pena morrer... e viver. Uma revelação divina do Céu *não* representa um desafio para Yavan; o único desafio é uma Torá na qual se diz:

Não está no Céu

Devarim 30:12

O que incomoda Yavan – a nação que tentou *"forçar esquecer Tua Torá"* –[16] era a Torá como parte deste mundo, uma Torá que vincula este mundo com o mundo vindouro:

> A Torá Oral é considerada como parte deste mundo, e fornece vida no mundo vindouro.

Zôhar, Bereshit 264a

São as velas de Chanucá as que simbolizam a Luz de um mundo integrado em uma unidade, um mundo de luz, em meio a um mundo de escuridão, um mundo de escuridão de Torá Oral que conduz à "Grande Luz".

> As trinta e seis velas de Chanucá são para os trinta e seis tratados completos do Talmud Bavli (Babilônico).

Benê Issachar[17]

15.4 O INDIVÍDUO E AS MITSVOT

> A mitsvá (preceito) das velas de Chanucá consiste em uma vela para cada família. Para os que são *mehadrin*, uma vela para cada membro da família. E os que são mais *mehadrin*... adicionam uma vela a cada noite que passa.

Shabat 21b

Uma noção errada bastante difundida afirma que *mehadrin* significa "ser rigoroso", e refere-se aos intérpretes mais rigorosos da Torá ou aos que são mais zelosos. Mas, na verdade, *mehadrin* significa exatamente o que a palavra diz: "embelezar".[18]

> "Este é meu D'us e o embelezarei" (*Shemot* 15:2) – embelezem-se com as mitsvot: façam uma *sucá* bela, um *lulav* belo, um *shofar* belo, *tzitzit* belos e um *Sefer Torá* belo...

Shabat 133b

Fazer com que uma mitsvá seja bela é uma oportunidade de realizar uma mitsvá como indivíduo, colocando nela uma expressão particular de si mesmo. O amor e a alegria da mitsvá se expressam na beleza, do mesmo modo que a individualidade do Tzadik se expressa na beleza.

> Cada um trazia seu *Sefer Torá* de sua casa (para o Templo) para lê-lo. E por que isso era necessário? Para exibi-lo em público.
>
> (Porque está escrito: "Embelezem-se com as mitsvot: um *Sefer Torá* belo..." –Rashi.)
>
> Sotá 41a

É importante sempre fazer com que as mitsvot sejam belas,[19] mas em Chanucá a beleza se torna parte do modo com que os Sábios *definem* a própria mitsvá. A razão disto é que Chanucá é um tempo de *chen* e de beleza, um tempo especial para a expressão de Hodaá e Halel.

15.5 HODAÁ E HALEL

> Desde o dia em que Hashem criou Seu mundo, nada havia sido *modê* a Hashem, até que veio Léa e foi *modá* a Ele, como está escrito:
>
> E (Léa) disse: "Desta vez agradecerei (e louvarei[20]) a D'us" (Bereshit 29:35)
>
> Berachot 7b

Há algo especial na Hodaá de Léa, que transcende o conceito de gratidão, algo que só ela introduziu.

> "Desta vez" – porque ela entendeu, por meio de *ruach hakodesh* (inspiração profética), que ele iria ter doze filhos.
>
> Como (Yaakov) tinha quatro esposas, quando ela deu à luz o quarto filho, foi *modá* pelo que ela tinha, que era mais do que lhe correspondia como uma das (quatro) esposas.

Rashi, Berachot 7b[21]

Isso quer dizer que a verdadeira Hodaá é o mesmo que o conceito de *hidur mitzvá*, embelezar a mitsvá. O que é *especialmente* meu, muito além do que me foi concedido não importa quem eu seja, é o que provoca a reação singular de Léa, que foi sua Hodaá histórica. Hodaá é a capacidade do indivíduo de ser ele mesmo e de se expressar em louvor; Hodaá é para a gratidão o que o *hidur* é no cumprimento de uma mitsvá.

Louvem ao Eterno, todos os povos! Louvem-No todas as nações! Pois Seu *chessed* (bondade) transborda em nós..." (*Tehilim* 117:1-2).

Que fazem as nações do mundo neste salmo (que descreve a bondade feita para *nós*; nós somos os que deveriam louvar! – Rashi)? Significa o seguinte: todas as nações deveriam louvar a D'us pelas maravilhas que Ele nos faz. Com maior razão nós devemos fazê-lo sobre quem Seu *chessed* transborda (mais do que se dá a qualquer outra nação)!

Pessachim 118b

Halel é especial quando o *chessed* transborda, quando Israel recebe mais do que deveria. Somente então o Halel pode expressar o que de modo mais autêntico e especial é nosso.

Quem recitar Halel em qualquer dia é um blasfemo e um transgressor.

Shabat 118b

Halel é especial; por definição, não se trata de um louvor diário. Essa é a razão pela qual a autêntica Hodaá inclui a expressão de Halel e de Yossef, que é capaz de tornar um simples agradecimento em Hodaá. A relação de Yehudá com Yossef é inerente ao conceito de Hodaá,* já que o significado

---

* Inicialmente, Léa abrigou Yossef em seu ventre, só que rezou para que o feto fosse transformado em uma mulher e que Yossef fosse concedido a Rachel. A contraparte feminina de Yossef é Diná, e ela, como Yossef, é capaz de lidar com Essav.[22] Mas, como Yaakov a escondeu em um baú[23] em seu encontro com Essav, Diná foi exposta, em Shechem, pela força das nações,[24] o que deu início ao processo de divisão e de crescimento de Yossef.

Estando grávida, Diná é levada a força por Shechem, filho de Chamor.[25] A filha que ela deu à luz recebeu o nome de Osnat, que, como Yossef, se converte em alvo de uma tentativa de assassinato por parte dos irmãos[26] e, de novo, como Yossef, é enviada a Mitsraim, onde é adotada pelo mesmo Potifar, que comprou Yossef.[27]

Yaakov havia entregado a ela um colar de ouro, no qual estava gravada a história ocorrida em Shechem.[28] Yossef lê a inscrição e se casa com ela, fechando, assim, o círculo

simples de Hodaá é intrinsecamente limitado. Nunca podemos agradecer realmente a D'us, inclusive até pelo menor de Seus presentes:

Ainda que nossas bocas estivessem cheias de canto como o mar,

nossa língua repleta de júbilo como as muitas ondas,

nossos lábios cheios de louvores

como a largura dos céus,

nossos olhos tão brilhantes como o sol e a lua,

nossas mãos estendidas como as águias do céu,

nossos pés tão ligeiros como a gazela,

ainda assim não poderíamos agradecer-Te o suficiente...

mesmo por um de Seus bilhões de infinidades de favores...

Tefilá de Nishmat, Sidur

Apenas uma Hodaá que inclua *mais* que a largura dos céus, *mais* que o brilho do sol e da lua, *mais* que as muitas ondas no mar, só uma Hodaá assim constitui o propósito da Criação. Só há uma origem para uma Hodaá semelhante: a Luz Primordial, que inclui toda a expressão do potencial da Criação.

15.6 HALEL E A LUZ

הֵילֵל בֶּן שָׁחַר

Astro resplandecente (helel), filho da manhã.

Yeshayahu 14:12

Halel tem dois significados: louvor e luz resplandecente.* Isso significa

---

de Léa e seu vínculo com Yossef. Deixo para o leitor somar o valor numérico (*guematria*) do nome Léa.

(O valor numérico de Léa, לאה, é 36, igual ao número de velas de Chanucá, N. do T.)

* Comparar com os versículos:

בְּהִלּוֹ נֵרוֹ עֲלֵי רֹאשִׁי (*Yov* 29:3)

אִם אֶרְאֶה אוֹר כִּי יָהֵל (*ibid.* 31:26)

que as duas mitsvot de Chanucá – a vela do candelabro e o louvor de Halel – são duas faces da mesma essência.

A Presença Divina que resplandece do candelabro, desde a Luz da Torá que o candelabro simboliza, também resplandece na consciência do Halel. Essa é a razão pela qual Yossef deve ser incluído na Hodaá de Yehudá. Só a integridade do Tzadik permite a expressão incorruptível do indivíduo para o qual foi criado o mundo. Só o Tzadik proporciona os olhos que são capazes de expressar o Halel do conjunto da Criação, um Halel que expressa a Presença Divina.

A Or haGanuz, a Luz Oculta, se manifesta nas velas de Chanucá, nos tratados talmúdicos da Torá Oral, na Luz do Halel e na beleza do Tzadik: é o propósito de uma Criação feita de Luz.[29]

15.7 HALEL E GUEULÁ

A Luz de nosso Halel alimenta a vela do candelabro da Presença Divina e desemboca na Gueulá, redenção:

> Israel é comparado a uma oliveira ,"uma oliveira fresca, bonita, com belos frutos" (*Yirmiyahu* 11:16). Hashem é comparado com uma vela , "a vela de D'us" (*Mishlei* 20:27)

> Coloca-se azeite em uma lâmpada e, juntos, produzem luz. Do mesmo modo, Hashem disse a Israel: Porque Minha Luz é tua luz, e tua luz é Minha Luz, juntos, tu e Eu acenderemos a Luz de Tsión, como está escrito:

> "Despertai! Despertai! Tua luz chegou" (*Yeshayahu* 60:1)

> *Yalkult Shimoni, Yeshayahu 499*

(Yeshayahu 13:10) לֹא יָהֵלּוּ אוֹרָם

INTERLÚDIO

Aqui, descobrimos a rosa, o delicado equilíbrio do Tzadik e a condição humana neste mundo, e veremos como a síntese entre Yehudá e Yossef é tão essencial para a própria Criação.

Capítulo Dezesseis
UMA ROSA DELICADA

Os rostos dos *tzadikim* são semelhantes... a rosas.

Sifri, Devarim 10

Nos dias de Malchut Yavan costumava-se trazer coroas de rosas e colocá-las nas entradas das casas de culto idólatra e nas entradas das tendas...

Meguilat Taanit 2

UMA ROSA DELICADA

16.1 ÀS VEZES, OS BONS MORREM JOVENS

E Chanoch caminhou com D'us; e desapareceu, porque D'us o tomou.

Bereshit 5:24

Ele era um Tzadik, mas seria facilmente levado ao pecado, assim, D'us o levou rapidamente.[1]

Rashi

Meu amado desceu a Seu jardim... para colher rosas.

Shir haShirim 6:2

"Para colher rosas" – para levar os Tzadikim.

Shir haShirim Rabá 6:1

(Isso é semelhante a) um rei que caminhava em seu pomar. Viu umas rosas pequenas que tinham um aroma maravilhoso e ordenou: "Cortem-nas agora para que eu possa desfrutá-las antes que murchem".

Midrash haNe'elam, Maamar Chanoch

Chanoch, que simbolizava o chinuch do mundo,[2] vive no Jardim do Éden,[3] onde segue sendo o "jovem" perpétuo.[4] Mas o lugar no *olam hazé* para um indivíduo com essa categoria de *chen* tem um equilíbrio muito delicado, já que não há nada que se perca com maior facilidade do que o florescimento da juventude.

"Para colher rosas" – Quem são as rosas? Os Tzadikim!

Midrash haNe'elam Acharei Mot

A abertura e o *chen* do Tzadik fazem com que a posição que ocupa seja muito delicada, já que seu vínculo com o mundo é mais intenso e mais criativo. Seu grau de exposição ao mal é maior e por isso enfrenta um risco maior:[5]

Quanto maior é um indivíduo, maior é seu *yetzer hará*.

Sucá 52a

Além disso, o nível de um indivíduo assim faz com que até mesmo um pequeno erro implique na sua destruição. O que para muita gente poderia ser um ato louvável, para um grande homem constituiria um ato imperdoável:

De Tsión, beleza consumada, D'us apareceu...

...um fogo devora diante Dele, e Seus arredores muito turbulentos (נשערה, nis'ará).

Tehilim 50:2,3

Isso ensina que Hashem é rigoroso com os que estão perto Dele, meticuloso até a espessura de um cabelo (שערה, *se'ará*).

Yevamot 121b

A "perfeição da beleza" atrai a tempestade do rigor. Há uma grande diferença entre dizer "o mundo inteiro foi criado para mim"[6] e dizer "o mundo inteiro é meu". A diferença poderia parecer sutil, mas expressa a diferença que há entre um Yossef e um Essav. Para aqueles que estão no ambiente em que "Seus arredores são muito turbulentos", qualquer redução mínima na consciência de um grande homem, qualquer trivialidade, representa a destruição de "um mundo criado para mim".

A maior contradição possível com a universalidade contida no olhar de um Tzadik é a atitude de fechar em si mesmo. Rab Chayim Shmuelevitz, de abençoada memória,[7] costumava observar, com frequência, o quão sensível um Tzadik é aos efeitos do menor rastro de envolvimento em si mesmo:

E Shimshon (Sansão) chamou a D'us... Por favor, lembre-Se de mim, e, por favor, fortaleça-me apenas desta vez e deixe-me vingar os pelishtim (filisteus) por só um de meus olhos.

Shoftim 16:28

Shimshon disse a Hashem: "Senhor do universo! *Lembre-Se de mim*, dos vinte anos que julguei Israel, durante os quais nunca pedi a alguém nem sequer que me carregasse meu cajado".

Sotá 10a

Sobre isso, Rab Chayim disse: "Se Shimshon houvesse tomado para si próprio o menor favor que fosse, não poderia vingar seus olhos dos pelishtim".

Exatamente por causa de seu potencial, o Tzadik corre o risco de perder sua integridade.

Quando um Tzadik como Shaul deve servir como rei, o perigo que corre é ainda maior. No *chen*, há qualidades que carregam risco para a Malchut. A capacidade pessoal de expressão e o carisma – elementos inseparáveis do Tzadik[8] que interagem com o mundo – não podem ser a essência de uma Malchut que deve evitar o elemento pessoal:

Por que Yossef morreu antes[9] de seus irmãos? Porque agiu com a atitude própria da autoridade.

Berachot 55a

Também sua mãe, Rachel (de quem recebeu sua própria beleza) morreu jovem: na idade de trinta e seis[10], ל"ו.

16.2 A DOR DO POTENCIAL

E Chanoch caminhou com D'us; e desapareceu, porque D'us o tomou.

Bereshit 5:24

Seus lábios são rosas...

Shir haShirim 5:13

Este é o *talmid chacham* (sábio) especialista na Mishná.

Shir haShirim Rabá 5:18

Em quem se pode encontrar o guerreiro da Torá? Naquele que tem em sua mão montes e montes de

> Mishná. A si próprio, Rav Yossef aplicou o versículo: "...e muito grão através do poder do Touro" (*Mishlei* 14:4).
>
> (Porque Yossef era chamado "Touro" – *Tossafot*.)[11]

San'hedrin 42a

O poder de Yossef está na amplitude de sua consciência e de seu potencial. É por essa razão que aqueles que possuem a característica do Tzadik têm cuidado de manter todo o alcance de seu potencial: a *amplitude* de seu estudo é mais importante para eles que a análise, que é parte de uma infinidade de aplicações.

> (Yossef) costumava sussurrar constantemente (continuamente repassava o que havia aprendido para não esquecer – Rashi.)

Bereshit Rabá 86:5

Esse mesmo método encontrou sua expressão ao longo das gerações:

> Rav Yossef era um "Sinai" (aquele que organiza o material em sua mente, tal como havia sido dado no Sinai – Rashi).[12]
>
> Raba era um "destruidor de montanhas" (brilhante e analítico – Rashi).
>
> (Quando se precisou de um novo diretor para a *Yeshivá*) mandaram perguntar: Qual é melhor?
>
> (Os Sábios) responderam: "o Sinai, já que todos necessitam do dono do trigo" (alusão a Yossef e a Rav Yossef: "muito grão através do poder do Touro" – *Tossafot*).[13]
>
> Entretanto, Rav Yossef não quis aceitar o posto, e Raba se tornou rei (*Rosh Yeshivá*) durante vinte e dois anos.[14]

Horayot 14a

Esses dois enfoques do estudo correspondem às características de Yehudá e de Yossef. É por isso que esses dois enfoques também se refletem nas diferenças que há entre a Malchut de Yehudá e a Malchut de Yossef:

> De David, que "revelou sua *massechta*" (porção talmúdica), se disse: "Os que te temem me verão e se alegrarão" (*Tehilim* 119:74).
>
> De Shaul, que não "revelou sua massechta", se disse: "E para

onde se dirigia infligia castigos" (*Shmuel I*, 14:47). [15]

("Revelar a *massechta*": analisar e compreender até que se torne clara... capaz de emitir um parecer legal – Rashi.)[16]

Eruvin 53a

Como a Malchut, a Torá precisa da combinação do "poder do Touro" e de sua *bekiyut** junto com o método do rei David, que "revelou sua *massechta*" ao desenvolver o *pilpul*, a análise. A censura feita a Shaul revela um perigo adicional do Tzadik: sua negativa a arriscar o potencial nos limites do concreto.

Uma das concessões mais dolorosas e difíceis que um ser humano deve fazer à realidade consiste em compreender que, embora o potencial possa ser infinito, não há maneira de que possa ser expresso em todas as suas manifestações. A infância não conhece limites ao ensino, já que o futuro contém uma infinidade de alternativas. A inevitável mortalidade despacha, sem misericórdia, ao infinito, e por ele é necessário escolher, embora cada ato de escolha seja uma nova limitação e contribua para formar uma personalidade cada vez mais específica.

Cada um de nós possui uma capacidade potencial para viver vidas muito diferentes das que na realidade vivemos. Há indivíduos que se sentem frustrados porque nunca tiveram a oportunidade de desenvolver uma habilidade, um hobby ou uma atividade criativa que sempre foi um sonho para eles. Há alguns que não podem aceitar colocar limites para seu potencial dentro do específico, que seguem entrelaçando sonhos, mas os deixam sem realizar, que dão mais valor ao potencial que ao concreto. Entretanto, o potencial existiu antes da Criação! O único propósito do Homem consiste em ser capaz de atualizar o potencial por meio do exercício de sua vontade. O indivíduo que busca manter para sempre o potencial da juventude e não assumir nunca um compromisso, eventualmente perderá tudo, incluindo seu próprio *chen*. O Tzadik, o protetor do potencial e do *chen*, está particularmente exposto a isso:

E Shmuel disse a Shaul: "Quiça sejas pequeno em teus próprios olhos, mas és o cabeça das tribos de Israel".

Shmuel I 15:17

A Malchut constitui o rosto da nação, "o coração do rei é o coração

---

*   Conhecimento extenso e sistemático da Torá, especialmente do Talmud. O oposto é *pilpul*, análise em detalhe (N. do T.)

de todo Israel".[17] Malchut é o que permite às pessoas escolherem, e está baseada em um fundamento que contém o potencial de todas as escolhas feitas, um fundamento que deve estar associado com Malchut.

Tsión e Yossef são os depositários dos sonhos do povo de Israel, a encarnação de uma infância interior, uma infância destinada a viver de novo:

> Cada Tzadik... está destinado a retornar à infância... a possuir inclusive os corpos e os indícios da juventude, como está escrito... "Ainda frutificarão na velhice" (*Tehilim* 92:15).
>
> *Midrash Alfa Beta 63*

16.3 UM MUNDO DE FLORES

לַמְנַצֵּחַ עַל שֹׁשַׁנִּים לִבְנֵי קֹרַח מַשְׂכִּיל שִׁיר יְדִידֹת

> *Lamenatzeach (literalmente, "ao ganhador"): Sobre rosas, para os filhos de Corach... um canto de amor.*
>
> *Tehilim 45:1*

> (Isto é) como um rei que certa vez foi visitar uma região e toda a população saiu para recebê-lo e presenteá-lo com uma coroa de ouro coberto com todo tipo de joias e pedras preciosas. Mas quando foi dito às pessoas: "O rei só deseja uma coroa de rosas", todos se tranquilizaram.
>
> Aos filhos de Corach também lhes foi dito que trouxeram "montes de ouro". Mas Hashem disse: "Que vou fazer com o ouro? (...) Eu só lhes peço uma coisa: rosas".
>
> Os filhos de Corach disseram: "Nós somos rosas". Então, Hashem lhes disse: "Neste caso, vocês ganham!"
>
> *Midrash Tehilim 54:2*

Nosso destino no *olam hazé* (mundo material) consiste em nos imbuirmos do transitório, sermos tão delicados como uma rosa em seu fugaz instante de perfeição. A aflição provocada pelo *yetzer hará* é o propósito para o qual fomos criados; nossa dolorosa exposição a ele nos permite desenvolvermos para sermos nós mesmos.

E D'us viu tudo o que havia feito e que tudo era muito bom.

Bereshit 1:31

"Muito bom" – refere-se ao *yetzer hará*

Kohelet Rabá 3:16

O único bem que possuímos está ligado ao potencial para o mal, e quanto maior for o bem, maior é o mal potencial; não podem estar separados.

(Quando estabeleceram o Segundo Templo) disseram: "O que vamos fazer com o *yetzer hará*? Aniquilá-lo? Mas, então, destruiríamos o mundo! Rezar para que nos seja dado apenas a metade (o bem que implica)? No Céu, as coisas não são dadas pela metade".

Yoma 69b

O Mashiach descendente de Yossef está destinado a morrer jovem, aniquilado no processo de trazer a redenção.[18] Como Yossef, ele possui toda a qualidade transitória do potencial, uma transitoriedade que o povo de Israel tentou capturar em uma eternidade dourada[19] ao fazer o Bezerro (*éguel*) de Ouro:

Aí pastará o éguel...

Yeshayahu 27:11

"O *éguel*" – refere-se ao Mashiach descendente de Yossef.

Zôhar, Reaya Mehemena, Bamidbar 252a

E as lágrimas derramadas pela morte do *yetzer hará* são as mesmas vertidas pelo Mashiach descendente de Yossef:

E Eu derramarei sobre a casa de David...

um espírito de chen...

E verão que foi apunhalado e o lamentarão como a um filho único.

Toda a Terra o lamentará, cada família, e a família da Casa de

David...

Zechariá 12:10-12

Por quem estarão em luto?

Há quem diga que será pelo Mashiach descendente de Yossef, que havia sido morto.

Outros dizem que será pelo *yetzer hará*, que foi morto.

Sucá 52a

Toda a transitoriedade do *olam hazé*, um mundo feito unicamente para dar rosas ao Rei celestial, é a sorte com que se depara Yossef e seu Halel. De fato, dele se afirma:[20]

$$שֶׁקֶר הַחֵן וְהֶבֶל הַיֹּפִי$$

Vã (hevel) é a beleza.

Mishlei 31:30

(Rabi Elazar) disse: "Choro porque uma beleza como (a tua) deverá converter-se em poeira".

Rabi Yochanan disse-lhe: "*Isso* é algo digno por que chorar".

E choraram juntos.

Berachot 5b

A união completa do fundamento (*yessod*) e da Malchut, o potencial e o atual, encontra sua expressão na Presença Divina, que brilha do Candelabro, uma luz que inclui um fundamento e uma Malchut que nunca voltaram a ser separados.[21] É uma luz que através de trinta e seis velas de Chanucá brinda à esperança e à eternidade, a um mundo que sempre deve conter...

...trinta e seis Tzadikim que cada dia recebem o rosto da Presença Divina, como está escrito: "Felizes são os que esperam por Ele" (*Yeshayahu* 30:18).

"por Ele" (לוֹ) equivale a trinta e seis.

Sucá 45b

# A ROSA DE HOD

A síntese de Yehudá e Yossef não é apenas uma condição prévia para a Malchut, mas é uma condição fundamental para a realização da Criação. Chanucá é fundamental para uma síntese indescritível.

Só há um ingrediente adicional na Hodaá que temos deixado de lado, um ingrediente indispensável para Chanucá e para a Malchut:

> "Yehudá, teus irmãos *yoducha*": outorgam-lhe Hod, a glória da Malchut. "Hod" usado no sentido de glória e majestade com Malchut, como no caso de Daniel (*Daniel* 11:21) e de Shlomo (*Divre ha Yamim I*, 29:25).
>
> *Rashbam*[22]

Aqui, *Rashbam* nota a presença de outro elemento na raiz de Hodaá (יד"ה): Hod ou glória.[23] Esse aspecto adicional de Hodaá demonstrará ser a chave para o descobrimento de Léa e para compreender a relação de Chanucá com Hodaá.

> Hod é uma rosa vermelha...
>
> *Zôhar, Reaya Mehemena, Bamidbar 223b*

Terceiro Livro

LEVI E HOD

Aqui descobrimos que se atinge a síntese graças à característica distintiva da tribo de Levi – Hod – e que as forças que outorgaram a vitória aos chashmonaim *(chasmoneus) sobre Yavan foram as mesmas que são necessárias para reparar a ruptura e curar os ciúmes que são o posto da* kanaut *autêntica.*

Capítulo Dezessete
LEVI

הִנֵּה מַה טּוֹב וּמַה נָּעִים שֶׁבֶת אַחִים גַּם יָחַד: כַּשֶּׁמֶן הַטּוֹב עַל הָרֹאשׁ יֹרֵד עַל הַזָּקָן זְקַן אַהֲרֹן... טַל חֶרְמוֹן שֶׁיֹּרֵד עַל הַרְרֵי צִיּוֹן כִּי שָׁם צִוָּה ה' אֶת הַבְּרָכָה חַיִּים עַד הָעוֹלָם

Eis, como é bom e como é agradável a morada de irmãos em união. Como o óleo precioso sobre a cabeça escorrendo sobre a barba, a barba de Aharon... Como o orvalho do Chermon descendo sobre as montanhas de Tsión, pois ali o Senhor ordenou a bênção. Que ali exista vida para sempre!

Tehilim 133

"A morada de irmãos em unidade..." Israel disse a Hashem: "Se só Tu és para nós como Moshe e Aharon, que sentiam amor e afeto entre si!"

Midrash Tanchuma, Shemot 27

Hod é a porção destinada a Aharon.

Zôhar, Shemot 266b

LEVI

17.1 FRATERNIDADE

> Se apenas tu fosses como um irmão para mim... te encontraria lá fora e te beijaria...
>
> *Shir haShirim 8:1*

> "Se apenas tu fosses como um irmão para mim..." A que irmão poderia se referir este versículo? Talvez Caim? (Não,) ele matou seu irmão.
>
> Ishmael? Ele odiava seu irmão.
>
> Essav? Ele conspirou para assassinar seu irmão.
>
> Aos irmãos de Yossef? Eles o odiavam!
>
> (O versículo continua:) "...te encontraria lá fora e te beijaria". Ao que pode se referir "lá fora"? Ao deserto, o lugar onde os irmãos se beijaram.
>
> Refere-se a Moshe e Aharon!
>
> *Shemot Rabá 5:1*

Moshe e Aharon, a máxima expressão de *Shevet Levi*, a tribo de Levi, realizaram algo que mudou a longa e amarga história de ódio fraternal e dissidência. Se a Galut Yavan foi a expressão de uma ruptura entre Yossef e seus irmãos, não deveria surpreender que a restauração provocada por Chanucá seja obra da tribo de Levi, e que isso seja parte da bênção que o próprio Moshe deu a essa tribo:

> Moshe opôs a tribo de Levi contra a Malchut Yavan... e os muitos de Yavan caíram diante dos poucos de Levi, graças ao mérito da bênção de Moshe a Levi: "Demole os músculos dos

que se levantam contra ele e dos que o odeiam, para que já não se levantem" (*Devarim* 33:11)

Bereshit Rabá 99:2

No passado, o ciúme conduziu à Galut uma e outra vez, e, em cada geração, continua provocando o derramamento de sangue judeu como expiação pela venda de Yossef.[1] Moshe e Aharon, contudo, não foram ciumentos jamais: relacionaram-se como outros irmãos nunca haviam feito antes:

> Todos os irmãos se odiaram entre si até Moshe e Aharon... Quando Moshe se tornou rei e Aharon *Cohen Gadol*... cada um estava contente com o sucesso alcançado pelo outro. Quando Moshe ficou em dúvida em aceitar sua missão, era porque não queria que Aharon se sentisse magoado. Então, Hashem disse a Moshe: "Não apenas não ficará magoado, mas se alegrará. E não apenas se mostrará contente externamente, como 'o verá e se alegrará em seu coração!'" (*Shemot* 4:14).

Midrash Tanchuma, Shemot 27

Os traços distintos dessa tribo se converteram na norma de conduta para todo Israel, e Aharon, no paradigma por colocar isso em prática:

> Seja dos discípulos de Aharon, que ama a paz, procura a paz, ama as pessoas e as aproxima da Torá.

Avot 1:12

Mas Levi era uma tribo que tinha uma história de violência, cuja bênção outorgada por Moshe parecia refletir uma atitude guerreira e uma tendência impiedosa. E o pior, a importância que Levi tem em Israel se deriva de sua vontade resoluta de aplicar castigo.

17.2 AS PESSOAS QUE PROVOCARAM O OCORRIDO EM SHECHEM

Moshe parou à entrada do acampamento e anunciou:

"Quem é pelo Eterno, que venha comigo!"

Todos os filhos de Levi se juntaram em torno dele. Ele lhes disse: "... que cada homem cinja sua espada e vá de porta em porta no acampamento. Que cada um mate até seu próprio irmão, seu amigo ou parente".

(...) Em torno de três mil pessoas morreram neste dia.

Shemot 32:26-28

Hashem disse a Moshe: "Eles se aproximaram de Mim; Eu os aproximei a Mim: "E os leviim serão Meus" (*Bamidbar* 3:12).

Bamidbar Rabá 1:12

A reação da tribo de Levi diante dos adoradores do Bezerro foi uma continuação da reação que seu antepassado, Levi, teve diante de Yossef. Eles viram no Bezerro uma prova concreta e uma justificativa de suas suspeitas proféticas de Levi referentes ao resultado final da visão e dos sonhos de Yossef.[*] Junto com Shimon,[2] Levi foi um dos que encabeçaram o ataque contra Yossef. Como pode essa tribo ser o símbolo da paz, amor e harmonia fraterna dentro do povo de Israel? Por que eles haveriam de herdar, graças a uma atitude de zelo, uma posição que, para sempre, representaria o amor e a tolerância: o *Keter Kehuná*, a Coroa do Sacerdócio?

A qualidade de Levi parece tudo menos pacífica em outro acontecimento fundamental. Como seu avô Aharon, Pinchas obteve seu sacerdócio graças ao zelo que demonstrou:

(Zimri, príncipe da tribo de Shimon)... trouxe uma mulher de Midian diante dos olhos de Moshe e de toda a assembleia dos filhos de Israel... Pinchas, filho de Elazar, filho de Aharon, o Cohen, viu e se levantou dentre a assembleia e tomou uma lança em sua mão. Seguiu o homem israelita na tenda e cravou

---

[*]   Veja capítulo 4.3.

a ambos com sua lança, atravessando o homem israelita e a mulher em seu ventre.

E o Eterno disse a Moshe: "Diga que Eu outorgo... uma aliança de sacerdócio perpétuo a ele e a seus descendentes depois dele".

Bamidbar 25:6-9, 12-13

A rebelião de Chanucá era uma tentativa consciente, por parte dos *chashmonaim* para emular o espírito combativo de sua tribo, como Pinchas o havia expressado:

O pai deles (Matitiyahu, o Cohen) os abençoou e disse... "Elazar, meu filho, seja como Pinchas, filho de Elazar, que agiu com zelo por nosso D'us e salvou Israel".

Meguilat Antiocos

Que combinação mais incomum! Uma tribo que, por um lado, simboliza a paz e a realização final de amor fraternal, mas que, ao mesmo tempo, parece ser a mais feroz e zelosa. Há uma qualidade essencial em Levi, no fundo, um princípio único que possibilita que a tribo que tomou a iniciativa da vingança contra Shechem seja a mesma que conserte a ruptura da Galut Yavan, bem como as raízes dela nos zelos dos demais.

Capítulo Dezoito
OS ZELOSOS E OS APAIXONADOS

Hashem se vestiu com sete trocas de roupa...

Uma foi por Yavan: "Ele está revestido de zelo (*kin'á*) como um manto" (*Yeshayahu* 59:17). Do mesmo modo, os *chashmonaim* (chasmoneus) se vestiram com vestes de zelo (paixão).

Yalkut Shimoni 83:847

OS ZELOSOS E OS APAIXONADOS

18.1 UMA LINHA MUITO FINA

> Shim'on e Levi são irmãos; instrumentos de violência
> com suas armas...
>
> *Bereshit* 49:5
>
> Porque sempre compartilharam as mesmas ideias,
> Yaakov falou como a um só.
>
> *Chizkuni*

O "par de irmãos" compartilharam um mesmo propósito quando chegaram a Shechem para resgatar Diná:[1] ambos lutaram contra a luxúria e a imoralidade sexual, castigando a cidade de Shechem pela violência cometida contra Diná.

Contudo, nos dias de Pinchas, ambas as tribos se tornaram imagens opostas entre si. Foi Zimri, o líder e príncipe da tribo de Shim'on, apoiado pelos demais membros de sua tribo, quem procurou sancionar a promiscuidade sexual com as mulheres de Moav. Nesse incidente, a tribo[2] de Shim'on perdeu vinte e quatro mil homens,[3] e foi Pinchas, descendente de Levi, quem aniquilou Zimri, enquanto este pecava.

> De Zimri, se disse: "O que ultrapassa a barreira, será mordido
> por uma serpente" (*Kohelet* 10:8). Seu ancestral havia agido
> com zelo contra a luxúria em Shechem, mas ele ultrapassou a
> barreira que seu próprio ancestral havia edificado.
>
> *Bamidbar Rabá 21:3*

Pinchas era um homem zeloso, (legítimo) descendente de um homem zeloso (Levi, que zelou por Diná – Rashi).

San'hedrin 82b

Como é possível que dois irmãos tão parecidos, repentina e dolorosamente, tenham podido adotar caminhos tão divergentes, um deles chegando a se converter em uma caricatura de sua personalidade inicial? Apenas cruzando uma linha muito fina.

A chave está em uma palavra curiosa: *kiná*, que na Língua Sagrada significa tanto "zelar" como "sentir ciúme".[*] Um cético, quiçá observaria que os que zelam, com frequência, sentem ciúme. E entre as nações do mundo certamente há uma linha muito fina – ou mesmo nenhuma – que separa ambas atitudes, entre os que realmente "lutam as batalhas de Hashem" e os que, inconscientemente, desejariam ter o mesmo grau de libertinagem para pecar como aqueles contra os quais combatem.

Na Torá, não há lugar para brincadeiras sobre a natureza sagrada e o poder de *kanaut*, zelar. E tampouco há desculpas para a insensatez e o perigo de *kiná*, ter ciúme, que foi o que trouxe a morte ao mundo.[4] Entretanto, parece que compartilham a mesma raiz.

Se há um sentido na origem entre zelar e ter ciúme, então, Pinchas constitui um marco na história a esse respeito. O comportamento similar de Shim'on e Levi em Shechem, que gerou a raiva de Yaakov, divergiu depois de muitos anos. Um seguiu o caminho de ser zeloso[5] e o outro, o de ser apaixonado.

O mais curioso de tudo é que a destruição causada pelo ciúme parece que, finalmente, é reparada por meio de seu conceito gêmeo: a paixão.

---

[*] Para explicar o duplo significado de *kiná* em hebraico, o autor utiliza as palavras inglesas "zealous" e "jealous". A primeira refere-se a uma atitude passional que se sente por algo ou por alguém; a segunda, um sentimento de desconfiança (*receio*) que se sente diante de alguém ou algo amado, geralmente motivado por insegurança pessoal. Em português, o substantivo "zelo" segue como o inglês, "zealous", possui a conotação de cuidar de algo ou alguém de que se gosta. Já "ciúme", como o inglês, denota um "receio de que alguém sente de que qualquer afeto ou bem que desfrute ou queira desfrutar, acabe sendo conquistado por outro". (N.da T.)

18.2 O APAIXONADO CURA O CIUMENTO

> "D'us também me deu este", e ela o chamou Shim'on.
>
> *Bereshit* 29:33

> Ela o chamou Shim'on... Ele estava destinado a gerar um inimigo (*sonê*). E quem curará sua ferida?
>
> "D'us *também* me deu este" – Pinchas, que descenderia de Levi.
>
> *Bereshit Rabá* 71:4

Desde o nascimento de Shim'on, sua mãe havia vislumbrado o momento em que Levi curaria o dano causado por Shim'on. Não lutar, esmagar ou derrotar, mas sim, *curar*. Pinchas consegue fazer isso por meio de sua paixão.

> *Pinchas, filho de Elazar, Filho de Aharon, o Cohen, retirou Minha cólera dos Filhos de Israel ao levar zelosamente Meu próprio zelo no meio deles, e não consumi os Filhos de Israel em Meu zelo.*
>
> *Bamidbar* 25:11

Pinchas era apaixonado e diligente, e por meio dessa qualidade, ganhou uma *kehuná* (sacerdócio) especial: converteu-se no *mashuach milchama*, o Cohen ungido para falar ao exército antes de sair para a guerra. Analisando-o com atenção, não parece ser um sujeito particularmente pacífico.

Entretanto, a Torá descreve o vínculo especial que ganhou com um *brit shalom*, um "pacto de paz", uma condição sacerdotal similar à de Aharon, o amante da paz:

> *Assim, diga-lhe: "Eis aqui que Eu o outorgo Meu pacto de paz".*
>
> *Bamidbar* 25:12

O "pacto de paz" implica que Pinchas estava longe de ser um tipo com caráter bélico: implica que Pinchas realmente cura as rupturas causadas pelo ciúme. Também implica que a paixão não apenas contrapõe ao ciúme, mas também é a antítese dele.

Pinchas somente ganhou a *kehuná* quando contribuiu com a paz entre as tribos.

Zevachim 101b

Pinchas também contribuiu para uma paz mais profunda: a felicidade da Malchut de Mashiach.

18.3 PINCHAS, YOSSEF E O MASHIACH

הִנֵּה אָנֹכִי שֹׁלֵחַ לָכֶם אֵת אֵלִיָּה הַנָּבִיא... וְהֵשִׁיב
לֵב אָבוֹת עַל בָּנִים וְלֵב בָּנִים עַל אֲבוֹתָם

Eis aqui que Eu envio a vocês o profeta Eliahu... e ele voltará o coração dos pais através dos filhos, e o coração dos filhos através dos pais...

Malachi 3:23-24

O profeta Eliahu é Pinchas.[7]

Midrash Shochar Tov 63:3
Pirkê d'Rabi Eliezer 28:46

Pinchas se torna um personagem que simboliza a cura da ruptura que deve ocorrer antes da redenção final: o profeta Eliahu.

Alegremo-nos... com o profeta Eliahu, Teu servo, e na Malchut de David, Teu Mashiach.

Bênçãos da Haftará, *Sidur*

Isso significa que Pinchas enfrenta os problemas que conduziram à cisão. Ele cura a dor de Shechem, transformando os perigosos ciúmes de Levi em sua contraparte, a paixão. Ele provê a reparação necessária para que Chanucá tenha lugar e faça a paz entre os irmãos em conflito.

Já vimos que[8] os Cohanim que formavam parte dos *chashmonaim* (chasmoneus) iniciaram, por meio de Chanucá, a reparação da ruptura entre os irmãos, reparação que conduz a Mashiach. Entretanto, não suspeitamos que o próprio instrumento que usaram para destruir Yavan – seu próprio zelo comprometido – também foi a chave para reparar a cisão que conduziu a Chanucá, em primeira instância. Os Cohanim de Chanucá "se vestiram com vestes de zelo",[9] o mesmo que fez Pinchas... e eles eram descendentes de Pinchas, o Cohen.[10]

Assim, Pinchas também deve lidar com as raízes da cisão que desembocou em Chanucá: a venda de Yossef. De fato, Pinchas inclusive incorpora Yossef, junto com seu poder, à tribo de Levi:

Pinchas era descendente de Yossef (por parte de mãe).

Baba Batra 109b

Não foi sem razão que Pinchas foi à guerra (contra Midian): foi para se vingar da venda de seu avô (Yossef), como está escrito: "Os midianitas venderam (Yossef) para Mitsraim" (*Bereshit* 37:36)

Sotá 43a

Pinchas possuía o *chen* de seu avô Yossef,[11] e está ligado à raiz das maravilhas e milagres:

Se alguém vê Pinchas em um sonho, (isso significa que) se farão maravilhas por ele.

Berachot 56b

A entrega de Pinchas, sua disposição a sacrificar tudo, constitui a fonte dos milagres.

18.4 O ZELO E OS MILAGRES

Rav Papa perguntou a Abaye: "Por que ocorreram milagres às gerações anteriores, mas não a nós... ainda que nós estudemos mais Torá que eles?"

Ele respondeu: "Porque as gerações anteriores se sacrificaram por causa da Santidade do Nome (Divino), enquanto nós não nos santificamos em nome da Santidade do Nome".

Berachot 20a

A virtude da entrega de si mesmo, de estar disposto a dar tudo por *kidush Hashem*, a santificação do Nome de D'us, leva à categoria de milagres que ocorreram por Pinchas e seus descendentes, os *chashmonaim*.

A história judaica está repleta de mártires, e por eles o Talmud não carece de exemplos para ilustrar o espírito de sacrifício das gerações antigas. Contudo, causa espanto que o Talmud tenha escolhido como exemplo o seguinte episódio:

> Como Rav Ada bar Ahava, que em certa vez viu uma mulher gentil que tinha posto um vestido vermelho (sem modéstia). Pensando que a mulher fosse judia, ele se levantou e o arrancou! Mas ela não era judia e lhe foi imposta uma multa de quatrocentos *zuz*.[12]

> *Berachot* 20a

Como um homem que tenha levado uma multa de quatrocentos *zuz* explica por que ocorreram milagres nas gerações anteriores? Parece incrível que os Sábios talmúdicos tenham escolhido esse episódio como exemplo de zelo para uma nação que entre seus anais históricos conta com mártires como Rabi Akiva e Rabi Chanania ben Teradion, junto com outros milhares de heróis anônimos que deram suas vidas em prol de preservar o cumprimento e o estudo da Torá. É evidente que a singular qualidade de *messirut nefesh*, entregar a vida, que os Sábios viram como a origem dos milagres, é muito diferente do martírio.

18.5 SEM PERMISSÃO

> Se uma pessoa vem para perguntar (à Corte se lhe é permitido demonstrar zelo – Rashi) não a permitimos. Além disso... se Zimri houvesse se voltado e matado Pinchas, não seria culpado (de assassinato), já que Pinchas o estava perseguindo como alguém com intenções homicidas.

> *San'hedrin* 82a

> Pois a própria norma só se aplica a alguém que age por iniciativa própria, sem perguntar.

> *Rashi*

A Torá delimitou áreas[13] em que a retidão moral de um ato depende das reações e das motivações de quem o realiza; são as áreas próprias de *kanaut*, zelar. A essência do ato executado com zelo consiste no feito que requer que alguém, voluntariamente, arrisque sua vida; para tal ato, não pode haver permissão alguma do *Bet Din* (Corte de Justiça) ou da sociedade. Certamente, Pinchas não recebeu a bênção de ninguém pelo que fez:

Os membros da tribo de Shim'on tentaram matá-lo...

Bamidbar Rabá 20:25

Os anjos celestiais tentaram afastá-lo...

San'hedrin 82b

Quiseram bani-lo...

Talmud Yerushalmi, San'hedrin 9:7

O povo o vaiou...

Sotá 43a

Assim como Pinchas, Rav Ada bar Ahava estava disposto a se arriscar, confiando em seu próprio juízo da situação e agindo de um modo que não seria aprovado por ninguém. Essa é a forma especial de "entregar a vida" que expressa a integridade pura de agir com zelo, a *messirut nefesh*, que em certas circunstâncias até define o comportamento ético.

O homem que age com zelo é o indivíduo por excelência, e se nutre das raízes de Yossef o Tzadik. Ele leva ao extremo o ato de *hidur mitzva*, "embelezar a mitzva", ao criar não apenas a beleza da mitzva, mas também sua adequação ética. O fato de que ele está disposto a expressar o quanto se importa com as coisas através de sua ação – a qual a Torá deixa a seu próprio critério – determina o valor do ato, não apenas seu sentido estético. O próprio ato se torna belo como expressão particular do cuidado que o indivíduo sente diante de um mundo destinado a ele. Trata-se de um ato que, como o próprio Tzadik, converte-se em uma manifestação da Luz Oculta:

Porque agiu com zelo em nome do *brit* (Pacto), Pinchas foi unido à Luz Primordial, que Hashem havia criado e ocultado...

Zôhar, Bamidbar 225b

18.6 OS MEIOS JUSTIFICAM O FIM

> Naquele momento, foram realizados seis milagres por Pinchas... [14]

Da mesma maneira que quando planejamos não levamos em consideração a possibilidade de um milagre, não havia nenhuma expectativa racional de que Pinchas atingisse o seu propósito.[15] E tampouco houve qualquer esperança real de êxito na pequena rebelião orquestrada pelos *chashmonaim*. A luz que brilha em Chanucá – as trinta e seis velas que correspondem à Luz Oculta de trinta e seis horas – é a mesma luz que brilhou para Pinchas. É a luz da expressão pura da Criação e de seu propósito.

O êxito em um empreendimento não tem nada a ver com o propósito da Criação. Apenas os *atos* dos Tzadikim e não os resultados dos atos constituem a expressão da Luz Oculta.[16] É a luz da Presença Divina que brilha do Candelabro; a Presença Divina que voltou no primeiro Chanucá e que a cada ano regressa "no momento designado". Pois a Presença Divina apenas pode residir entre nós graças à nossa aceitação da liberdade e da necessidade de nossos próprios atos.

Chanucá é a verdadeira *Chanucát haMishkan*, "inauguração do Tabernáculo", a reivindicação do estouro original de criatividade no deserto do Sinai. Sobre o momento da inauguração original do Tabernáculo, quando o povo de Israel dedicou-se ao Tabernáculo e a tudo ligado a ele, é dito que:

> *E Moshe viu todo o trabalho criativo... e Moshe os abençoou.*
>
> *Shemot* 39:43

O que foi que Moshe lhes disse? Disse:

"Que a beleza do Eterno, nosso D'us, esteja sobre nós, e estabeleça para nós a obra de nossas mãos. Que estabeleça a obra de nossas mãos!" (*Tehilim* 90:17)

(Moshe) lhes disse: "Que a Presença Divina resida dentro dos atos de vocês!"

> *Bamidbar Rabá* 12:9

Para os que agem com diligência e zelo no mundo, o que conta é a reação diante de uma determinada situação – a resposta pessoal –, não o que realmente ocorre. Pois o único propósito da Criação é que o homem *aja*, conforme a sua visão e compreensão pessoais. Essa é a luz de Adam que se expressa no candelabro.[17]

Não cabe a ti concluir a obra, mas tampouco és livre para eximir-te de responsabilidade sobre ela.

Avot 2:21

Para o homem, cujo zelo é verdadeiro, os meios justificam o fim, sem que importe o que finalmente ocorra.

18.7 HALEL ANTES DO MILAGRE

Os profetas instituíram para Israel que recitassem este Halel em qualquer circunstância difícil e em qualquer dor (que nunca ocorra!), e quando são salvos o dizem por sua salvação.

Pessachim 117a

Recitar o Halel em "qualquer circunstância difícil", não apenas quando somos salvos?[18] Isso é exatamente o que o Talmud esclarece:

Yehoshua recitou Halel quando enfrentou os reis de Kenaan.

Dvora e Barak o disseram quando enfrentaram Sisserá.

(O rei) Chizkiyahu... o disse quando Sancheriv o atacou.

(...) Eles disseram: "Não por nós, não por nós" (*Tehilim* 115:1).

E a Presença Divina lhes respondeu: "Por Mim, por Mim o farei" (*Yeshayahu* 48:11).

Pessachim

Halel constitui a expressão de júbilo ante uma oportunidade, a expressão da luz gerada por nosso compromisso total com o momento, de nossa carência de medo pelos resultados, da relação implícita em nossa consciência de atuar "pela Presença Divina".

Ao indivíduo que depende de um milagre não lhe é permitido experimentar dizê-lo.[19] Só a disposição total de seguir adiante sem importar as consequências é o que gera o tipo de relação que conduz a milagres como algo natural: "Por Mim". Para Israel, Hodaá não é apenas a resposta a um milagre: o milagre é a resposta à Hodaá![20] Os meios justificam o fim.

Essa perspectiva do zelo que encorajou os chashmonaim e da luz de Chanucá constitui um passo a mais em direção à compreensão verdadeira do significado de Hodaá.

18.8 MODIM D'RABANAN

> Enquanto o chazan diz *Modim* (a oração de Hodaá), o que deve dizer a congregação? Rav disse: "Somos *modê* a Ti,[21] Eterno, D'us nosso, que somos *modê* a Ti".

מודים אנחנו לך... על שאנחנו מודים לך

Sotá 40a

Muitas têm sido as frases agregadas a essa oração inusual que na verdade se chama *Modim d'Rabanan*, o "Modim dos Rabinos". Mas todas começam e terminam do mesmo modo, compartilhando da mesma estrutura singular que carrega a mesma ideia: somos *modê* a Ti porque somos *modê* a Ti.

A Hodaá mais profunda é por aquilo que é verdadeiramente e completamente meu, por aquilo que está mais além do que qualquer um poderia ter. E só há uma coisa em todo o universo que realmente é minha: minha Hodaá, meu próprio modo especial de valorizar as coisas, minhas respostas pessoais. A isso se refere o *hidur*, a beleza das mitsvot, que eu realizo de modo particular, que só eu sou capaz de realizar. Entretanto, mais do que qualquer outra coisa se expressa em atos que são puro *hidur*: os atos de *kanaut*. A consciência mais poderosa da realidade, o aspecto mais avassalador do louvor e a percepção que constituem a Hodaá é a consciência de ter a oportunidade da própria Hodaá. Essa é a Hodaá da existência, a Hodaá da Luz Oculta.

Para alguém que tem essa Hodaá, a vida é uma série de oportunidades ilimitadas. Nunca será necessário que se preocupe pelo que será alcançado, já que isso nunca está em nossas mãos. Apenas para determinar a resposta mais efetiva é que devemos olhar a probabilidade de que ocorra esse ou aquele resultado. A única coisa que importa é que o universo inteiro existe para me dar a oportunidade de agir de um modo único. Um mundo criado para mim.[22]

Chanucá foi essa oportunidade; Pinchas teve essa oportunidade; a Criação inteira é essa oportunidade para aquele que deseja ser um Homem verdadeiro. Essa luz sempre brilhará, como a luz de Chanucá. Todos os *moadim*,[23] tudo o que foi *dado* poderá desaparecer, já que o único propósito verdadeiro da Criação é por aquilo que *não* foi dado, por aquilo que o ser humano deve conseguir por si mesmo. E é por haver recebido "mais do que me foi dado" que se diz Hodaá, uma Hodaá que nunca será anulada.[24]

Não há uma luz maior do que a glória da Luz de todo o potencial, oculta de nós até o momento em que se cumprirá o potencial.

Capítulo Dezenove

O RESPLENDOR DA GLÓRIA

וִיהִי כַזַּיִת הוֹדוֹ

Seu Hod *será como a oliva...*

Hoshea 14:7

De "Glória" (*Hod*) provém a retificação da Galut, e junto com ela vem a tribo de Efraim.

Zôhar, Bereshit 26b

O RESPLENDOR DA GLÓRIA

19.1 DEFINIÇÕES DO DICIONÁRIO

> *Hod* (Glória) é o oitavo atributo: corresponde a Chanucá, que tem oito dias.
>
> *Tikunê Zôhar 13*

Estamos a ponto de descobrir que toda a luta entre Israel e Yavan, toda a dor causada pela Galut Yavan, gira em torno de um só problema: a definição de Hod. Apenas um Chanucá de Hod seria capaz de terminar com a Galut Yavan e expressar a vitória de Israel.

Geralmente se traduz Hod como "Glória", e, de fato, essa palavra é bastante exata, já que engloba os vários aspectos de Chanucá, tal como temos analisado. Essas são algumas das definições que o dicionário dá a essa palavra:

glória *s. f.*

|| louvor, honra ou distinção: renome

|| elogio religioso, ação de graças (*dar glória a D'us*)

|| resplandecimento (*a glória que foi a Grécia*)

|| algo que se distingue por sua beleza

|| felicidade santa celestial: ETERNIDADE

|| um estado de grande satisfação (*em sua glória*)

|| o auge de uma realização

|| uma areia ou ponto de luz

glorificar *v. i.*

|| regozijar-se com orgulho

Webster's New Colligiate Dictionary[1]

Vejamos um enunciado como exemplo:

> Durante Chanucá damos glória a D'us pela destruição da glória que foi a Grécia, substituindo-a pela glória do Tzadik, que foi expressa pelos *chashmonaim* em seu momento de maior glória. A glória que eles ganharam nunca morrerá, e nós nos glorificamos nela para sempre.

A combinação dos conceitos de beleza, louvor, autoexpressão, realização pessoal, Halel e luz é verdadeiramente impressionante. Pois a Glória – Hod – é a oportunidade para sermos nós mesmos do modo mais belo, e o louvor e agradecimento são a expressão mais profunda de uma oportunidade que resplandece com os reflexos da Luz Oculta. Hod é a palavra perfeita para descrever o resultado de agir com *kanaut*.

Nada é mais individual e pessoal do que Hod. Às vezes, a Glória é obtida em um momento – ou em toda uma vida – de clara dedicação a algo, vencendo todos os obstáculos. É a disposição para morrer ou, o que às vezes é mais difícil ainda, a disposição de viver sob qualquer condição por causa daquilo que, verdadeiramente, forma a base da existência pessoal. A Glória é a expressão valente daquilo que mais importa a um indivíduo. Quando presenciamos um momento de glória, tudo o que sempre poderíamos ter pensado sobre um indivíduo pode mudar completamente.[2] De repente, o vemos como alguém totalmente vivo, separado e insubstituível, que possui uma vontade transcendente. Chanucá era esse momento de coragem na vida da tribo de Levi e na de todo o povo de Israel.

A glória de Chanucá não é o resultado da vitória sobre Yavan; é a origem dessa vitória. Não é o resultado da vitória sobre os judeus helenizados e sobre a ideologia de *minut*; é a origem dessa vitória.

Hod é a antítese de *minut*. Pois Hod faz com que se torne impossível mesquinhez que vem do envolvimento em si mesmo; não dá lugar para o fanatismo, a intolerância e a limitação de visões próprias do ódio e do ciúme. Hod é o retorno do amor e do compromisso expresso em uma atitude de *kanaut*, que é a imagem oposta do sentimento de *kin'á*.

19.2 FANATISMO VS. *KANAUT*

Embora os dois significados que a palavra *kin'á* possui estejam intimamente relacionados entre si, são totalmente opostos. Alguém pode estar zeloso do que verdadeiramente lhe pertence e preservá-lo de qualquer tipo de violação; essa é a atitude zelosa em uma relação, que a preserva da infidelidade. Mas alguém também poderia estar zeloso de algo no sentido de ter inveja, de considerar que tudo está *destinado* a ser propriedade sua. A primeira é a atitude que se deriva do Tzadik, "cujo dinheiro é mais valioso para ele que seu próprio corpo".[3] Seu corpo é algo já dado; seu dinheiro, por outro lado, é algo que ele ganha por si mesmo e, portanto, é mais valioso para ele. A segunda atitude é a inveja de Essav, cujos olhos nunca estão satisfeitos. Esses dois significados de *kin'á* são opostos que expressam características pessoais e visões de mundo divergentes.

A característica que mais se destaca em Pinchas e naqueles que realmente seguem uma autêntica vida de *kanaut* é o amor pela paz: são membros de um *brit shalom*, de um pacto de paz. Para um indivíduo assim, a única coisa que importa é sua própria resposta a uma oportunidade que se apresenta em um mundo que foi criado para que ele exerça seus atos. Ele nunca pensaria que ele dirige o mundo ou que D'us será incapaz de fazê-lo sem sua intervenção. Agradece a oportunidade que lhe foi dada de responder. Seu zelo é realmente kanaut: uma preocupação zelosa e apaixonada em preservar uma visão que é totalmente sua, sua própria percepção do que o mundo é.

Cada indivíduo possui uma visão particular do que constitui seu mundo e de quais são as oportunidades que há nele. Cada indivíduo adquire um nível de Hod proporcional à realidade de sua visão. O maior Hod que existe está ao alcance daquele cujo entendimento e preocupação altruísta englobam o mundo inteiro, já que é ele quem se expressa na totalidade da Criação. Esse é o Hod da Presença Divina, que brilha nas velas de Chanucá, um tributo à relação total de Adam com o Criador. E esse também é o Hod pessoal daquele que está disposto a arriscar sua vida inteira em nome da sobrevivência do mundo caro a essa visão.

Só em Chanucá pudemos ser elevados tão altos para entender a *messirut nefesh*, a autoentrega, como é na realidade: não uma necessidade de se render por D'us, mas uma oportunidade de sermos nós mesmos, de compartilhar com Ele tudo aquilo que amamos conjuntamente:

Pinchas, filho de Elazar... zelou Meu próprio zelo...

Bamidbar 25:11

Estava irado do mesmo modo que Eu deveria estar irado.

Rashi

Isso se manifesta na tefilá especial de Chanucá, que expressa nossa Hodaá:

Tu travaste as batalhas deles...

Tu lutaste as lutas deles...

Tu executaste a vingança deles...

Tefilá "*Al Hanissim*"

Incrível! Deixamos tudo de lado a fim de que os mandamentos de D'us sejam realizados tal como Ele quer e essa é *nossa* batalha? Lutamos contra todo o Império Grego para que Seu Templo pudesse funcionar e essa é *nossa* luta? Arriscamos a vida de nossos filhos a fim de destruir os inimigos da Torá e essa é *nossa* vingança?

Nisso é o que exatamente consiste Chanucá. Os invejosos sempre lutam "as batalhas do Senhor". Mas os que realmente têm zelo sempre lutam uma batalha que é sua. Ao descobrir que a batalha pessoal era tão real que nela compartilhamos os próprios interesses de D'us, sentimo-nos impulsionados a instituir a celebração de Chanucá. Chanucá é o que possibilita a Israel evitar o terrível ódio e a destruição que vêm dos invejosamente zelosos.

Kanaut é um ato de amor verdadeiro, cujo único propósito consiste em reforçar o vínculo entre D'us e o homem, não esmagar seus opositores. Sua meta é expressar a relação íntima que constitui a Luz da Presença Divina.

Só há *kanaut* a partir do amor.

Zôhar, Vayikrá 54b

Entretanto, ainda que compartilhem do mesmo nome, os *kanaim* que causaram a destruição do Templo[4] derivam do outo aspecto do zelo: da necessidade de controlar o que não é seu. Eles não contemplaram o mundo como um campo de possibilidades, mas sim, como objeto que deveria ser seu e que precisava ser regido com sua ajuda e conforme a sua imagem.

Eles não quiseram escutar os Sábios, já que sua *kin'á* era o zelo do fanatismo egoísta, da necessidade de refazer o mundo e mantê-lo para eles mesmos. Esse tipo de atitude zelosa era duplamente perigosa porque se revestia com o traje de uma atitude devota imaginária. Nesse tipo de fanatismo, o indivíduo acha que qualquer outro ser humano é uma ameaça, já que, para ele, o que conta são os resultados e o controle que ele exerce, não a expressão de si mesmo. Para o zeloso, ou melhor, ciumento, cada indivíduo estranho lhe rouba uma parte da existência que "deveria ser minha". Nisto consiste *sinat chinam*, o ódio injustificado, que provocou a destruição do Templo e que é pior que os pecados capitais, diante dos quais aparenta ser contra.

Os fanáticos estão movidos pelo ódio; os verdadeiros *kanaim* estão movidos pelo amor. Os fanáticos destroem o Templo; a *kanaut* de Chanucá o reconstrói. É por isso que Hod é a chave para a redenção:

De Hod vem a retificação da Galut...

Zôhar, Bereshit 26b

O único caminho que realmente se afasta dos zelos de Shechem consiste em um zelo oposto: a *kanaut* de Pinchas e de Chanucá. O único caminho que realmente se afasta da escuridão de Yavan e do espírito absorto em si mesmo da minut é a Luz Oculta de Pinchas e de Chanucá. Esse caminho conduz a um envolvimento total num mundo que espera a reação de Adam e seu momento de glória: Hod.

19.3 A GLÓRIA DA GRÉCIA

Tratando-se da atitude mais individual de todas – Hod –, alguém poderia pensar que a Grécia se distinguiria nela. Além disso, o individualismo foi quase uma invenção grega. A sociedade grega prefigurava a sociedade moderna ocidental, na qual um indivíduo é rei. Sem laços essenciais que o limitassem, cada indivíduo era livre para se expressar em qualquer atividade e, efetivamente, o fazia. Filosofia, poesia, arte, ciência, esporte – cada uma dessas era uma área destinada a competir pela glória, cuja excelência era reconhecida e premiada como em nenhuma outra época da história. Competições públicas frequentes tinham lugar em qualquer atividade, desde a cerâmica até a poesia, desde a escultura e a pintura até a oratória e o teatro.[5]

O azeite, que é o símbolo de Chanucá e Hod – "Seu Hod será como o azeite" (Hoshea 14:7) –, era o símbolo grego que representava a glória e a vitória. Ao ganhador das competições se entregava uma coroa de oliva silvestre (louro). Essa guirlanda era "o único prêmio que se entregava nos Jogos Olímpicos* e, além disso, era a distinção que se disputava com mais ganância na Grécia".[7]

> "Céus!", exclamou um soldado persa a seu comandante. "Que tipo de homens são aqueles contra quem nos trouxe para lutar? Homens que competem entre si... somente pela glória!"
>
> Heródoto III, 26

O clima intelectual da Grécia era propício para o descobrimento individual, o "desafio sem medidas para se tornar uma lenda", "a busca aventureira".[8] Sem dúvida, uma mente livre das cadeias que representam as ideias preconcebidas, assim como da opressão de normas irracionais, é livre para desafiar qualquer ideia e concebê-la de novo, de jogar a luz do entendimento sobre o que é vago e turvo, e trazer a filosofia helênica à humanidade. Esse é o obstáculo que Yavan coloca ao judaísmo: afirmar que o fardo da Lei estorva os judeus e que nunca serão livres para descobrir a verdade, porque suas mentes são prisioneiras da dependência da revelação divina. Yavan quer nos "libertar", mas não dos preceitos sociais, históricos ou éticos, mas de *chok* (חק), esse aspecto da Torá que os judeus aceitam

---

*   O festival pan-ateniense que se celebrava a cada quatro anos, em Atenas, era mais lucrativo; nele, "se davam como prêmio grandes quantidades de azeite de oliva".[6]

porque se trata de um "decreto do Rei".[9]

> ... o malvado Malchut Yavan se levantou contra Teu povo Israel para fazer-lhes esquecer de Tua Torá e obrigá-los a se afastar dos *decretos* (*chukei,* חוקי) *de Tua vontade...*

להעבירם מחוקי רצונך

Tefilá "Al haNissim", Sidur

A Grécia parece ser o lugar preciso para o Hod, e é justamente por isso que Chanucá – a derrota de Yavan – é a celebração do verdadeiro Hod.[10] Pois, na verdade, Yavan é totalmente oposto a Hod, mas uma imagem negativa tão perfeita, que se pode confundir com o original. É por isso que os conceitos implicados em Chanucá foram tão importantes para o surgimento de Israel no meio da escuridão da Galut Yavan, a Galut à qual se faz alusão em:

כָּל הַיּוֹם דָּוָה

"Miserável (*davá,* דָּוָה) todo o dia" (*Eicha* 1:13).

O caráter miserável dessa Galut é o contrário de Hod:

...é Hod escrito ao contrário: הוד – דוה

Zôhar, Reaya Mehemena, Devarim 282a

19.4 A LIBERDADE DE HOD

Hod somente pertence àquele que realmente é livre para expressar sua vontade única e independente. Hod precisa crer no sentido da visão do mundo do Homem. Hod apenas existe quando o êxito nem sequer é importante, quando a única coisa que importa é a expressão dos valores pessoais e do próprio valor. Lutar contra um adversário opressivamente superior não é menos glorioso do que ganhar uma batalha... e, em certas circunstâncias, é ainda mais glorioso. Hod é uma manifestação profundamente pessoal de um êxito profundamente pessoal.

Com frequência, nos deparamos com instantes de glória: na heroica dedicação ao valor da vida frente a uma enfermidade mortal, na recusa de comprometer os valores em troca de dinheiro ou de honra, nos anciãos que, com afinco, mantêm, firmemente, sua independência e sua vitalidade, apesar de seus sentidos falharem e de seu corpo os trair, naqueles que vivem com alegria, apesar da adversidade. Há tanta glória nesses "pequenos" momentos como nos momentos "significativos" de uma grande vitória, da fama ou da chegada ao poder.

Isso é, talvez, a ideia mais importante de Hod: não é o "significativo" o que causa Hod, mas que Hod gera o significativo. Não há nada externo que possa afetar Hod; não há situação alguma que possa impedir que a pessoa o alcance, nem condições das quais dependa. *Olam habá*, o mundo vindouro, é formado pelo esforço, não pela conquista.[11] A liberdade total consiste na glória dos que marcham com Hod, já que não têm outro senhor além do Amo do Universo.

Os momentos de Hod são aqueles cujo serviço existe para todos os outros. O mundo foi criado para esses momentos; em que o interior desses momentos contém instantes de Glória, que é a Luz a partir da qual se formou o universo:

> *Tu estás vestido com Hod e beleza, envolto na Luz como uma vestimenta.*

> *Tehilim 104:2*

Essa é a Luz Primordial com a que Hashem se veste, que depois foi expressa em Hod para criar o mundo, como prossegue o versículo:

> *...que estende os céus como uma cortina.*

> *Zôhar Chadash, Midrash Ruth*

O homem que marcha com Hod não conhece nem o ciúme nem o espírito de competição. Nos feitos do demais ele só vê a oportunidade para aprender a viver tanto quanto seja capaz.[12] Sempre e quando ele não a rebaixe, a glória de toda a Criação resplandece através dele, sempre e quando ele nunca confunda a escuridão da Grécia com a luz do Candelabro.

19.5 PORÇÕES DE *PI*

> A glória que foi a Grécia,
>
> e a grandeza que foi Roma

> *Edgard Allan Poe*[13]

A glória que foi a Grécia consistiu no aprisionamento do Homem em um mundo desinteressante e sem vida. O descobrimento da lei natural não contribuiu com nenhuma consciência com a Natureza, nenhuma relação viva. O observador e o observado estavam intrinsecamente separados.

A glória que foi a Grécia consistiu no aprisionamento do espírito do Homem em que foi dado. Era o oposto de Hod. Embora Hod só possa resplandecer nos feitos do Homem, a Grécia procurava se glorificar no que era dado por D'us. Embora Hod brilhe apenas no pessoal, a Grécia buscava a glória na competência. Embora Hod permita como única medida do Homem o desejo que cada indivíduo faça sua própria vontade e potencial, a Grécia mede todos os homens com o mesma medida. Embora a única coisa que Hod sinta pelo zelo seja desprezo, a Grécia edificou toda uma civilização sobre a ideia de ganhar, subjugando o Homem a tudo aquilo que estava fora de suas mãos e negando o valor de tudo aquilo que era realmente próprio do Homem.

Embora Hod outorgue a cada indivíduo um mundo pessoal dentro do qual ele é medido conforme o que ele mesmo pode ser, a Grécia dava a todos os indivíduos uma mesma porção; e as porções eram progressivamente menores. Há apenas um número determinado de coisas importantes para descobrir, e apenas uma quantidade determinada de significado que pode ser compartilhado. Apenas poucos serão famosos; só alguns serão ricos; só alguns serão brilhantes; só alguns serão fortes. E, conforme a competição se torna cada vez mais intensa, menos e menos indivíduos chegam até o topo. À margem da glória, não há lugar para quase ninguém. Pobres daqueles que são pegos nessa corrida de ratos, que medem cada passo pelo valor relativo que tem, pela vantagem que implica. Que escuridão para o ser que, como Adam, estava destinado a viver sua vida proporcionando luz para toda a Criação![14]

Na Grécia existiu a intenção consciente de superar o absurdo de tal fundamento: a instituição do esporte.

19.6 HOD E ESPORTES

> Não há maior glória para o homem enquanto vive do que a que obtém com suas próprias mãos e pés.
>
> *A Odisseia*, VIII, 146

Os esportes foram o objetivo empreendido pela Grécia para alcançar o autentico Hod. Os jogos e ginásios que simbolizaram a penetração helênica em Israel, esses mesmos jogos que foram os catalisadores de Chanucá, também foram a maior expressão do Hod grego. O desafio lançado a Israel foi um ataque conceitual contra tudo aquilo que Chanucá representa.

Nos jogos, os resultados não eram significativos em si mesmos, já que "se trata apenas de um jogo". Os jogos permitem que uma pessoa dedique seus maiores esforços, sem por isso permanecer como escravo dos resultados. Envolver-se no puro júbilo de realizar os maiores esforços pessoais, de ter o valor de lutar contra os prognósticos desfavoráveis: esses são os ingredientes de Hod, de que desfrutam todos os ávidos espectadores no que hoje se tornou um estádio mundial. As tochas ardentes dos Jogos Olímpicos são o símbolo da Chanucá de Yavan.

E, entretanto, justamente nos Jogos Olímpicos Yavan revela a diferença que separa Israel das demais nações. A competição é o inverso de Hod, já que implica o valor do resultado, enquanto Hod existe unicamente aí, onde a tentativa – e apenas a tentativa – é tudo. A competição mede um homem comparando-o a outro; Hod, por outro lado, apenas contempla o próprio indivíduo.

Mas o maior absurdo da competição é que seus resultados são definidos quase inteiramente por parâmetros já estabelecidos que fogem do controle daquele que compete. Afirmar que a maior glória de um homem é aquela "que obtém com suas próprias mãos e pés" é expressar um paradoxo profundamente revelador. De fato, nas mãos e nos pés há muito pouco que pode ser glorioso, em um sentido real, já que é pouco o que cada um pode fazer com suas mãos e pés. A fisiologia varia principalmente devido à genética, não a expressão pessoal. Exceto os aproximadamente dez indivíduos que compartilham certas características similares, toda a humanidade está excluída *desde o nascimento* dessa competição:

> Cada uma das dez divisões de Ática estava representada por vinte e quatro homens escolhidos por sua saúde, vigor e boa aparência; e se outorgava um prêmio ao que impressionava mais por sua "fina masculinidade".[15]

Recentemente, houve tentativas de fazer com que o conceito que forma a base dos jogos seja menos absurdo, mediante a instituição dos "Jogos Paraolímpicos", nos quais as pessoas com necessidades especiais podem competir com outros indivíduos nas mesmas condições especiais. Mas isso só serve para destacar a impossibilidade intrínseca da própria ideia. A verdade pura é que não há meio de comparar a humanidade de um indivíduo com a de outro. A glória em uma competição só seria possível entre dois indivíduos que fossem idênticos em todos os aspectos, de tal modo que os únicos fatores que determinassem quem é o ganhador seriam a coragem e o compromisso internos.

Inclusive na circunstância em que foi possível uma competição genuína, por definição, o propósito central da "competição" seguiria estando em ganhar, atitude que é contrária a Hod, que só se preocupa com a vontade e o esforço. "Desde o início, nos Jogos só contava a vitória (a palavra *atleta* significa, literalmente, "candidato a prêmio"); a mera participação e o esforço eram insignificantes".[16]

Essa foi "a glória que foi a Grécia". Uma "glória" baseada em ganhar de alguém em vez de fazer o melhor esforço pessoal. Uma "glória" baseada na negação da individualidade, em medir todos na mesma cama de Procusto*. Uma "glória" que recompensa o que é meu por meio da fortuna, enquanto nega o valor de qualquer coisa que realmente é minha. Uma "glória" que só é minha através dos olhos dos demais em vez de através dos meus olhos para os demais. Totalmente o oposto de qualquer aspecto de Hod: *essa foi a escuridão de "a glória que foi a Grécia"*.

---

* Procusto era um homem mau, que vivia na serra de Elêusis (cidade da Grécia Antiga). Em sua casa, ele tinha uma cama de ferro, que tinha seu exato tamanho, para a qual convidava todos os viajantes a se deitarem. Se os hóspedes fossem muito altos, ele amputava o excesso de comprimento para ajustá-los à cama, e os que tinham pequena estatura eram esticados até atingirem o comprimento suficiente. Detalhe: a vítima nunca se ajustava exatamente ao tamanho da cama porque Procusto, secretamente, tinha duas camas de tamanhos diferentes (N.da T.)

Capítulo Vinte
AS LEIS DO CÉU
E DA TERRA

Se não fosse por Meu brit *(pacto) dia e noite, não teria instituído as leis do céu e da terra.*

Yirmiyahu (33:25)

Se não fosse pela *milá* (circuncisão), Hashem nunca teria criado Seu mundo, como está escrito: "Se não fosse por Meu *brit* (pacto) dia e noite, não teria instituído as leis do céu e da terra".

Se não fosse pela Torá, os céus e a terra não poderiam existir, como está escrito: "Se não fosse por Meu *brit* (pacto) dia e noite, não teria instituído as leis do céu e da terra".

Nedarim 31b-32a

AS LEIS DO CÉU E DA TERRA

20.1 DENTRO E FORA DA LEI NATURAL

> Se alguém lhe diz: "Há sabedoria (*chochmá*) entre as nações", creia...
>
> Se alguém lhe diz: "Há Torá entre as nações", não creia.
>
> Pois, assim está escrito: "...entre as nações, não (há) Torá" (*Eichá* 2:9)
>
> *Eichá Rabá 2:13*

Tanto Israel como Edom tiveram grande influência no desenvolvimento da sabedoria (*chochmá*) de Yavan. A Filosofia Natural se transformou em ciência moderna graças ao impacto de dois acréscimos essenciais. A ideia de que a unidade constitui a essência mais profunda da totalidade da existência, conceito que absorveu de Israel, implicou em uma fé contínua na racionalidade, inteligibilidade e constância da Natureza *imposta de fora*, da qual pode desenvolver o conceito da Lei Natural.

Além disso, tendo sido exposta a Edom e sua ânsia de poder, estimulou-se o desenvolvimento da tecnologia: a manipulação e experimentação com a Natureza que era tão estranha para a Grécia.[1]

Nesse sentido, a sabedoria de Yavan continua iluminando o mundo, fornecendo uma compreensão cada vez mais profunda, conforme o crescimento exponencial do conhecimento humano. A sabedoria de Yavan se expressa agora na descrição da Natureza, ao proporcionar à Ciência fórmulas que descrevem as formas naturais. As impressionantes formas complexas que a Natureza adota têm sido gradualmente integradas em uma unidade estrutural de simplicidade e clareza que contribui para trazer o dia em que todos serão capazes de ver que "o Eterno ('ה) é Um e Seu Nome é Um"[2]. Mas não importa o quão sofisticada seja a descrição matemática ou o quão elegantes e simples sejam as equações que formam a essência de todos os detalhes, apenas são *descrições* da Natureza, a organização que a consciência do ser humano impõe sobre o caos dentro da Criação.[3] *Devem* permanecer sendo descritivas porque, ao contrário, correm o risco de destruir todo seu propósito. A busca das Causas Finais aristotélicas, definidas pelo ser humano, a fim de explicar a meta e o propósito dos acontecimentos, introduziu um elemento teológico na filosofia natural, que dominou o Ocidente durante mais de mil anos e sufocou seu desenvolvimento. A teologia (e as "Causas Finais") implica que os acontecimentos se desenvolvem, necessariamente, para uma meta ou propósito. Contudo, não há dados disponíveis que permitam construir uma ciência de Causas Finais, o que resulta, necessariamente, em uma volta à cadeia de suposições e preconceitos humanos. Têm sido precisamente as ciências factuais as que têm tido um êxito espetacular. As "ciências humanas", por outro lado, seguem sendo essencialmente medievais, não importa o quão sofisticada seja a linguagem técnica que tenham desenvolvido. Pobre do investigador da verdade e da realidade, que está preso, sem ter acesso a dados confiáveis sobre as coisas mais importantes.

O povo de Israel possui esses dados, pois a Torá faz com que as "ciências humanas" sejam reais. A Torá proporciona a linguagem universal à vida, do mesmo modo que a matemática proporciona as descrições físicas. Israel não procura apenas uma compreensão da forma na qual a Criação está configurada, não uma descrição da lei natural, não só o "quê" da Criação, mas também o "por quê". E a Torá nos transmite o fundamento e a razão da Criação:

> *Se não fosse por Meu* brit *(pacto) dia e noite, não teria instituído as leis do céu e da terra.*

Yirmiyahu (33:25)

O Talmud entende o *brit* mencionado aqui como referência, quer seja à circuncisão (*brit milá*) ou à Torá,[4] ambas atacadas por Yavan por meio dos decretos destinados à sua destruição.[5] Vejamos, agora, como a "glória que foi a Grécia" é contrariada pelos dois aspectos de *brit*: a circuncisão e a Torá.

20.2 HOD E A CIRCUNCISÃO

> Certa vez, o malvado Turnus Rufus perguntou a Rabi
> Akiva: "Se D'us deseja a *milá* (circuncisão), por que
> os bebês não nascem assim? Que criações são mais
> belas, as de D'us ou as do homem?"
>
> Rabi Akiva lhe disse: "As do homem". Rabi Akiva lhe
> trouxe trigo e um pão e disse: "Isto (o trigo) é a obra
> de Hashem, e isso (o pão) é a obra do homem".
>
> *Midrash Tanchuma, Tazria 5* (resumido)

Yavan concebe o mundo como algo fixo e determinado; para Yavan, a "glória" consiste em exibir, de forma efetiva, o já determinado e em compreender, de forma efetiva, o já determinado. Para Yavan, a *única* coisa que tem valor é o que procede do universo tal como está, pois o Homem apenas pode ser alheio diante dele: não possui nenhuma ligação com o universo além de ser apenas seu observador. Isso significa que Yavan se limita às descrições, não à compreensão, já que se limita à beleza da forma; descrições que são quantificáveis e nobres, precisamente porque *não* procedem da mente do Homem, mas representam a natureza tal como a descobrimos. Para Yavan, a destruição da forma natural humana por meio da circuncisão constitui uma mutilação e uma afronta, uma destruição do que é belo *porque* é determinado pela Natureza.

Israel, por outro lado, concebe o mundo como um lugar no qual o Homem não apenas é o *propósito* da Criação, mas uma parte *inerente* dela: ele completa *maasê Bereshit*, a Obra da Criação[6] e se torna sócio de D'us.[7] O homem age como a consciência e o olho do universo. Para Israel, a única coisa de valor é o que procede do próprio Homem, já que o universo não é mais que uma plataforma para o exercício da mente, a vontade e o livre-arbítrio. Isso significa que Israel se interessa pouco pelas descrições em si mesmas, já que elas não são mais que a capa de um livro infinitamente mais interessante, que constitui o conteúdo da Torá: a estrutura da existência, o porquê da Criação, o lugar que o Homem ocupa. Israel não apenas descobre a beleza na forma, mas na existência pessoal e em sua expressão, as quais servem para a Malchut de D'us precisamente porque, *sim*, procedem da mente do Homem. Do mesmo modo, Israel busca a compreensão do interno e não da descrição da forma. Para Israel, a *milá* (circuncisão) é, simultaneamente, a realidade e o símbolo da função do Homem em completar a Criação,[8] definindo suas relações e sua criatividade no próprio momento em que define seu vínculo com D'us.

> A *milá* é seu Hod neste mundo e sua beleza no *olam habá*, o Mundo Vindouro.
>
> *Yalkut Shimoni, Tehilim 749*

A circuncisão é o símbolo do Tzadik e de sua luz,[9] assim como do lugar central que o Homem ocupa no universo. É o pacto que coloca firmemente as obras do Homem no centro de todas as coisas, o que proporciona o propósito da Criação. Por isso, não surpreende que a Grécia tivesse tentado, com tanta intensidade, suprimir a circuncisão,[10] já que ela simboliza tudo o que Chanucá lutou para restaurar:

> Hod é o oitavo atributo, pois os oitos dias da *milá*, seguidos pelo *brit* (pacto), que é o Tzadik, o Fundamento do mundo... é a Hod dos oito dias de Chanucá.
>
> *Tikunê Zôhar 13*

20.3 O ESQUEMA EXISTENCIAL

> Quando Hashem quis criar o mundo, olhou na Torá e criou o mundo... mas a existência não poderia se manter sem que Ele quisesse criar Adam (homem) para que estudasse Torá, e, por isso o mundo se mantém.
>
> *Zôhar, Shemot 161a*

A Torá não é uma *reação* diante do mundo e suas formas; é a *fonte* dessas formas. Afirmar que a carne de porco não é saudável e, por conseguinte, não é kosher, é absurdo; isso implicaria que, de algum modo, D'us se viu diante de um mundo no qual existia o porco e, então, decidiu instruir-nos sobre como utilizá-lo. Se há um sentido entre a saúde e as normas de *kashrut*,[11] só pode ser na direção oposta – que a natureza de *tamê* (impuro, quer dizer, não-kosher) que o porco possui na Torá provocou uma tendência para que se infeste de parasitas: o porco foi criado unicamente *depois* que a condição de tame foi definida pela Torá.

A Torá define a base existencial daquilo que se converte nas formas físicas que a ciência descreve. O grande descobrimento realizado pelos gregos, o descobrimento, que é a base de toda a ciência moderna, é que o comportamento do universo coincide com a perfeição (mesmo misteriosamente), com certo tipo de correspondências mútuas entre abstrações chamadas "números", correspondências que são descritas pela matemática. Os gregos e seus herdeiros intelectuais proporcionaram um mapa para a natureza, o qual se torna tanto mais detalhado quanto mais informação agrega.

A Torá é a "matemática" da existência; descreve um sistema mais amplo e complexo do que a ciência tenta descrever. O fundamento existencial de todas as coisas é o que jaz no fundo de sua forma, seu comportamento e suas características. O mais longe que a ciência poderia chegar em direção a uma definição do "porco" seria elaborar um esquema completo de seu DNA, uma análise da interação holística dos aminoácidos implicados e, quiçá, alguma conjectura adicional sobre o valor de sobrevivência que seus genes têm. A Torá, entretanto, descreve a essência do *chazir*, o "porco", uma essência que define que lugar ocupa dentro do esquema da Criação, sua relação com outros animais e com o homem, a base de sua forma e de suas características. Dizer que Edom é "como um porco"[12] seria uma descrição infantil e completamente fora da área científica, já que o "porco" não é uma qualidade que tenha uma conotação científica. Contudo, os Sábios descobriram uma relação existencial entre ambos, não um sentido poético ou lírico, mas um sentido real. Pois todas as características são levadas em conta pelo sistema de correspondências mútuas definidas na Torá, a "matemática" da existência.

Isso é o que os Sábios querem dizer quando afirmam:

Revire a Torá e volte a revirá-la, já que *tudo* está nela.

Avot 5:26

Tudo é expressão do que está na Torá, o esquema da Criação, a obra de referência de D'us.

Yavan encontra um mundo pré-existente, no qual apenas seu comportamento e suas formas podem ser descritas. Israel percebe, nas definições da Torá, a própria Criação. Yavan é um forasteiro em um universo sem vida. Israel é o olho que percebe um universo que vive em sua consciência.

20.4 O HOD DA TORÁ

> Hashem olhou na Torá e criou o universo; o Homem olha na Torá para manter o universo.
>
> *Zôhar, Shemot 161a-161b*

Cada componente da "glória" da Grécia possui sua imagem oposta em Chanucá, que constitui a derrota de Yavan. O olho do Tzadik que fornece beleza ao mundo é a imagem oposta do homem que necessita do mundo por sua beleza. A *kana'ut* de Israel que expressa a nobreza do indivíduo é a imagem oposta da atitude de medir todos os homens com uma mesma medida.

E a *Torá shebeal pê* (Torá Oral) é a imagem oposta de uma sabedoria confinada à descrição de leis que o ser humano nunca pode afetar. A falta de vida de uma Natureza indiferente apenas deixa um espaço limitado para compartilhar entre todos os que a podem descrever. É por isso que Yavan possui apenas uma porção limitada no campo da filosofia natural. Com justiça, se tem afirmado: "Só há um universo e Newton é seu profeta".

Só há uma Natureza, e seu comportamento está bloqueado por leis que são fatalmente limitantes. Embora na Natureza haja lugar para explicações variadas de um determinado fenômeno, nela não há uma *resposta* para essas perspectivas diferenciais. Só há pouco, com o desenvolvimento da física quântica, a ciência começou a entrever os indícios da sociedade que a consciência humana formava com a Natureza.

A Torá, por outro lado, em sua própria essência, é uma relação com o Homem, já que a Torá é uma descrição existencial de uma Criação feita somente em nome da Malchut divina, que é, exatamente, essa relação. É por isso que a Torá possui duas partes: por um lado, o "banco de dados" infinitamente rico, o *klal* da Torá Escrita, que é algo já determinado. Mas também há outra Torá, sobre a qual se baseia o pacto com D'us:[13] a Torá Oral. Essa é a Torá que é dada à mente do ser humano, para que este se lembre dela e a compreenda. É a Torá do *prat*, do detalhe desenvolvido constantemente por meio da mente, seguindo uma lógica que é parte do próprio sistema.[14] A Torá começa como a Torá de D'us e acaba sendo a Torá do indivíduo:

Primeiramente, a Torá é chamada de a Torá de Hashem, mas, no final, é chamada a Torá da própria pessoa, como está escrito:

Na Torá de D'us está Seu desejo, e em sua Torá ele medita dia e noite (Tehilim 1:2).

Avodá Zará 19a

O Mestre que quiser abrir mão do privilégio da honra que lhe é devida pode fazê-lo... Raba disse: "Então, a Torá é sua?" (Acaso a honra que se deve à Torá não pertence a D'us? – Rashi)

Então Raba disse: "Certamente é do indivíduo, já que está escrito: '...e em *sua* Torá medita dia e noite'".

Kidushin 32a

A Torá é o Hod de D'us, já que é Sua manifestação mais profunda no mundo.

Quando Moshe subiu às Alturas, os anjos ministeriais disseram diante de Hashem: "O que faz um mortal entre nós?"

Ele lhes respondeu: "Veio receber a Torá".

Eles Lhe disseram: "Esse tesouro oculto... quer dá-lo a seres de carne e osso?" "Ponha Teu Hod acima dos céus!" (*Tehilim* 8:2)

Shabat 88b

20.5 O HOD DOS SÁBIOS

Cinge tua espada sobre tua coxa, oh poderoso guerreiro! Teu Hod e tua beleza; vence com tua beleza. Cavalga nas palavras da verdade...

Tu amas a justiça e desprezas a maldade; por isso, D'us, teu D'us te ungiu com azeite de júbilo acima de teus pares.

Tehilim 45:4,5,8

Essas palavras se referem (aos sábios da) à Torá.

Shabat 63a

Enquanto Yavan concebe o universo como governado por leis que limitam o homem ao papel de mero observador, a Torá trata o homem como um sócio na obra da Criação. Basta levar em consideração o *chok*, o decreto que parece tão desagradável e limitante a Yavan. A característica do *chok* está exemplificada na *pará adumá*, o ritual da Vaca Vermelha. Cuja natureza em parecer paradóxica se tornou um chok por excelência:

Rabi Yochanan ben Zakai disse a seus discípulos: "Por suas vidas! Os mortos não impurificam e a água (da *pará adumá*) não purifica. É apenas o que Hashem disse: 'Eu promulguei uma Lei, eu decretei um decreto!'"

Midrash Tanchuma, Chukat 8

A Vaca tem a mesma característica que qualquer lei verdadeira da Natureza: parece ser completamente arbitrária. Entretanto, há uma incrível diferença: ao contrário, por exemplo, da constante de Planck, a Torá já não está na mão de D'us, mas nas mãos do Homem. Inclusive o *chok* por excelência[15], a Vaca Vermelha, foi dado para que nós o determinemos:

Quando Moshe subiu ao céu, escutou a voz de Hashem, que estava sentado estudando as leis da *pará adumá*, dizendo cada lei em nome de seu autor: "Meu filho Eliezer dirá..."

Moshe Lhe disse: "Senhor do universo! Tudo o que existe, acima ou abaixo, é Teu, e, ainda assim, Tu dizes cada lei em nome de seres de carne e osso"

Midrash Tanchuma, Chukat 8

A consciência do Homem é o árbitro supremo da Torá. As definições que o Homem atribui à Torá se tornam parte de sua essência, e com cada ideia que troca se redefine, sutilmente, cada parte desse sistema infinito de ideias inter-relacionadas. Por meio da Torá Oral, o ser humano cria a Torá e prevalece, inclusive, sobre o próprio Hashem:

Nesse dia, Rabi Eliezer trouxe cada prova ao mundo, mas não foram aceitas... Ele lhes disse: "Se a *halachá* é como eu digo, que os céus o provem!"

Surgiu uma voz celestial, que disse: "Como se atrevem a discordar de Rabi Eliezer? A *halachá* é como ele disse!"

Então, Rabi Yehoshua se levantou e disse: "Não está no céu!" (*Devarim* 30:12)... "Não precisamos de vozes celestiais; no Sinai foi dito: 'Siga a maioria'" (*Shemot* 23:2)".

Rabi Nathan foi a (o profeta) Eliyahu e lhe perguntou: "O que Hashem estava fazendo naquele momento?"

Ele lhe disse: "(Hashem) Sorria e dizia: Meus filhos me superaram! Meus filhos me superaram!"

Baba Metzia 59b

É muito revelador que o lampejo de criatividade na Torá seja chamado *chidush*, palavra que significa "novidade". Por meio de sua expressão individual, cada sábio da Torá (*talmid chacham*) compartilha seu modo particular de ver as coisas em termos de Torá, suas ideias novas (*chidushei Torá*). Compartilha seus "raios de Hod", que emanam do rosto de nosso mestre Moshe.[16]

> Quando uma ideia nova em Torá é dita por um ser humano, essa ideia nova ascende ao Céu e para diante de Hashem. Hashem a toma, a beija e a coroa com setenta coroas.

Zôhar, Bereshit 4b

O Hod do sábio em Torá está ao alcance de todos, já que cada homem tem nela uma porção particular e única.[17]

> Aquele que (estuda) muito e aquele que (estuda) pouco são iguais, sempre e quando dirigem seu coração ao Céu

Berachot 5b

O homem que concebe a Torá como uma chave para atingir o infinito, que é consumido pelo desejo de conhecer e compreender cada vez mais,[18] que estuda a Torá como um meio de se relacionar com D'us,[19] se torna a luz do mundo, um rei[20] e, principalmente, um amante da existência, um amigo da vida:

> Quem quer que se dedique ao estudo da Torá por si mesmo tem o mérito de muitas coisas; ainda mais, o mundo inteiro valeu a pena só por ele. É chamado "Amigo", "Amado"; ama D'us, ama todas as criaturas, alegra D'us e alegra o ser humano... (A Torá) o torna grande e o exalta acima de todas as coisas.

Avot 6:1

É um tributo ao poder da escuridão que o mundo seja capaz de achar que a degradação do Homem é sua liberdade, a servidão às limitações inerentes como algo glorioso, e a descrição da forma como mais esclarecedora que a compreensão da estrutura existencial. A Grécia foi uma nação edificada sobre as cadeias do Destino e, portanto, da tragédia; foi uma nação que considerou que o Destino, a *moira*, governava os deuses e os homens. A Grécia foi uma nação de obscuridade.

A obscuridade, no entanto, não durará para sempre, já que o Hod de Chanucá, finalmente, fornecerá luz suficiente para afugentar as sombras de *minut* e o aprisionamento do Homem.

Capítulo Vinte e Um
SÍNTESE E INTEGRAÇÃO

"Glória", הוד, é a perna sobre a qual se diz a respeito de
Yaakov: "E ele mancava de sua perna" (*Bereshit* 32:31)

Zôhar Bereshit 26b

SÍNTESE E INTEGRAÇÃO

21.1 UMA GUEULÁ DE MÚLTIPLOS NÍVEIS

É apenas de um modo superficial que o desafio de cada Galut se expressa nos ataques físicos contra Israel; o desafio mais profundo é conceitual. O mesmo se aplica à Gueulá (redenção): em um plano superficial, a Gueulá consiste na derrota física do inimigo. Mas uma análise mais profunda do significado da Gueulá revela que a derrota do inimigo é a consequência do nível que Israel alcançou em direção à Gueulá.

A atitude mais lúcida sobre o processo de Galut e Gueulá procura ver nos próprios acontecimentos da Gueulá a chave para compreender o desenvolvimento de Israel que conduz até ela. Desse modo, os novos conceitos que foram absorvidos na alma do povo de Israel serão resultado direto do processo de Galut e Gueulá; a celebração da Gueulá será, então, expressão das conquistas adquiridas, de mudanças significativas.

As dimensões física e conceitual se engrenam perfeitamente na vitória de Chanucá. Os instrumentos utilizados para derrotar a Grécia foram aqueles que expressaram o inverso do desafio conceitual: Hod contra um sentimento de glória disforme e obscuro. Israel foi ameaçado pela "glória que foi a Grécia": pela filosofia que esclarece, pela análise crítica da Natureza, pela liberdade para pensar sem amarras e de forma iconoclasta, pelo culto à beleza da forma já determinada. A glória que se adquire sem um risco real é a glória de expressar do melhor modo possível o que D'us outorga.

O desafio da Grécia obrigou o povo de Israel a enfrentar Hod, e foi com Hod que Israel derrotou a Grécia: a reafirmação do lugar que o Homem ocupa na Criação, o reconhecimento do verdadeiro propósito da Criação, a vontade de agir com honra e glória, a percepção do valor da Torá com relação à simples sabedoria. Esse Hod fez tanto parte da guerra física contra Yavan - nos perigos enfrentados pelos *chashmonaim* e seus seguidores - como da percepção espiritual. A disposição para agir que provocou a derrota física de Yavan foi *o mesmo* Hod que levou à derrota conceitual de Yavan. O compromisso em fazer a guerra foi um compromisso com a Torá Oral. A luz do Candelabro era a luz que existia na kanaut, a vontade de arriscar a vida, de agir motivado, unicamente, pelas próprias convicções e para cuidar da relação entre D'us e o Homem, que é a *Shechiná*, a Presença Divina: o Hod da *Or haGanuz*, a Luz Oculta. A inauguração do Templo constituiu, na verdade, uma renovação da dedicação que batia nos corações de todos os que presenciaram o milagre do Candelabro:

"E o Hod" – refere-se ao Templo.

Berachot 58a

As forças necessárias para vencer os judeus helenizados estavam disponíveis para Israel imediatamente depois de ser capaz de expressar tudo aquilo que havia feito com que o fundamento dos judeus helenizados se tornasse insustentável, mas só então: só quando substituíram uma atitude de zelo pervertida e enferma pela autêntica *kanaut*; só quando a crença no valor da criação do Homem tomou o lugar das correntes de uma "liberdade" corrupta.

Não é possível discernir, aqui, uma relação de causa e efeito. Os efeitos da Galut são tão conceituais quanto físicos. Em sua manifestação física, a Gueulá está imbuída de toda a profundidade conceitual necessária, do mesmo modo que a profundidade espiritual da Gueulá se expressa diretamente nas reações que levam à vitória. O entrelaçamento é completo: o espiritual e o físico se desenvolvem simultaneamente através da força dos acontecimentos, o incessante fluxo de uma história tão profunda como a própria Criação.

Os amplos efeitos dessa Gueulá e o conceito de Chanucá que expressam são resultados do Hod que derrotou Yavan. Pois esse Hod é também o começo da restauração do *guid hanashê*, que foi a porta de entrada do mal e de *minut* no corpo do povo de Israel.[1] E é o Hod da tribo de Levi o que rompe o *guid* dos inimigos de Israel para que nunca mais possam marchar:

...destruindo aqueles que se levantam contra ele por meio de seus rins, e aqueles que o odeiam, para que nunca voltem a se levantar.

Devarim 33:11

21.2 UMA PERNA PARA SE APOIAR

> "Glória", הוד, é a perna sobre a qual se diz respeito a
> Yaakov: "E ele coxeava de sua perna" (*Bereshit* 32:31).
>
> *Zôhar, Bereshit 26b*

Hod proporciona uma perna sobre a qual parar,[*] o suporte perdido com o *guid hanashê*.[2] Todas as portas de entrada para o ciúme, a confusão, a Galut e Essav, que se localizam nesse dano, assim como a ruptura na unidade do homem e do mundo, que foram consequências da venda de Yossef e, eventualmente, a Galut Edom,[**] tudo isso é curado pela luz do sol que brilhou para Yaakov, que era a luz de Chanucá.[3]

Vivemos nossas curtas vidas em um mundo de transitoriedade, cercados pela Má Inclinação, nos perdendo entre os sonhos de nosso potencial e a dor de nossa realidade. Mas a rosa vermelha de Hod[4] implica que em nossa transitoriedade está nossa liberdade, que este mundo representa uma oportunidade especial, um lugar para a perfeição instantânea, um mundo que é um pomar para um Rei que só deseja rosas.[5]

> Rebi chorou e disse: "Há alguns que adquirem seu mundo em
> um instante, e outros que adquirem seu mundo ao longo de
> muitos anos".
>
> *Avodá Zará 10b*

A dor da longa escuridão e os perigos para o Tzadik ocorrem porque ainda não se alcançou a unificação, porque há almas desgarradas entre sua própria personalidade e o mundo, porque há uma incapacidade para transformar *olam hazé*, este mundo, em um contexto de apoio para a mente e para a consciência do homem.[6] É por isso, inclusive, que se diz sobre Yossef:[7]

Todas as letras de "mentira" (שקר) se mantêm sobre um só

---

[*] De fato, somente proporciona uma só perna sobre a qual apoiar-se; a outra é proporcionada por Purim. Mas essa é uma outra história...

[**] Há 365 preceitos *lo taassê* (proibições) na Torá, um para cada dia do ano. O preceito do *guid hanashê* é para o dia de Tishá b'Av (9 do mês de Av), já que foi a causa da destruição do Templo. Quem quer que coma em Tishá b'Av é como se comesse o *guid hanashê*.

Zôhar Bereshit, 160b

ponto, já que a falsidade não tem uma perna sobre a qual se apoiar.

Otiyot d'Rabi Akiva 3:22

Hod proporciona uma perna para o *chen* do Tzadik, através do *chen* de Chanucá, salvando-o dos perigos de seu próprio potencial e de sua própria abertura.

Isso se deve ao fato de que Hod implica que é possível que um ser humano expresse, em sua própria essência, todo o compromisso e o cuidado que formam sua visão de mundo. Além disso, Hod implica que o potencial de toda a Criação pode ser expressado por meio da entrega de si realizada até mesmo por um só indivíduo, que o Homem pode resplandecer com a luz da própria Criação: a *Or haGanuz*. Hod implica que não há contradição entre o vasto potencial que me pertence e a vida limitada que devo ter como indivíduo,* já que ao viver uma vida com a nobreza e a glória de Hod, em todos os meus atos expresso a totalidade de meu próprio potencial: Hod expressa a plenitude do "eu".

Hod faz com que o ciúme seja impossível, já que, automaticamente, rejeita qualquer coisa que não seja de um mesmo indivíduo por considerá-lo externo e daninho. Permite que o ser humano compreenda que manipular o mundo implica violá-lo, e o libera da necessidade de tentar alcançar resultados externos. O libera para que o homem seja ele mesmo, para que deseje ser apenas ele mesmo, para que em tudo dê o melhor de si:

> *Tudo o que está em teu poder fazê-lo, faça-o com todas as tuas forças...*

Kohelet 9:10

Hod converte o fracasso em conquista, sempre e quando a intenção tenha sido com todo o coração e completa. Hod fecha a brecha entre o potencial e o real, entre o indivíduo e a coletividade, pois faz com que ambos sejam completamente interdependentes. No indivíduo, a expressão da luz de toda

---

* O Hod artificial de Yavan tenta duplicar a universalidade da expressão de glória. Todos estão familiarizados com o fenômeno de atores de cinema que promovem produtos de nutrição, pediatras famosos que nos ensinam sobre as relações internacionais, atletas que, repentinamente, se tornam experts nos negócios, astronautas conhecedores de política e jogadores de futebol que se tornam filósofos. Não se trata aqui, simplesmente, de uma confiança infantil na fama, mas do reconhecimento inerente de que alcançar a excelência não expressa um âmbito parcial da conquista, mas sua totalidade. Entretanto, a glória não é real e, infelizmente, tampouco são as promoções.

a Criação significa que o *klal*, a totalidade, se expresse de um modo mais completo quanto mais aumente a singularidade e a individualidade. Isso implica que ao suprimir o indivíduo, se destrói a totalidade.

A oportunidade de Hod, que consiste em ser capaz de integrar toda a Criação em um só instante – em um ato único de vontade, em um instante de compreensão –, significa que um só instante deste mundo pode valer mais que todo o mundo vindouro, já que nesse instante – um instante que só está disponível para as rosas – fulgurou o propósito da Criação:

> Mais belo é um instante de *teshuvá* e de bons atos neste mundo que toda a existência no mundo vindouro.

Avot 4:22

21.3 A MAJESTADE DE HOD

> Hod significa Malchut.[8] Hashem concedeu Hod ao (rei) Shlomo, como está escrito: "E Ele concedeu (a Shlomo) tanta majestade real (*hod malchut*) como nunca antes havia tido nenhum rei em Israel" (*Divrei haYamim I*, 29:25).
>
> Hashem disse: "No futuro, Eu darei esse Hod ao Rei Mashiach... e não só ao Rei Mashiach, mas a todo aquele que se esforce no estudo da Torá".

Midrash Tehilim, 104:5

Malchut é Hod porque Malchut é pura expressão: a expressão de uma nação. Essa existência de pura expressão constitui a própria essência de Hod. Além disso, Hod faz com que seja possível que um rei seja mais que um indivíduo e que expresse de modo transcendental toda a coletividade através de si mesmo.

Foi Hod que fez com que o rei Shaul recobrasse o sentido da realidade – e ganhasse o mundo vindouro – quando o profeta Shmuel se comunicou com ele do mundo dos mortos:

> *Amanhã, você e seu filhos estarão comigo.*

Shmuel I, 28:19

(Shaul disse a Shmuel) "Acaso não poderia fugir?". Ele lhe

respondeu: "Se fugir, escapará por um momento. Mas se aceitar o inevitável, amanhã você e seus filhos estarão comigo – no meu nível".

Shaul foi para a batalha e levou seus três filhos com ele: Yonatan, Avinadav e Malkishua.

Nesse momento, Hashem chamou os anjos ministeriais e lhes disse: "Venham e vejam o que criei em Meu mundo. A maioria das pessoas se cuida, inclusive, de não levar seus filhos a uma festa para que nada de mal lhes ocorra. Mas esse homem vai à guerra com pleno conhecimento de que está perdido e leva seus filhos com ele, e está feliz..."

Vayikra Rabá 26:7

É Hod que permite ao rei aceitar que sua própria pessoa representa majestade – o *hod malchut* – simplesmente porque ele constitui a expressão do potencial de toda a nação. Tirando Hod, não poderia haver uma Malchut, que adoeceu devido ao problema de ser *shaul*, meramente emprestado.

Hod é a integração do potencial com o real, do *klal* com o *prat*. Hod possibilita que não haja contradição alguma entre o Tzadik que preserva o potencial e o rei, que o expressa.

Hod se torna a luz da síntese, a luz de Yossef e de Yehudá, unidos nas mãos do profeta Yechezkel, em um mesmo pedaço de madeira, uma só nação:

Já não serão duas nações nem se dividirão mais em dois reinos... serão Meu povo e Eu serei seu D'us. E Meu servo David será rei sobre eles, e haverá um só pastor para todos.

Yechezkel 37:22,24

21.4 A TOTALIDADE DO HOMEM

O temor a D'us é puro: dura para sempre.

Tehilim 19:10

Aquilo que dura para sempre e proporciona uma sólida base em um mundo escorregadio por causa do erro é *yirá* (יראה), palavra traduzida como temor, mas que também está relacionada com o verbo "ver" (ראה).

É nossa capacidade de ver, de sermos conscientes da realidade e das consequências de nossos atos o que faz com que Hod seja real, que se converta na expressão da existência em vez de um meio para o engrandecimento pessoal. É a capacidade para ver e ser consciente da realidade o que constitui a verdadeira função do ser humano, e é a única coisa que o ser humano realmente pode conquistar. Tudo o mais está fora de suas mãos:

> Tudo está nas mãos do Céu, exceto o temor ao Céu.

> *Berachot* 33b

E é por isso que Hod – que é a celebração dos atos do homem – também deve ser *yirá*: uma visão clara que, como Chanucá, "se manterá para sempre".

Na atitude rigorosa de Hod, que despoja a realidade de pretensões, nas decisões que tomamos a partir de uma consciência verdadeira e de uma dedicação total, teremos os pés que nos permitirão manter para sempre nosso *yirat shamayim*, temor ao Céu. Qualquer outra atitude se converte, inevitavelmente, em mesquinhez e perverterá o verdadeiro *yirat shamayim* em ciúme e fanatismo egoísta.

A vida do povo de Israel é uma vida de compromisso, como está no nome "Israel", que significa luta. Aquele que tem medo da luta,[9] que estuda Torá sem sentir-se animado pela paixão, que evita tomar decisões e seguir um curso de ação, ele mesmo terá aberto a porta que o tirará do mundo.[10]

> *A conclusão final, depois de ouvir tudo (kol): tema a D'us e guarde Seus preceitos, porque isso é todo o Homem.*

> *Kohelet* 12:13

Que quer dizer "isso é todo o Homem"? Hashem disse: Todo o mundo foi criado só por esse homem.

> *Berachot* 6b

Hod proporciona ao Homem um ambiente novo, um mundo que realmente foi modelado para ele. E Hod também proporciona um ambiente novo para a Presença Divina, em um Templo pleno de cuidado amoroso por meio dos atos dos homens: a dedicação dos homens que se tornou a dedicação do Templo. A Presença Divina voltou ao seu lugar, e a luz que "mostrou ao mundo que a Presença Divina reside em Israel" brilhou de novo a partir do Candelabro. E, na verdade, brilha a partir dos nossos candelabros, a cada festa de Chanucá.

Galut Yavan nos forçou a enfrentar nossa própria compreensão do significado e da glória. Ensinou-nos a aprender o significado de *yirat shamayim* e a perceber a diferença entre a escuridão e a luz.

21.5 A LONGA MARCHA NOTURNA ATÉ O DIA

Chanucá abre um universo de *chinuch*, de inauguração, de novos começos, que sempre seguem sendo frescos. Chanucá brinda a uma nova forma de ver as coisas e nos proporciona os instrumentos interiorizados para enfrentar qualquer situação com a tranquilidade que se origina na total dedicação, na convicção do valor do momento, não importa a que caminho conduzirá. Em Chanucá, nos foram dadas as táticas de sobrevivência necessárias para enfrentar a Galut Edom, e adquirimos o potencial para poder dar o passo seguinte e inevitável quando o trauma da história nos obrigar a isso, para terminar a Galut Edom e a longa marcha noturna até o dia.

A sobrevivência de Israel depende de afirmar de novo a luz de Chanucá, recordando o significado da inauguração e gostando do sabor da vida que a inauguração permeia. A sobrevivência de Israel requer que estejamos dispostos a olhar para dentro com uma luz que penetre o interior, que aprendamos a diferença que há entre a sabedoria do mundo e a Torá, entre o egoísmo e o cuidado de si mesmo, entre o fanatismo e *kanaut*, entre o ódio expressado através de Shim'on e o amor à Criação expressado por Pinchas, uma diferença que nem sempre é facilmente detectada.

> Só (tenha temor) dos desonestos, cujas ações são as de Zimri,
> mas que esperam a recompensa de Pinchas.

Sotá 22b

Nas pequenas e valiosas velas do Candelabro, que para o Criador valem mais que as estrelas do céu, Israel descobre que o que importa reside nas coisas simples, que possuem nobreza pessoal e glória individual imortal: "Não em poder nem em força, mas em Meu espírito" (*Zecharia* 4:4). Mesmo quando simplesmente vemos essas luzes devemos dizer uma bênção,[11] já que essas luzes também valem para nós mais que tudo o mais que há na Criação. Elas são as luzes de nossas almas, a memória de todos os nossos sonhos, a dedicação a tudo aquilo que consideramos valioso, assim como a chave para acender nosso mais íntimo ser.

SÍNTESE E INTEGRAÇÃO ❧ 307

NOTAS

APRESENTAÇÃO

1. ירושלמי ר״ה ג׃ה, חלה ג״ה ג׳, רות רבה ב׃א ועי׳ בספר תולדות אדם ;עי׳ גור אריה על ״ושננתם לבניך״ דברים ו׃ז, ד״ה שיהא מחודדים בפיך ; דרך חיים לאבות ו׃ו.

2. קרא ושנה ולא שימש ת״ח הרי זה ע״ה, ברכות מז׃, סוטה כב., וע״ג ברכות ז׃ גדול שימושה יותר מלימודה.

3. גיטין ס׃, תנחומא וירא ה פי״ב, שמו״ר מז ׃א; ״והיא יסוד התורה ״ מבוא התלמוד לר׳ שמואל הנגיד.

4. גיטין ס. תמורה יד.

5. גיטין ס. תמורה יד׃. הקדמת הרמב״ם למשנה תורה וכן היה דבר תמיד עד רבנו הקדוש וכו׳ וכתבהו כולה וכו׳ לפי שראה שתלמידים מתמעטים והולכים, והצרות מתחדשות ובאות, ומלכות רומי פושטת בעולם ומתגברת, וישראל מתגלגלין והולכין לקצוות, עכ״ל. מבוא התלמוד לר׳ שמואל הנגיד.

6. זה גם ענין חסורי מיחסרא.

7. ביאור הגר״יא משלי א ׃כא, ח ׃א ועוד.

8. עי׳ רש״י שבת סג. ד״ה צורתה.

9. עי׳ שבת סג. ״והוא דלית להו רבה במתא למיגמר מיניה״.

10. זכריה יד ׃ט מדרש תהלים סו.

11. זוהר ח״ב קסא ׃, ח״ג קעח׃.

12. דברים לא ׃יט, סנהדרין כא׃.

13. סנהדרין סח. ״ולא חסרתי מרבותי אפילו ככלב המלקק מן הים״.

14. אותיות דר״ע במ״ר יג ׃טו, זוהר חי״א מז ׃, נד., ח״ג רטז., קס.; וגם זוהר ח״ג פג ׃, מע״ת עז.

15. מגילה טו., אבות ו :ו, נדה יט:.

16. שמונה פרקים להרמב"ם בהקדמה. "ואע"פ שלא אזכיר אמר פלוני אמר פלוני שזהאריכות אין תועלת בו".

TEMPO E MOED

1. עי' שו"ע או"ח תכ"ו מג"א סק"א דברכת לבנה הוי מ"ע שהזמן גמרה ונשים פטורות ותמה עליו בעל חכמת שלמה שם "אטו בלבנה הוה לה מניעה מכח הזמן זה הוי המניעה מגוף המצוה דלא שייכא אז... והוה המניעה מכח הדבר שאין כאן לברך עליו ולא מכח הזמן, עי"ש המשך דבריו. אבל לפי דברינו אין כאן תמיהה כלל, כי עצם השינוי בגוף הלבנה הוא הוא הגדרתו של זמן.

2. מגילת תענית פרק י"ג.

3. Ver H Diels e W. Kranz, *Fragmente der Vorsokratiker*, sexta edição, 58B34. Ver também *The Works of Aristotle*, Berlin, 1951, *Problemata Oxford*, 1923, VII, 916a.

4. עי' מכתב מאליהו ח"ב ; מהר"ל בת"יי כ"ה ; בני יששכר, מאמר ד' אות פא, פה.

5. בראשית א :א, רש"י שם; שמות יב :א, רש"י שם.

6. ראש השנה כג :, כד. ; אתם אפילו שוגגים.

7. שם כב:.

8. קביעת חידוש הלבנה והשנה היא זכותה של הסמכות התורנית היותר גבוהה : הנשיא. התפלגותן הסופית של סיעות של רסיס מכלל ישראל מתבטאת באימוץ שינויי לוח על ידם.

9. סידור התפילה, סדר עמידה ביו"ט, וסדר קידוש ליו"ט.

10. הזמן עושה בנו רושם, תוך כדי עיצוב הרגע ללא רחם. עובדת היות המחזור ניתן לחיזוי אינו מרכך כלל את הרושם. אפילו מחזור הליקויים יש בו יותר מסמליות סתם הוא גילוי נוסף של השפעתם האמיתית של המחזורים שאנו מכנים אותם : זמן.

11. ביצה טז :א; תענית כז :ב ; רעיא מהימנא ויקרא כט:א, במדבר רסב:ב, רסג :ב ; זוהר חדש יותר ; בראשית ב :ג, "ויקדש אותו" ורמב"ן שם , פחד יצחק ח:י.

12. שמות יב :מב ; ראש השנה יא :ב.

13. דעת תנובות לרמח"ל, לד, קכד ועי' ספר הכללים ה'.

14. עי' רמב"ן לבראשית ב :ג, ד"ה ויברך ורעיא מהימנא במדבר רנג; דרך ה', חלק ד, פרק ז

אות ב.

15. דעת תבונות סי צ״ב.

16. ״אז תפקחנה עיני עורים״ (ישעיהו לה ‎:ה) דעת תבונות לרמח״ל, סימן נד.

17. נכלל בעיקרים י״ב וי״ג של הרמב״ם ‎: ביאת המשיח ותחית המתים.

18. פחד יצחק מאמר כה סעיף ה׳.

Para um exame de casos clínicos concretos de perda total da memória vide Oliver Sacks, *The Man who Mistook his life for a Hat*, Harper and Row, 1970.

19. בבא בתרא יב ‎:א, רמב״ן שם ‎; רסיסי לילה פ ‎:א, פא ‎:ב ‎; פחד יצחק, מאמר ח ‎:ו.

20. מהר״ל, דרוש על התורה, דפוס לונדון, תשכ״ד, עמ׳ לז ‎; פחד יצחק ח ‎:ז. דברי תורה עניים במקומם ועשירים במקום אחר, ירושלמי, ראש השנה ג-ה,עי׳ כריתות יד ‎: תוס׳ ד״ה אלא.

21. המלה ״אגדה״, הנתפסת לרוב כעניין ״סיפורים״ מלשון ״הגד״, שורשיה בעצם ב״גד״, שעניינו ״לקשור יחד״. ולכן ״כמין חומר״ היינו קשר עי׳ קידושין כב ‎: אך עי׳ תוס׳ שם ד״ה חומר שחולק על רש״י ועי׳ רש״י ברכות כ״ד. ד״ה דורשי רשומות-קשרים וסתומים הכלולים בתורה דורשי חמורות גרסינן והיא היא וגם גם ענין ״מסכתא״ דהיינו ארוג באריגה אחת.

Capítulo Um

MOED E CHANUCÁ

1. בני יששכר ד ‎:ב, ד ‎:פא, ומקומות נוספים.

2. במדבר ח ‎:ב, רמב״ן ד״ה בהעלותך.

3. מובא בשולחן ערוך תרע״ו, בעטרת זקנים.

4. חנוכה איקרי מועד תקוני זוהר ז״ח קמ״ח.

5. סידור התפילה, ברכות הדלקת הנרות (וגם בברכות קריאת המגילה).

6. ויקרא כד ‎:ב,ג ‎; רשוו לפסוק ג, ד״ה לפרוכת העדות ‎; שבת כב ‎:מנחות פו ‎: רמב״ם הלכות תמידין ומוספין פ ‎:ג, הל״ב י״א.

Capítulo Dois

GALUT E CHANUCÁ

1. זה עיקר הספר דעת תבונות לרמח״ל ועיין במיוחד סימנים מ״ח, נ׳, קנ״ד; ועיין ספר כללים ראשונים סימן ו׳.

2. בראשית לג :יד ורש״י ;ובראשית רבה עח :יד ועוד עובדיה א :יח כא, תהלים קלז :ז, איכה ד :כא, כב.

3. שולחן ערוך, אורח חיים, הלכות חנוכה תרע״ו ועטרת זקנים, שם.

4. עיין קו עתות חנוכה. ועל זה שכתב הרמב״ם, הלכות חנוכה ג :א: ״וחזרה מלכות לישראל יתר על מאתיים שנים עד החורבן בשני״, עיין להלן מה שכתבנו בעניין מלכות וחנוכה, ועי׳ גם בפחד יצחק, מאמר יג.

Capítulo Três
UMA GALUT INTERNA

1. Isócrates, *Panegírico* 4:50.

2. Webster's New Collegiate Dictionary, pag. 532.

3. Paul Johnson, *A History of the Jews*, Harper & Row Publishers, New York, 1987, pag. 100.

4. Winston Churchill, *History of the Second World War*, Houghton Mifflin Company, Boston, 1951, Vol. V, Seccion II Capítulo 13, pag. 532.

5. Will Durant, *The Life of Greece*, pag. 670.

6. במדבר יט :ב.

7. ונגה לה סביב דא מלכות יון, זוהר חדש, יתרו מד [אור דא מהימנותא דקב״ה ח״ג יא :ח].

8. רמב״ם הלכות תפילין וס״ת א :יט.

9. מנחות כט. ; רמב״ם, הלכות תפילין א:א והלכות ספר תורה א :כ; סמ״ג .עשין כח; טור שולחן ערוך, יורה דעה, סימן רעד, סעיף ע׳; אורח חיים סימן לב סעיף ד׳, בהג״ה.

10. וגם במלחמה הסופית יפת נהנה ממעשיו וניתן לקבורה: ״ביום ההוא אתן לגוג מקום שם קבר הישראל״, יחזקאל לט :יא; ב״ר לו :ו.

11. מדרש הנעלם פר׳ נח.

12. שיר השירים ה :ב, ו:ט. עיין ירושלמי עבודה זרה ה :ד, ובלשון מקרא עיין רש"י על בראשית ח :יא ד"ה טרף בפיה.

13. עי׳ זוהר חדש בלק.

14. צפניה ג :א; מדרש זוטא, שם.

15. ישעיה נא :טז, מדרש זוטא, שם.

Capítulo Quatro
ROSTOS DA DIVISÃO

1. שמואל ב׳ ז :כג; דברי הימים א׳ יז :כא; סידור התפילה, מנחה של שבת.

2. מובא בשמו ב"בני יששכר", חודש כסלו, מאמר ד, אות לד, ואות קיט.

3. עיין באר היטב, הלכות תענית, סימן תק"פ ס"ק ט׳. "כל המועדים של השנה בכולן יש שייכות לאותן פרשות שחלות בהן" של"ה חלק תושב"כ ר"פ וישב (רצ"ז , א).

4. "בני יששכר", חודש כסלו, מאמר יג כולו; מאמר ד, אות קמב, מאמר ה, מאמר ה, אות ג, אות יא.

5. בראשית נ :כד ותרגום יונתן, שם; שמות ג ׳טז, יג :יט; שמות רבה ה :יג; שמות יח, ושמעו לקולך, ורש"י שם; ועיין בראשית רבה צז :א, שקבל הסימן מיעקב, וגם שמות רבה ה :יג.

6. הים ראה וינס : תהלים קיד :ג, מדרש תהלים שם; בראשית רבה פד :ח; זוהר ח"ב רל; מגלה עמוקות וישב.

7. בראשית מה :ה ח,מז :ו,יא,יב,כז; בראשית רבה יג :יח זוהר ח"א קצו

8. פסחים קיט. ; בכורות ה :; זוהר שם; ועי׳ 2.01.

9. מגילה יג :; כתובות קיא.; איכה רבה פתיחתא; זוהר ח"ב קנו :; זוהר ח"א מה.; ח"א קצו : שיוסף משלו נתנו לו. מגלה עמוקות וישב מלקט ומסביר : צדיק בתמר יפרח, בו ירוץ צדיק, אור זרוע לצדיק, ויבא גוי צדיק שומר אמונים.

10. וברכה לראש משביר (משלי כא :כו) שנאמר ביוסף; זוהר ח"א רז. : וברכה לראש משביר זה יוסף צא :ה; תנחומא מקץ ז.

11. זוהר ח"ב רנח, ח"א נט.; ח"א קנח. חי"א ק. צדיק יסוד עולם (השלמה לאדם הראשון).

12. סוטה יג :בראשית מא :מה ורש"י ורמב"ן שם; זוהר ח"א קפח.

13. זוהר ח"א קסב. ; קצד : ; ח"ב כ"ג.

14. זוהר ח״א רכז ; ח״ג שב, ח״א רנא.

15. בני יששכר, חודש כסלו, מאמר ד, אות קיט.

16. בני יששכר, מאמר כסלו ד, אות קנא.

17. תנחומא, כי תשא יט.

18. דברים לג :יז ; בראשית מט :ו רש״י.

19. בראשית מט :כה. ועי׳ להלן, פרק יב, Capítulo 21.

20. סוטה לו : ; תנחומא, וישב ח ; פרקי דר״א לט ; גרינהוט, "משנה אל יתהלל", במדבר רבה צח :ח ; מכתב מאליהו חלק ב׳, דף 912.

21. תנחומא וישב ט ; שוחר טוב פא :ב ; במדבר רבה : די מכילתא בשלח, פתיחתא ; ילקוט שמעוני וישב, קמה ; בשכם נפרצה בערוה וגדרת אותה, לפיכך תבא בחלקך : בראשית רבה צז :ו, מגלה עמוקות, יושב.

22. יומא לב : , בראשית רבה פז :ה.

23. J. Boronowski, *The Ascent of Man*: "A primeira referência histórica que temos da alquimia é apenas de um pouco mais de dois mil anos de antiguidade, e provém da China. Diz como fabricar ouro e como usá-lo para prolongar a vida. Para nós, isso constitui uma conjunção extraordinária. Para nós, o ouro é valioso porque é escasso, mas, para os alquimistas de todo o mundo, o ouro era valioso porque era inalterável... O ouro é a preciosidade universal em todos os países, em todas as culturas, em todas as épocas... Os chineses observaram o que o fazia irresistível. Ko-Hung disse: "O ouro amarelo, mesmo se fundido cem vezes, não se estragará". Nessa frase nos damos conta de que o ouro possui uma qualidade física que o torna singular e que pode ser experimentada e determinar seu quilate, e descrita na teoria".

24. סנהדרן סג : ; תנחומא כי תשא כי ולא עגל בלבד עשו, אלא גילוי עריות וכו׳.

25. עגל דא עיי״ן גל.

26. בראשית לז :יט ; מט :ה, ורש״י, שם ; בר׳ רבה צט :ט, תנחומא ויחי ט, זוהר ח״א, קפה :.

27. בראשית לד :יג כז.

28. בראשית מב :נה ; בראשית רבה צא :ה.

29. זוהר ח״א קסב.

30. בראשית מט :כה וספורנו, שם ; דברים לג :יג.

Capítulo Cinco
DUALIDADE

1. בראשית מט :ג כח.

2. בראשית נ :יג, בראשית רבה ק :ב.

3. "כי שני שרשים יש לישראל, לאה ורחל" ספר הכללים לרמח"ל, כלל לב. רות ד :יא : כרחל וכלאה אשר בנו שתיהן את בית ישראל ומדרשים רבים. עיין בספר עץ חיים : האריז"ל מקדיש שער שלם 'רחל ולאה', שבו ט' פרקים מוקדשים לנושא זה על פי הקבלה.

4. עיין עץ חיים, שער רחל ולאה.

5. עיין גם שהש"ר ב :יד כדי שיהנו בעליהן מנויין.

6. בראשית כט :יא, ורש"י שם.

7. בראשית לג :יח ; זוהר חי"ב מח ;, חי"א קמז ;, חי"א קעב ; ; חי"ב קעב ; חי"א רמא ;, חי"ג רצג., חי"א רנז. ס' כד, חי"ג סה., חי"א צו., חי"ג קלח., חי"ג רס ;, רכו ;, חי"א רג ;:

8. בראשית בה :כז ; זוהר חי"ג קנג., קסג ;:

9. תיקוני זוהר ת' ה' יט : מובא באוצר הזוהר.

10. מדרש תנחומא פקודי ג.

11. זוהר ח"א טז ;:

12. תיקוני זוהר ת' יש לה. ; זוהר ח"ב קסא ;, ח"ג רסד.

13. זוהר חי"ג רסא.

14. כי אדם אתם : יחזקאל לד : לא ; אתם קרוין אדם יבמות סא., בבא מציעא קיד ;, כריתות ו ; ; מהר"ל נר מצוה.

15. ואף שכל זה דברי יצה"ר (עיי שבת סג ;) עי לקמן פרק טז.

16. נשמה מתחת כסא הכבוד, דעת תבונות סימן ע.

17. אבות ד :ג, זוהר חדש בראשית כא ;:

18. אבות ד :ג.

19. ברכות נח. במד"ר כא :ב

‫‬20. שמו"ר נב :ג; ויק"ר יח :א; קה"ר יב :ה.

‫‬21. אדם וכו' כליל כל גווניו וכל דיוקנין ר"ג מח, אדם כליל כלהו וכלא אתכללין בית ח"ב פ:.

‫‬22. בראשית ג :ג.

‫‬23. רעיא מהימנא : "בר נש בהאי עלמא איהו כלל ופרט", שמות כה. לבתר סטו מארחא דמהימנותא, שבקו אילנא יחידאי עלאה מכל אילנין, ואתי למדבקא באתר דמשתני ומתהפך מגוונא לגוונא כו' ת"א רכא :, ח"ג גז.

‫‬24. המוות היא התוצאה הטבעית של היות האדם עצמו. שום חלק קטן של הקיום אינו יכול להביע את כולו, והיות הדבר בר חלוף הוא מחירו של עצמו שאינו עוד שלם. המוות היה תוצאה מובנת ומקובלת ע"י אדם הראשון.

‫‬25. רבנו בחיי בראשית ב :ט, עץ החיים בתוך הגן.

‫‬26. סנהדרין סג :, שבת קמט.

‫‬27. אתם קרויין אדם, יבמות סא. ר' הערה 41.

‫‬28. עבודה זרה ה. : אמר ריש לקיש : באו ונחזיק טובה לאבותינו וכו'.

‫‬29. בר"ר פד : ידי משה.

‫‬30. א"ר יא :ב פסיקתא רבתי מו :ב, עי' תוס' הזוהר רעא.

‫‬31. כמהדרין : 3+2+1... 8+ : 63.

‫‬32. עי' פרק ז', ח' ומפרק י"ג ולהלן.

Capítulo Seis
MALCHUT

‫‬1. זוהר ח"ב קסא :.

‫‬2. בימי הבית הראשון, לא הוגלו שבטי יהודה ובנימין אלא לאחר שחלפו מאה שלושים ושתים שנה מאז הגליית עשרת השבטים ע"י אשור.

‫‬3. כתבי רבנו בחיי עמ' שע"ט. כד הקמח, ראש השנה ב :.

‫‬4. מולך כל שהמליכוהו עליהם, אפילו קיסם צרור ואפילו קיסם סנהדרין סד. לית מלך בלא מלכות תיקוני זוהר ת' כ"א ס : ע"ע מלכא בלא מטרוניתא לאו איהו מלכא זוהר ח"א רנו., איכה רבה רסט כ :יט.

5. "ממלכה" בתורת הזואולוגיה והבוטניקה מתייחסת למערכת שלמה, המתחלקת לענף, חטיבת על, חטיבה, תת חטיבה, סדר על, משפחת על, משפחה, תת משפחה ועד לביוטיפים וגנוטיפים.

6. לית, ליה מגרמיה כלום זוהר ח"א קמ.

7. כתובות יז. : קידושין לב : ; רמב"ם, הלכות מלכים ומלכותיהם, פרק ב' הלכה גי.

8. ראש הדור ככל הדור תנחומא חוקת כג, נשיא הדור ככל בדור, הנשיא הוא בכל רש"י לבמדבר כא :כא.

9. זוהר ח"ג כא. : ע"ע זוהר ח"א קצג.

10. אהן מלכא משיחא אין מי הוא ח"א הוא דוד שמיה ירושלמי ברכות ב :ד. עי' פני שמה למשיחו הוא דוד בעצמו.

11. [1]. זוהר ח"א נה., קסח., רלג :, רמח :, ח"ב רעו. :, רלה. :, ווהר חדש שה"ש פב : ; תקוני זוהר תי' ע' קלח :. [2] ע"ע זוהר ח"א נה :. [3] ע"ע זוהר ח"א קסח. [4] וע"ע זוהר חדש נח כט : בעניין חטאיו שאברהם ויצחק נתנו לו מחייהם וע"ע זוהר ח"א קסח. וע"ע סנהדרין לז. הקב"ה טבע כל אדם בחותמו של אדה"ר [5] ע"ע זוהר חדש, צח : שהיה ראוי לחיות מאה שנה.

12. באתרא דאתקרי זאת זוהר ח"ב לז.

13. זו דוגמה נפלאה של כוחה של מלכות ללא מלך "לך אל נמלה, עצל ; ראה דרכיה וחכם ; אשר אין לה קצין, שוטר ומושל" (משלי ו :ו-ז) לכוורת כוחות אדירים, והיא לובשת היבטים של שכל ורצון, כביכול, אולם ליחיד אין כל יכולת לשרוד באופן עצמאי. ר' חולין נז : לניסוי משעשע המוכיח שלכוורת המתפקדת אין צורך במנהיגים.

14. או אישיותנו אישיות של כל יחיד ויחיד מורכבת מתכונות נבדלות רבו, לעתים אף סותרות. אולם האישיות של בן אדם משולב היא שלמה. רואים אותם לא בפרטים מבודדים, כי אם כאדם, שאפשר להכירו ולשתפו עם אחרים. השלם הנו פונקציה של איפיונה של מלכות.

15. עי' רמב"ן במדבר א :ג.

16. השוה רש"י לבמדבר א :נ. השורש מנ"י מופיע בם ב"מינוי" וגם ב"מנה" (=ספר). הרמב"ן (לבמדבר א :ג, ד"ה תפקדו) מפשר את השורש פק"ד ככרוך בדאגה וערבות, כמו הרד"ק בספר השרשים, שורש פק"ד. חומש בפקודים הוא שם אחר לספר במדבר, ספר בניית המחנה במדבר.

17. שמות יט :ו. רש"י מגדיר "כהנים", ד"ה ואתם. רש"י מקשר את המונח גם לבניו של דוד המלך (ראה שמואל ב' ה :יח).

18. זוהר שמות קיח.

19. שבת סא. : אבות דרבי נתן לא.

20. עי׳ מדרש הנעלם, פרשת בראשית, מאמר שלש משמרות הוי לילה.

21. ראה הערה 41 לעיל.

22. *The Lives of a Cell: Notes of a Biology Watcher.* Thomas, Lewis, Bantam Books Inc., New York, 1974, pag. 16.

23. תרגום יונתן, הירש.

24. שמואל א׳ כה:כט.

25. תיקוני זוהר, תי׳ ר׳ כה :, בהקדמת טו׳׳ ; זוהר ח׳׳א, קמה.

26. ר׳ 5.5.

27. תיקוני זוהר, מז׳׳ה קסה: ; ועוד.

28. זוהר ח׳׳ג פד.

29. ב:ב נח. ...כי מטא למערתא דאדם הראשון, יצתה בת קול ואמרה: נסתכלת בדמות דיוקני ; בדיוקני עצמו אל נסתכל... א׳׳ר בנאה נסתכלתי בשני עקיביו ודומים לשני גלגלי חמה. הכל בפני שרה כקוף בפני אדם, שרה בפני חוה כקוף בפני אדם, חוה בפני אדם כקוף בפני אדם. קומתו היה מאה אמה ב׳׳ב עה. וברש׳׳י, שם, וב׳׳ר י׳׳ב.

30. לא יסור שבט מיהודה (בראשית מט :י) וברש׳׳י, שם.

31. מלכי ישראל היו כולם צאצאי יוסף.

32. בני (זוהר). וע׳׳ע בני יששכר, כסלו, מאמר ב׳, אות כה.

33. רמב׳׳ם, הלכות בית הבחירה א :ב, ושם משיח שילה, סנהדרין צח. ; ב׳׳ר צח :יג.

34. סוכה נב..,במד׳׳ר יד :ב ומצפה עליהם שם משיח בן יוסף מתוך הגליל והם עולים משם וכל ישראל עמו לירושלים מגלה עמוקות וישב בכמה מקומות, בני יששכר מאמר ב׳, אות כה ובכמה מקומות.

35. מגלה עמוקות וישב, מג: וישנאו אותו ועוד כמה מקומות, והושווה לבן סורר ומורה שימות זכאי, ודווקא בשכם ראו השלכות העתיד ועייש.

36. באור הגר׳׳א, ישעיה יא :יג: אפרים לא יקנא למשיח בן דוד דמשיח ב׳׳ד לא יצור את משיח ב׳׳י.

37. רמב׳׳ם, משנה תורה, הלכות עבודת יוה׳׳כ א :ז.

38. [1] פחד יצחק, מאמר י׳, מאמר יג. [2] ברכת יעב׳׳ץ, מאמר האור שבחנוכה, דפים קמז קנד וגם מתייחס למעשה דינה ושכם כמקור לחנוכה, ושתהיה גלות בא׳׳י.

39. אבן עזרא לח:א אין זאת העת כאשר נמכר יוסף רק קודם הימכרו... והוצרכתי לפירוש הזה בעבור שאין מיום שנמכר יוסף עד יום רדת אבותינו למצרים רק כ׳׳ב שנה, והנה נולד

אונן שהוא שני לבני יהודה וגדל עד שיהיה לו זרע, ולא ימצא פחות מי''ב שנה...ועוד.

40. ב''ר פה:א.

41. מוניטין של דוד היה מקל ותרמיל מכאן (היינו עדר) ומגדל מכאן בר''ר לט :יא.

42. ברכות ז : בראשית כט :לב ; עי׳ רש''י שם.

43. אוצרות רמח''ל איגרת י׳ הוצאת פרידלנדר שכ''ג.

44. רות ד :יא, יב ; רות רבה ז :יג.

45. ר׳ פרק שני.

46. הלכות כלי המקדש, א :ט. ועיין בבני יששכר מאמר ב׳ אות יג בסוף רמז יפה.

47. מובא באור דגליה דף לז : סעיף יא.

48. הוריות יא :ב ; רמב''ס הלכות כלי המקדש א :ה, רש''י לשמות ל :לא.

49. פסיקתא רבתי ו :ג בני יששכר, מאמר ב אות ג. עי׳ לעיל פרק ראשון.

50. עיין לעיל 3.2.

Capítulo Sete
HODAÁ

1. תענית ב.

2. הרמב''ס מתאר דיני הלל בפרק שלישי, ואין מזכיר עניין הודאה, ורק

בסוף פרק ד׳ בהלכה יב כתוב : ''וצריך אדם...ולהוסיף בשבח הא-ל והודי''ה לו על הנסים שעשה לנו'' : נראה ששיטתו כשיטת רש''י, בגמרא שבת כא : ש''יקבעום ועשאום ימים טובים בהלל והודאה''. בכתב רש''י ''לומר על הנסים בהודאה'', ד''ה ה''ג ועשאום.

3. שולחן ערוך, אורח חיים הל׳ חנוכה, סי׳ תר''ע, הל׳ ב׳ מבחר בשם מהר''מ מרוטנבורג.

4. שולחן ערוך, שם רמ''א בשם מהר''א מפראג וכן בד''ימ וכן פי ביש''ש וב''ח. ועי׳ רסיסי לילה, בסוף אות נו.

5. עי׳ חגיגה י : ואינו לא זה ולא זה.

6. עיין 1.1 ומדרש המובא בעטרת זקנים בש''ע תרע''ו.

7. חזקוני בראשית מט:ח.

8. תרגום יונתן בראשית מט: ח.

9. תרגום אונקלוס בראשית ט: ח.

10. תרגום ירושלמי בראשית מט: ח.

11. שם.

12. רש״י בבא קמא צב. ד״ה מי גרם לראובן מדרש אגדה הוא כתנחומא: מכיון שהודה יהודה ואמר צדקה ממני, עמד ראובן ואמר: אני בלבלתי יצועי אבי.

13. מדרש ב״ר עא: ה.

14. בראשית כט: לה; רד״ק, ד״ה ותהר, וז״ל: אין לי אלא להודות לה׳ ולשבחו.

15. עי׳ סוטה מט:.

16. שמואל א׳ כד (עיין-פסוק י׳: ״הנה היום הזה ראו עיניך את אשר נתנך ה׳ היום בידי במערה ואמר להרגך, ותחס עדיך, ואמר: לא אשלח ידי באדני, כי משיח ה׳ הוא״ ופסוק יב: ״...וידי לא תהיה בך״); שמואל א׳ כו, מדרש שוח״ט ז:יג: כשם שהיה דוד מתפלל שלא יפול ביד שאול, כך היה מתפלל שלא יפול שאול בידו.

17. שמואל א׳ ט: ב: ״משכמו ומעלה גבוה מכל העם.״

18. שמואל.ב׳ כא:י.

19. יומא כב:.

20. שמואל א׳ י: כב: ״וישאלו עוד בה׳ הבא עוד בלם איש, ויאמר ה׳: הנה הוא נחבא אל הכלים.

21. במדב״ר פרשה ד :כ.

22. מגילה יג: בשכר צניעות שהיתה בה (ברחל) זכתה ויצא ממנה שאול, בשכר צניעות שהיתה בו בשאול זכה ויצא ממנו אסתר.

23. רמב״ם, משנה תורה, הלכות מלכים ומלחמותיהם א: א.

24. דעת רוב הראשונים (רש״י, מצודה ציון, רד״ק) היא, שעם ישראל טעה בבקשה מלך ״ככל הגוים״; הר״ן (בדרשות הר״ן, דרוש יא) רואה עיקר הבעיה בדרישתם, שהמלך יתפקד לא רק כמנהיג צבאי, אלא גם כשופט, תפקיד המיועד לשופטים ולזקנים, הדנים לפי דין תורה: במקרה הפרטי שלפנינו לשמואל ולבניו [עי׳ עוד בעקדת יצחק לפי׳ שופטים, בכיוון דומה]. ״באור החיים״ הקדוש מדגיש, לעומת ואת, את הבעייתיות של ראיית המלך כמנהיג מצביא, המביא לתפיסת נצחון כתוצאת של מעשי אדם ותחבולותיו, ולא כהשגחה אלקית הפועלת אמנם דרך המלך, המסמל שלטון ה׳ בעם, ע״י צדקתו ויושרו [ובזה יש לתרץ קושייתן בש״ס, סנהדרין כ: שהזקנים שאלו כהוגן, משא״כ עמי הארץ, שלפי הר״ן נשאר תמוה; ועין עוד ברבנו בחיי, לדברים יז :יד.] הוראת הפסוקים אמנם אינה כן, שבתחילה כעס שמואל על בקשתם למלך לשופטם, ורק כשבקשו מלך להילחם את מלחמותיהם, נענה לדרישותיהם.

רד״ק, לשמואל ח:ה, מעיר, שבקשת המלך לא נעשה בכוונת מרצון לקיים את מצוות הבורא, או כהבעת צורך אמיתי למלך, אלא כתרעומת נגד שמואל ובניו, וכשלונם, בעניניהם, כשופטים. המלבי״ם מתרכז בלשון הספרי: "למה נענשו בימי שמואל? מפני שהקדימו על ידם", שבקשו העם מלכות של בן אדם בתקופת שעוד נמשל, באופן נסי, על ידי נביא ; תקופה שבה אין צורך כלל במלך בשר ודם.

25. רמב״ם, הלכות מלכים ומלחנותיהם א :ב: "מאחר ,שהקמת מלך מצוה,למה לא רצה הקב״ה כששאלו מלך משמואל? לפי ששאלו בתרעומת, ולא שאלו לקיים במצוה וכו׳.

26. עי׳ שמואל ב׳ ה :ב.

27. מדרש שוח״ט ז:ג : אמר לו הקב״ה לדוד : אילו היה מזלו של שאול מזלך, ומזלך מזלו, כמה דוד הייתי מאבד מפניו! ועי׳ רש״י, מועד קטן טז : ד״ה אבדתי, עי׳ ויקרא רבה כו :ז.

28. היה מלך ואמר אינו מלך, ה׳ המליכני מדרש שוחר טוב קמד :א ; שמואל א׳ כה :ב טו ; כו ח :טז ; שמואל ב׳ טו :כה ; א :יז כז ; שמואל א׳ ב :א.

29. זוהר ח״א צא : "הראה לו הקב״ה לאדם הראשון את כל הדורות העתידות, כיון שראה את דוד שאין בו חיים כלל, נבהל, ונתן לו משלו שבעים שנה, ולכן חי אדם רק תשע מאות ושלושים, ושאר השבעים עברו לדוד".

30. פסיקתא רבתי, הוספה א׳, פרשה א :ב ועיין גם חגיגה יג : וזוהר ח״א רמח :

31. רש״י לזכריה ד :ג, ד״ה אחד מימין ; מצודת דוד ד :ו,ז, ועיין רד״ק פסוק ב,ו.

32. מצודת דוד, זכריה ד :ו.

33. זוהר ח״א יח : , עו : , רטו. , רמו :.

34. מדרש רבה, ויצא, פרשה עא :ד.

35. שם.

36. סוטה י.

37. מדרש שוחר טוב : אדם הראשון אמרו כדי שילמדו כל הדורות שכל מי שמורה על פשעים ועוזב, ניצל מדינה של גהינם, שנאמר "טוב להודות לה׳".

38. עי׳ מפרש המקרא תהילים צב :ב.

39. שפת אמת, ליקוטים, חנוכה דף לא.

40. פסחים קג :

Capítulo Oito

ISRAEL E AS NAÇÕES

‫1. רסיסי לילה נ"ז, עמ' פחה (071).‬

‫2. בר"ר ב:ד.‬

‫3. בני יששבר, מאמר ב' אות ח, יט ועוד רבות.‬

‫4. מה חטה זו סופגת, כך ישראל סופגים נכסיהון של אמות העולם... שהש"ר ז:ז ; לך יובילו‬
‫שי למורא... כך דורכיאות עם דורניאות עתידות להוית מצויות למלך משיח הה"ד וישחתחוו‬
‫לך כל מלכים אסתר א :ד.‬

‫5. כל מה שהרשעה מכנסת בעוה"ז, הקב"ה נותנו לישראל לעת"ל שמו"ר לא :יח [ואמנם שם‬
‫הגירסא בבל, אך ברור שמדובר באדום, ותיקנו מפחד הצנזור ; ובדפו"י כתיב "הרשעה"].‬

‫6. עי' ספורנו בראשית כה : כו, ד"ה ויקרא שמו יעקב.‬

‫7. "לא הגלה הקב"ה את ישראל לבין האומות אלא כדי שיתוספו עליהם גרים" פסחים פז :‬
‫וכן : "אמאי אשתעבידו ישראל בכל האומין? בגין דישתאר בהון עלמא דאינון לקבל כל‬
‫עלמא" (זוהר שמות טז).‬

‫8. שיהש"ר, סוף פרשה ב [טז :ב] ר' חלבי אמר : ""הגויי 'גם את הגויי 'מצרים וארבע מלכויות"‬
‫ז"א שהגורל שם של כל המלכויות יהיה כנספח לגורלה של מצרים.‬

‫9. עיין סוטה לה :, רש"י ד"ה היאך למדו, וד"ה וכתבו מלמטה, וד"ה על עסקי סיד, וד"ה‬
‫אלא שריפה, ותוס' ד"ה כיצד כתבו, ותוס' ד"ה ועל דבר זה.‬

‫10. ישנן דוגמאות רבות של הלכות חשובות הנזרות מלשונות זרות. אולי הידועה מביניהן‬
‫נוגעת לתפילין, שס "טוטפות" מתפרשת כצירוף של "אפריקי" ו"כתפי". הלכות אחרות‬
‫כוללות זיהוי אפשרי של האתרוג באמצעות היוונית, אשר ממנו פוטריס אחת העריות מחיוב‬
‫מיתה.‬

11. As linguagens diferem em estrutura e vocabulário, no modo em que expressam a casualidade, os sentimentos e a responsabilidade pessoal e, por conseguinte, no modo em que nos permitem pensar. Não existe uma linguagem "melhor" para um só propósito, mas linguagens diferentes são mais aptas para propósitos diferentes. Por exemplo, não foi um acidente que Platão e Aristóteles escreveram em grego ou Kant em alemão. As partículas gramaticais desses dois idiomas, aliadas à sua grande facilidade para formar palavras compostas, ajudou a fazer delas as linguagens da filosofia ocidental. Outro exemplo vemos no fato de que idiomas com um alto caráter de inflexão (aqueles nos quais as terminações das palavras bastam para indicar a estrutura dos enunciados) podem usar variantes em vez de palavras para expressar matizes impossíveis de serem expressadas em inglês. A ordem das palavras em inglês, por exemplo, está severamente restrita pelo fato de que devem servir como o indicador principal da estrutura dos enunciados. Se o inglês se tornou o idioma mundial, isso não é, necessariamente, o melhor para a diplomacia.

12. זוהר, ויקרא כ. רעיא מהימנא : שבעים לשון שהם שבעים פנים לתורה דאית שבעים לשון
מסטרה דמלכות הרשעה וכו'.

13. הש' בראשית רבה מט:ב, ויבא אילימה (רש"י לשמות טו:כז). הש' במד"ר יד :יב
למשמעויות נוספות של השבעים, תרגום יונתן בראשית כח :ג.

14. רמב"ם, הלכות סנהדרין י :ה. הש' סנהדרין לד. ועיין רמ"ך וכסף משנה,שם.

15. עי' זוהר ח"ג רסא.

16. שמות יט :ו ועי' שהש"ר ג :ז.

17. זוהר ח"ב טז.

18. זוהר במדבר קסא. ; הש' ר' יהודה הלוי, כוזרי, ב, לו.

19. לא אשרי קב"ה לישראל בגלותא בין עממיא אלא בגין דיתברכון שאר עמין בגיניהון
(זוהר בראשית רמד).

20. תענית י : א"י שותה מי גשמים וכל העולם כולו מתמצית...א"י שותה תחילה, וכל העולם
כולו לבסוף ; זוהר, לך לך פד : ועוד.

21. עי' צדקת הצדיק ; אות רנ"ו. כיון שהאומות הן רק קטעים, לא יוכל להיות להם קיום
מוחלט בקיטוען, ולכן הן נאלצות להיקלט על ידי ישראל. היותן חולפות הוא המאפשר את
עצם קיומן : שבעים הפרים כנגד שבעים האומות, ופוחת והולך כל יום כנגד ביטולן...עיין
רש"י לבמדבר כט :יח, ד"ה ומנחתם.

22. הש' בראשית רבה פח:ו גם שם, סו :ה : יעבדוך עמים : אלו ע' אומות ; רסיסי לילה נ"ו ;
שהש"ר ב :טז.

23. שהש"ר ב :כב ; עי' פרק 9.

24. הש' אבן עזרא ומצודת ציון לקוהלת א.

25. ישעיה ס:ה, יא ; סא:ו.

26. "המון ים" מתורגם "עותר מערבא", וכן פירש רש"י ד"ה כי יהפך : "כי יהפך עליך המון
ים" (ישעיה ס :ה).

27. עיין עוד סוטה י"ג.

28. וכן במדבר רבה טז :כג.

29. זוהר ח"ב קנב : ; עי' גם תענית י. גבי א"י.

30. זוהר לך לך פד : ועוד.

31. עי' רש"י ד"ה מאי בעיא.

‏32. גיטין נו : כל המיצר לישראל נעשה ראש : כלומר, קודם שמיצר להם נעשה ראש, שלא יאמרו ביד אומה שפלה מסר את בניו (תוס׳ חגיגה יג :). ועי׳ זוהר ח״ב טז.

‏33. רעיא מהימנא ויקרא כ.

‏34. שהש״ר ב, מהדורה תנינא א :ח.

‏35. רש״י לויקרא ב :כה,ד״ה והבדלתם ; תו״כ שם.

‏36. מסילה ישרים פ״ג בביאור חלקי הזהירות.

‏37. ״וחושך : זה יון״ ב״ר ב :ד.

‏38. רסיסי לילה סימן נו.

Capítulo Nove
YAAKOV E ESSAV

‏1. בר״ר עה :ה, ילקוט שמעוני פשרת וישלח רמז ק״ל.

‏2. קידושין יח.

‏3. עיין ב״ר סט :ד.

‏4. עיין בשער הבחינה בספר חובות הלבבות לרבינו בחיי. זכריה יד :ט, ועיין פסחים נ.

‏5. דברים ו :ד ; זכריה יד :ט, רש״י ד״ה ה׳ אלקינו ; תפילת עלינו : ״ויקבלו כלם את עול מלכותך״ ; תפילת ימים נוראים : ובכן תן פחדך וכו׳, ״ויעשו כלם אגודה אחד וכו׳ ויאמר כל אשר נשמה באפו וכו׳״. ועיין רמב״ם הלכות יסודי התורה פרק ה׳ הלכה ג׳, ועיין ספר החינוך מצוה רצ״ו ״ולא יתן מקום אל המעביר לחשוב שהוא כפר בש״ם יתברך״ ; ועיין שמות ו :ה, יד :ד, לב :יב, במדבר יד״ יג-טז, יחזקאל כ :מא, כח :כה, ולט :כז.

‏6. שבת קיח : ; חולין קיא.

‏7. מסילת ישרים, פרק כו.

‏8. פרצוף אדם שבארבע חיות בדמות יעקב (רש״י, שם, ד״ה בדיוקנו של מעלה).

‏9. בראשית כז :כא, כב ; רש״י שם המביא את המדרש. ברור שיצחק מבחין בפגמיו של עשו.

‏10. עיין ילדמנו בתי מדרשות א, קנ״ט.

‏11. אגדות בראשית פא : ; מדרש תהלים קכו.

12. בראשית רבה סז ב:.

13. עיין ב"ר עח יא:.

14. מדרש תנחומא הקדום והישן פרשת ויצא ד"ה ויברח יעקב.

15. לא ירד יעקב לארס אלא (לאובד) [להאבד], ספרי כי תבא שי"א, על דברים כו ה:.

16. זוהר בראשית קסו.

17. רש"י לבראשית כט יב:, מבבא בתרא קכג.

18. בראשית לא מ:.

19. מדרש תנחומא (בובר), ויצא יב.

20. רש"י לבראשית לב לה:, מב"ר עז ג:.

21. רש"י בראשית א א:, בשביל ישראל שנקראו ראשית.

22. כך מקובלני מגירסא דינקותא, ולא מצאתי לע"ע את המקור.

23. עי' מלבי"ם בראשית כז א:.

24. רש"י (מתנחומא) בראשית מט יג:, ד"ה לחוף הים.

25. ספרי, בהעלתך סט.

26. זוהר ח"א קסו. "ויותר חכמה וערמה עשה בזה מכל מה שעשה נגד עשו."

27. רעיא מהימנא, פרשת אמור קלב.

Capítulo Dez
DINHEIRO E MERCADOS

1. מסכת עבודה זרה ב :. .

2. בראשית כה כג-כד:, ולאם יאמץ ; רש"י, שם. יחזקאל כח ב:, אלמאה החרבה ; מגילה ו. ורש"י, שם. בראשית כז מ:, והיה כאשר תריד ; רד"ק, שם.

3. מתנות כהונה, שם.

4. בראשית לג יח:, רמב"ן, ד"ה ויחן את פני העיר : "רצה שתהיה תחילת ביאתו בארץ בתוך שלו, ולכן חנה בשדה וקנה המקום". רד"ק ד"ה את פני העיר.

5. בראשית לד ל:. עי' בס"ג : ועי' מעם לועז.

6. בראשית יב :ו. עי׳ רמב״ן, ד״ה ויעבר אברהם בארץ עד מקום שכם (השני). בראשית רבה פ: ח: מה אני מניח את בני ליפול ביד אומות העולם? ...ועמד על פתחו של שכם.

7. סנהדרין קב.

8. משנה ברורה, הל׳ חנוכה, סי׳ תר״ע ס״ק א׳.

9. בראשית לג :יח; רמב״ן, ד״ה ויחן את פני העיר.

10. (שם).

11. בראשית כט :יג, רש״י שם; ל:כה לד, לז מג; לא :א, ב,ז,טז,יח,מא,מב נב ורש״י שם, פרק לה :ד,ה.

12. מובא באור לפני הדורשין מצידה לדרך, פרשת וישלח, דמשק אליעזר.

13. מנהגן של ישראל תורה היא: רשב״א בתוה״ב, דף לד. מובא בב״י, יו״ד ס׳ לט. מנהג ישראל תורה היא: מטה אפרים, סי׳ תכ״ו. בני יששכר, חדש כסלו, מאמר ב׳ אות כ״ה.

14. בר״ר מד :יט.

15. פסחים קיט.

16. שם.

17. זוהר בראשית קסו:. בראשית לב:ה, ורש״י שם בד״א. בראשית לג:י, כראות פני אלקים, ורש״י, שם. סוטה מא:

18. בראשית רבה צט:ז: כל המתחננים ליד הדלת באים משמעון; גם לוי חייב סיבובים (לתרומה ומעשר).

19. חולין צא:.

20. מלאכי ג :יט: כי הנה יום בא, ורש״י, שם וא״ע. ספר החינוך, מצוה ג, גיד הנשה ״כן יזרח לנו השמש של משיח וירפאנו מצערנו״.

21. ע״ז ג.

22. אור תורה להגאון המנוח מאסלדאוודי מובא באור לפני הדורשין, אות י, ועי׳ רמב״ם, הל׳ חנוכה, ג :א ״ופשטו ידם בממונם״.

Capítulo Onze

FOGO E CHAMA

1. בראשית לד‏:ל.

2. בראשית מב‏:לח, רש‏״י לבראשית מג‏:ב; מדרש תנחומא, פרשת מקץ ח; רש‏״י לפרשת וישב, בראשית לז‏:ב.

3. בראשית מז‏:ט.

4. יעקב לא האמין בחלומותיו, כדלהלן‏: זוהר ח‏״א קנ‏: ‏״חלומות לפעמים אמת הם ולפעמים לא‏״, וע‏״י מדרש שוח‏״ט עח‏:ו ופסיקתא רבתי לג‏:עא. יוסף היה רוצה לקיים חלומותיו בראשית מב‏:ל, עי‏׳ רמב‏״ן.

5. עי‏׳ בראשית רבה כד‏:ה, ופירוש יפה תואר.

6. בראשית לז‏:ב‏: אלה תולדות יעקב‏: יוסף...; רש‏״י תלה הכתוב תולדות יעקב ביוסף שהרי עבד יעקב עם לבן בכל מאודו רק בעבור רחל, אמו של יוסף.

7. עי‏׳ פירוש מהרז‏״ו שם.

8. בראשית מו‏:ל; רש‏״י, שם. מדרש תנחומא ויגש ח.

9. רואים שבמהלך הברכות יעקב רומז ליחסי בניו אל יוסף‏: בראשית מט‏:ה‏: שמעון ולוי אחים רש‏״י‏: בעצה אחד על שכם ועל יוסף. מט‏:ז‏: וברצונם עקרו שור‏: רש‏״י רצו לעקור את יוסף מט‏:ט‏: ...יהודה, מטרף בני עלית‏: רש‏״י‏: ממה שחשדתיך בטרף טרף יוסף. וכן גבי ראובן מזכיר מעשה בלהה.

10. פסחים קיט., זוהר ח‏״א קצו‏:ב; בכורות‏:; בראשית מט‏:כה, עי‏׳ רד‏״ק ד‏״ה ברכת תהום, וכן ספורנו.

11. ל‏״ו נרות ושמונה שמשים 44.

12. מובא מאליהו רבה, הלכות חנוכה באור לפני הדורשין, סעיף י‏׳, ואני לא מצאתיהו בתדב‏״א.

Capítulo Doze
FUNDAMENTO PARA MALCHUT

1. דברי הימים א‏׳ כט‏:יא, ולפי הסדר ‏״יכל‏״ כנגד יסוד שהוא יוסף.

2. בראשית מא‏:מג; רש‏״י אברך דין אבא למלכא, אב בחכמה ורך בשנים.

3. בראשית מה‏:לג ואינו כדי להפקיד הפקידים כי על זה כתיב יעשה פרעה דייקא שם, לד.

4. במדבר רבה יד‏:ו.

5. ר׳ פרק 3.4.

6. מדרש תנחומא, פרשת מקץ ג. גם ברכות צ: .

7. ילקוט שמעוני, דניאל תתרס, איש חמודות. מדרש תנחומא, פרשת יורא ה.

8. בראשית מג :לז, תרגום יונתן בן עוזיאל.

9. פרקי דרבי אליעזר לט.

10. בראשית רבה צג :ז ; בראשית רבה צג :ו-ט.

11. בראשית מד :יח, רש״י ד״ה מה פרעה : ״וכי זו היא שימת עין, שאמרת לשים עיניך עליו״ (ב״יר) ; בראשית רבה צג :ו.

12. עי׳ רמב״ן לבראשית מד :כז : ״כי לא נולדות לי מאשה אשר היא אשתי ברצוני רק שנים, ושמתי אהבתי בהם כאלו הם יחידים לי, והשאר כבני פלגשים הם אלי... ולכן יקדים הכתוב רחל ללאה...״

13. בראשית רבה צג :ו-ז.

14. רש״י לבראשית מד :יח, ד״ה מה פרעה ; בראשית רבה צג :ו ״על חיבת העין בא״.

15. בראשית רבה צא :ז ; תנחומא מקץ ו.

16. רש״י לפרשת ויגש, בראשית מה :יב ; והר ח״א צג. מובא גם רמז במדרש : גבי״ע בגי׳ מיל״ה.

17. מדרש תנחומא, פרשת ויגש ה ; חגיגה ד : ; בית הלוי, פרשת ויגש ; תורה תמימה, בראשית מה :ג.

18. בראשית רבה צא :י

19. בראשית רבה סח :יא ; פסיקתא פד.

20. בראשית רבה צח :ג רבי שמואל : הדא הוא שישראל משכימים ומעריכים בכל יום ואומרים שמע ישראל אבינו ממערת המכפלה אותו דבר שצויתנו עדיין הוא נוהג בנו ה׳ אלקינו ה׳ אחד.

21. גם פסחים נו.

22. כל בו, אבודרהם, רן נועם ; אלימלך.

23. עשרים וארבע האותיות מתאימות ל 42 ימי חודש כסלו שחנוכה באה אחריהם ; בני יששכר, מאמר ה, אות ו.

24. יהושע כד :א וכו׳ ; כד :כה. הברית בהר גרזים והר עיבל, ושכם ביניהם. דברים יא : כט, ל ואלוני מורה הוא שכם. ובברית העתיד, ״כי אני אהפוך אל עמים שפה ברורה לקרוא כולם בשם ה׳, לעבדו שכם אחד [קברו עצמות יוסף וקיימו את מה שקיבלו עליהם במצרים].

25. בני יששכר, כסלו, מאמר ב, אות כה.

26. פרקי דרבי אליעזר כו.

27. רש״י לפרשת וישב, בראשית לז :ב : ביקש יעקב לישב בשלוה.

28. בני יששכר, כסלו, מאמר ב, אות כה.

29. שם.

30. בראשית מט :כב, תרגום, רס״ג; שמואל בן חפני.

31. זוהר בראשית יז :. עי׳ לעיל פרק 3.5.

32. בראשית רבה פד :ח.

33. חגיגה טו. בראשית רבה ב :פד מסתכל הייתי במעשה בראשית, ולו היה בין מים העליונים למים התחתונים אלא בשתים ושלוש אצבעות, ורוח אלהים מנשבת אין כתיב כאן אלא מרחפת כעוף הזה ; רעיא מהימנא, ספר במדבר, פרשת פנחס רכג : הבדלה בין נוקבא לדכורא בג :ד [בראשית] ויהי מבדיל.

34. ועי׳ פחד יצחק, מאמר ו, אות ו-ח.

35. מגילת תענית פרק יג.

36. רסיסי לילה אות נו, דף עז, ועי׳ תפילת מנחה לשבת : ״יעקב ובניו ינוחו בו״.

37. זוהר חדש, יתרו מ ; זוהר ח״ג, רפז. אומרים בקידוש לבנה ״דוד מלך ישראל.״

38. ר׳ פרק זמן ומועד 2.0.

39. זוהר ח״א דף קנג : יוסף זכה למהוי צדיק לעילא בגין דנטר את קיימא. בנימין צדיק לתתא לאתעטרא שמה בין תרי צדיקי יוסף הצדיק ובנימין הצדיק. זוהר ח״א דף קסב. תו ההוא ב״נ דזכי למנטר את קיימא קדישא ועביר פקודי דאורייתא צדיק אקרי ומרישי׳ ועד רגלוי הכי אילו לא אירע ליוסף ההוא עובדא לא אקרי צדיק כיון דנטר ההוא ברית קיימא אקרי צדיק וההוא דרגא דברית קדישא אתעטר בהדיה ומאי דהוא (עביד) בבור בקדמיתא אסתלק ; זוהר ח״ב ג. כל מאן דאתגזר ונטיר האי את קיימא אקרי צדיק. תא חזי מן יוסף דכל יומוי לא אקרי צדיק עד דנטיר ההוא ברית את קיימא קדישא. זוהר ח״א כג. הא חזי מן יוסף דכל יומוי לא אקרי צדיק עד דנטיר ההוא ברית את קיימא קדישא. כיון דנטר ליה אקרי צדיק יוסף הצדיק. זוהר ח״ב כג. דכל יומוי לא אקרי צדיק עד דנטיר ההוא ברית את קיימא קדישא. כיון דנטר ליה אקרי צדיק יוסף הצדיק.

40. שבת קו. ״מנין למילה שבאותו מקום״ נדרים לב. לא נתקיימו שמים וארץ.

41. מדרש תנחומא, פרשת תזריע ה : מי שהוא מהול אינו יורד לגיהנום. זוהר הקדמה ח.

42. מדרש תנחומא פרשת תזריעה יא ; תנחומא, ויחי ; עי׳ יוסף.

Capítulo Treze
O TZADIK E O CANDELABRO

1. ‫במדבר ח‬:‫א ; רמב"ן שם ; פחד יצחק ו‬:‫ג הוא והמשך פחד יצחק יב‬:‫יא. ההוד זה בית‬
‫המקדש ברכות נח.‬

2. ‫דעת תבונות סימן יח.‬

3. ‫רמב"ס, הל' תשובה ה‬:‫א.‬

4. ‫דעת תבונות סימן יד.‬

5. ‫סנהדרין ק.‬

6. ‫רמב"ס, הל' תשובה ה‬:‫"ב.‬

7. ‫תהלים קד‬:‫לא.‬

8. ‫רמב"ס, הל' תשובה ה‬:‫א.‬

9. ‫בבא בתרא כה‬: ‫, פחד יצחק ו‬:‫ד.‬

10. ‫מגלה עמוקות, פרשת וישב מג.‬

11. ‫בראשית ג‬:‫ג.‬

12. ‫רמב"ס, הל' בית הבחירה ח‬:‫ב ; במדבר ו‬:‫כז.‬

13. ‫במדבר ח‬:‫ב. רמב"ס, הל' תמידים ומוספין ג‬:‫י.‬

14. ‫פחד יצחק, מאמר ו‬:‫ג ; רלב"ג על הפסוק.‬

Capítulo Catorze
A LUZ E A ESCURIDÃO
DA BELEZA

1. ‫ברכות נח‬:.

2. ‫הלכות יסודי התורה ב‬:‫ב.‬

3. עי' לעיל 2.4.

4. תנחומא תרומה ח; שמות רבה כא ו: חגיגה יג: הפכו פני השור לפני הכרוב; ירושלמי, שקלים א,א; שמות רבה מט :ב.

5. זוהר שמות קסו : , זוהר ח"ג ריז; זוהר בראשית רז.

6. סנהדרין לז בשבילי נברא עולם; ברכות ו : כל העולם כולו לא נברא אלא בשביל זה.

7. עי' גמרא שבת לג: ולעיל 1.01.

8. סנהדרין סו.

9. עבודה זרה ב.

10. שבת כה: "נישיתי טובה" זו בית המרחץ.

11. בראשית כז :מ.

12. הטכנולוגיה היא קין, וטכנולוגיה כלי נשק היא עשו. [1] בראשית רבה כג; [2] זוהר ח"ג עו : ; [3] מדרש הנעלם, פרשת בראשית, מאמר קין; [4] תיקוני זוהר, ת' ס"ט קיח : .

13. בראשית רבה עג :ו; בראשית ל :כה, רש"י שם.

14. בראשית רבה ד.

15. מבוטא בצורה מושלמת באדריכלותו של פראנק לויד רייט : "הצורה בעקבות התפקיד".

61. Will Durant, *The Life of Greece*, pag. 670.

17. מילטון, עמ' 712.

18. רש"י שבת נו : ד"ה איטליאה.

19. Não é uma prova, apenas uma bela coincidência, que provavelmente está certa.

20. Will Durant, *Op. cit.*, pág. 667: "Helena conquistou Roma, ao mesmo tempo que...".

21 יומא י.

22. זוהר שמות רלז : (מובא לעיל, פרק 2.3).

23. מדרש תנחומא, פרשת כי תשא לד.

24. Paul Johnson, *History of the Jews*, pág. 101.

25. רוח האקומניזם ה"יחדיו" נותרת עד היום כאיום המשתמש באותה מלה.

26. ר׳ פרק רביעי.

27. תנא דבי אליהו, פרשה יח ; רע״מ, ספר במדבר רמו : ; רע״מ, דברים רעו :.

28. Will Durant, *op. cit.*, pág. 671.

29. עי׳ רש״י שם ; בראשית לג :יא.

30. הרב חיים שמואלביץ זצ״ל, שלמות המעשה שיחות מוסר, שנה תשל״ג, יא :יט, ועי׳ שנת ל״א מאמר ח, ושנת תשל״ב, מאמר יב.

31. עי׳ רש״י לפרשת וישב בראשית מ :כג.

32. תנחומא, בשלח פ : א : ה׳ ומשלם על יתר עושה גאוה וכן במשה (שמות יז) ויהי ידיו אמונה עד בא השמש ואומר (תהלים קיח) זה השער לה׳ צדיקים ובואו בו, אלו בעלי אמנה שנא׳ (ישעיה כו) פתחו שערים ויבא. תנחומא, בשלח יא :א : דרכי משפט (דברים לב), אומרים שהוא נאמן הוא יותר האל הנאמן (דברים ז) אל אמונה (שם לב), אומרים שהוא משובח הוא יותר שנאמר כי מי בשחק יערוך לה׳ (תהלים פט) ואומר אל. אגדה בראשית יט :א : מום הוא מבקש לעשותך, עם אדם יציר כפיו לא שמר אמונה, ועמך הוא משמר אמונה, הניחו והלך לו אצל אשכול, ואמר לו כך אף הוא, אין אתה יודע, מסורס הוא מבקש לעשותו בעולם שיהיו. מדרש אותיות דר׳׳ע (נוסח א) עה : דבר אחר אהיה אשר אהיה, אמר הקדוש ברוך הוא במדת אמונה בראתי את העולם ובמדת אמונה אני מנהיגו ובמדת אמונה אני עתיד לחדשו, ומנין שבמדת אמונה ברא את העולם. שמות יז :יב : ואהרן וחור תמכו בידיו מזה אחד ומזה אחד ויהי ידיו אמונה עד בא השמש : ויחלש יהושע את עמלק ואת עמו לפי חרב. דברים לב:ד: הצור תמים פעלו כי כל דרכיו משפט אל אמונה ואין עול צדיק וישר הוא : שחת לו לא בניו מומם דור עקש ופתלתל : ישעיהו כה:א : אלקי אתה ארוממך אודה שמך כי עשית פלא עצות מרחוק אמונה אמן : כי שמת מעיר לגל קריה גצורה למפלה ארמון זרים מעיר לא יבנה. ירמיה ה :א : ובקשו ברחובותיה אם תמצאו איש אם יש עשה משפט מבקש אמונה ואסלח לה : ואם חי ה׳ יאמרו לכן לשקר ישבעו : תהלים לז :ג : בטח בה׳ ועשה טוב שכן ארץ ורעה אמונה : והתענג על ה׳ ויתן לך משאלת לבך : שמואל א׳ כו :כה: והי ישיב לאיש את צדקתו ואת אמנתו אשר נתנך הי היום ביד אביתי לשלח ידי במשיח ה׳ : והנה כאשר גדלה נפשך היום הזה בעיני כן תגדל נפשי בעיני ה׳ ויצלנו. תהלים צו :יג : כי בא כי בא לשפט הארץ ישפט תבל בצדק ועמים באמונתו :

33. נחמיה י :א.

34. סנהדרין צ. ; רש״י ד׳׳ה האומר אין תחיית המתים.

35. פסיקתא כב :ו ; זוהר בראשית קלב. ; זוהר בראשית קלה: ; קהלת רבה, פרשה ג :יב.

36. חגיגה יב.

37. אני פי מלך שמור, עי׳ במדרש.

38. זוהר שמות כג.

39. רד״ק, פירוש לחומש, בראשית לט :ז, ד׳׳ה ויהי אחר הדברים האלה.

40. עי׳ רש״י בראשית ב :ד ד״ה ביום עי׳ אור החיים בראשית א :א ועי׳ של״ה מס׳ שבת סי׳ ע״ז.

Capítulo Quinze
LUZ E HALEL

1. בראשית רבה ב :ד.

2. זוהר שמות קסו :.

3. חגיגה יב.

4. ישעיה מג :ז ; יומא לח.

5. תהלים קד :ב.

6. מדרש נעלם סו (בראשית).

7. רוקח אור, נר, מאורות.

8. מלבי״ם בארץ חמדה בשם הזוהר, ועי׳ שפת אמת ובני יששכר.

9. *The World within the World*, John D. Barrow, Oxford University Press (1988), pag. 38.

10. Will Durant, *op. cit.* pag. 66.

11. Erich Auerbach, *Mimesis: The Representation of Reality in Western Literature*, Princeton University Press, 1968, pags. 11-13.

12. הלכות יסודי התורה א :א.

13. עי׳ 5.02.

14. שמו״ר לו :ד ; תנחומא תצוה ב.

15. שמות רבה לג :ז ; ברכות נז. ; פסחים מט : ; מדרש תנחומא, כי תשא טז.

16. מתפילת ״על הניסים״, סידור התפילה.

17. בני יששכר, מאמר ב, יב.

18. עי׳ רבנו חננאל המציין סוגית עד שליש במצות ; ורש״י ד״ה והמדרין פי׳ אחר המצוות אבל ברש״י ברי״ף, הגירסא המהדרין את המצוות וכן משמע ברוב מקומות דנקטינן הידור

מטעם זה אלי ואנוהו.

19. שנת קלג: ; סוכה יא ; שם לג. ; גיטין כ. ; מנחות כד.

20. עי׳ רש״י, שם.

21. רש״י, ד״ה הפעם אודה את ה׳.

22. בראשית רבה עו :ט; פ :ג.

23. בראשית רבה פ״א, עו :ט.

24. בראשית רבה עו :ט, פ :ג.

25. בראשית רבה פ :יא.

26. פרקי דרבי אליעזר לח; סופרים כא :ט.

27. פדר״א לח.

28. מדרש אגדה, בראשית מא :מה.

29. שמו״ר טו :כב; תנחומא ויקהל ו; זוהר ח״ב לט.

Capítulo Dezesseis

UMA ROSA DELICADA

1. בראשית ה :כד; בבלי, חגיגה, ר׳ יוחנן; בראשית רבה כח :א.

2. תוספות הזוהר רעז : ; זוהר חדש, מדרש רות, מאמר חנוך נער מטטרון; זוהר ח״א רכג :.

3. דרך ארץ זוטא א :ט; רד״ק לבראשית ה :כה; מדרש אגדה לבראשית

4. זוהר חדש לז : ; תוספות הזוהר רעז :.

5. טעות נפוצה היא שפירוש הדבר הוא שלצדיק דרוש יצר הרע גדול יותר, רק כדי לאזן את הסיכויים ולתת לו בחירה. אולם ברור ממעשה זו באביי (סוכה יח.), שמשום שאביי היה צדיק גדול יותר, הוא היה בסכנת כשלון גדולה יותר.

6. סנהדרין לז; ברכות ו :.

7. הרב חיים שמואלביץ וצ״ל, שלמות המעשה שיחות מוסר, שנת תשל״ג, יא :יט, ועי׳ גם שם, שנת תשל״א, מאמר ח׳, מאמר ח׳, ושנת תשל״ב מאמר יב.

8. תענית כג. ; בבא מציעא פד. ; סנהדרין צג:.

9. סדר עולם פרק ג:א.

10. סדר עולם רבה ב:א.

11. תוספות, ד''ה ורב תבואות, סנהדרין מב.

12. מובא במתנות כהונה, שם.

13. תוספות, ד''ה ורב תבואות, סנהדרין מב.

14. רמז לעשרים ושתים השנים שנעדר יוסף מאביו.

15. פשטות הפסוק היא, שהוא הזיק לאויב, אך זוהי הדרשה.

16. רש''י שם, ד''ה דגלו מסכתא לי''א.

17. עי' רמב''ם, הלכות מלכים ומלחמותיהם ג:ו.

18. סוכה נג.

19. J. Boronowski: *The Ascent of Man*, pag. 13: "O ouro é a preciosidade universal em todos os países, todas as culturas, em todas as épocas". Veja nota 23, capítulo 4.

20. עי' פרק 3.4, סנהדרין כ.

21. שפת אמת.

22. רשב''ם לבראשית מט:ח.

23. רעיא מהימנא, ספר במדבר, פרשת פנחס רכג: ; תיקוני זוהר יג.

Capítulo Dezessete

LEVI

1. תיקוני זוהר, תי ס''ט ק'. זוהר חדש, מדרש רות, מאמר עשרה הרוגי מלכות.

2. בראשית רבה צט:י תנחומא ויחי ט:א ועי' רש''י בראשית מט:ה ד''ה שמעון ולוי אחים.

Capítulo Dezoito
OS ZELOSOS E OS APAIXONADOS

1. תנחומא ויחי ל ; רש״י לבראשית מט :ה.

2. סנהדרין פג. ; רש״י לבמדבר כה :ו.

3. רש״י לפרשת פנחס, במדבר כו :כי :ג.

4. סוטה ט : נחש הקדמוני,אבות דרבי נתן פ״א, בר״ר יט :ד מדרש תנחומא בראשית ט׳ מדרש אותיות דרבי עקיבא נא.

5. סנהדרין פב. ;עי׳ בני יששכר, מאמר ד׳ אות לה.

6. סוטה מג.

7. רש״י לבבא מציעא קיד : ד״ה לאו כהן מר ; תרגום יונתן לברית שלום ; זוהר ח״ג רטו.

8. עי׳ לעיל בספר.

9. ילקוט שמעוני, תהלים פג : (רמז תתמז).

10. בני יששכר, מאמר ג :ו.

11. סוטה מג.

12. עי׳ פירוש יפה על דרך המוסר, ממו״ר חיים שמואלביץ זצ״ל, בשיחות מוסר תשל״ג מאמר טו.

13. קנאין פוגעין בו : סנהדרין כב : ; ושם פא : ; פב : ; זוהר ח״ב צו : ; במדבר רבה כו ; תנחומא בלק נא.

14. עי׳ תרגום יונתן לבמדבר כה :ח : ״תריסרי נסין את עבידו לפינחס״.

15. אין סומכין על הנס : פסחים סד :.

16. בר״ר ב :ה.

17. בר״ר ב :ה ; עי׳ מלבי״ם ארץ חמדה בשם הזוהר ש״כן״ בויעש כן אצל אהרן הוא כנגד ויהי כן שאינו כתוב בבריאת אור.

18. עי׳ פסחים קיז. קונטרס מיוחס לרש״י שם, ד״ה ועל, שמשמע שאומרים אותה רק על גאולה וקשה מהסוגיה להלן, בש״ס.

19. כל הסמך על הנס אין עושין לו נס : תענית כ : ; וגם ספרא ויקרא כב :לא.

20. עי' פסחים קיז.

21. עי' רש''י ותוס' חולקים, עי''ש פי' הערוך.

22. סנהדרין לז. וברכות ו.

23. מובא בשולחן עורך תרע''י, בעטרת זקנים.

24. מדרש שוחר טוב נו.

Capítulo Dezenove
O RESPLENDOR DA GLÓRIA

1. Pego do *Webster's New Collegiate Dictionary*, 1977, G. and C. Merriam and Company.

2. עבודה זרה י:.

3. חולין צא. ; שמו''ר א :כא ; סוטה יב.

4. אבות דר''נ ו טעי' גיטין נו.

5. Ferguson, W. M., *Greek Imperialism*, Boston 1913, pags. 58-95.

6. Swaddling, "Olympics B. C." Natural History, 8/88.

7. Will Durant, *Life of Greece*, New York, 1963, pag. 216.

8. Will Durant, *op. cit*. pag. 670.

9. תנחומא, משפטים ז ; יומא סז : .

10. תיקוני זוהר יג.

11. אבות סוף פרק ה ; תנא דבי אליהו זוטא יז ; זוהר ח''ג רעה:.

12. בבא בתרא כא., רב : ''קנאת סופרים תרבה חכמה''. תנא דבי אליהו רבה כא.

13. E. A. Poe, "To Helen [Stannard]", *The Unabridged Edgar Allan Poe*, Running Press, Philadelphia, 1983, pag. 66.

14. תנחומא, מצורע ט ; אותיות דר''ע סא.

15. Will Durant, *op. cit*. pag. 217.

Capítulo Vinte

AS LEIS DO CÉU E DA TERRA

1. John D. Barrow, *The World within the World*, Oxford University Press (1988) capítulo 2.

2. זכריה יד :ט.

3. חגיגה יב.

4. שבת לג. ; קלז :. נדרים לא :לב. פסחים סח.

5. מגילת אנטיוכוס.

6. ברכות ו.

7. שבת י. זוהר חדש, מדרש רות.

8. ברכות ו : .

9. זוהר ח״א טז ; ח״ג קסו : .

10. מגילת אנטיוכוס.

11. ספר החינוך מצוה ע׳׳ג.

12. בראשית רבה סה :א. תהלים פ :יד ״יכרסמנה חזיר מיער״.

13. שמות לד :כז ; גיטין ס :.

14. רמב״ס, א :יד.

15. רמב״ס , הל׳ מעילה ח :ח והל׳ תמורה ד :יג.

16. מדרש תהלים קד :ה ; שלש פסיקתות א :כ.

17. פסחים מט :; סנהדרין צא :; שמו״ר לג :ז רמב״ס, ג :א; עי׳ חולין ז.; מקום הניחו לנו אבותינו להתגדר בו.

18. נדרים סב. פירוש הרא״ש ד״ה דבר בהן לשמן ; רמב״ס, הל׳ תשובה י :ב.

19. עי׳ בספר יסוד העבודה המברר כל השיטות בזה ; רמב״ס, הל׳ תשובה י :ד.

20. גיטין סב.

Capítulo Vinte e Um
SÍNTESE E INTEGRAÇÃO

1. זוהר ח׳׳א קע: .

2. זוהר ח׳׳א כו :, כא:.

3. מדרש הנעלם, פרשת בראשית, מאמר יהי מאורות.

4. רעיא מהימנא : במדבר רכג:.

5. מדרש תהלים יח :ג.

6. ברכות ו : ; זוהר ח׳׳א קע.

7. סנהדרין כ.

8. במדבר רבה ט :ז.

9. בראשית לב :כט ; עיין רד׳׳ק.

10. יומא עב ; שבת פח : ; עי׳ רש׳׳י ד׳׳ה למיימינין.

11. ש׳׳ע או׳׳ח תרע׳׳ו סע׳ ג׳ והוא אינו עתיד להדליק, וגם אין מדליקין עליו בתוך ביתו.

GLOSSÁRIO

Avodá – serviço a D'us, trabalho espiritual.

Avot – patriarcas, antepassados.

Agadá – exposições rabínicas, que tratam de interpretações bíblicas, históricas, filosóficas, etc. É o oposto da Halachá, que trata das leis.

Achav – antigo rei do Reino de Israel, célebre por sua maldade.

Báal – divindade pagã.

Bavel – Babilônia.

Bekiyut – estudo com familiaridade e fluidez (oposto de *pilpul*, análise).

Berachá – bênção.

Beit din – tribunal rabínico.

Beit Shamai – escola de Shamai. Escola de estudos haláchicos da época da mishná.

Bilaam- profeta das outras nações.

Brit – pacto, circuncisão.

Brit shalom – pacto de paz; ver *Bamidbar* 25:12.

Cabalá – doutrina na qual se descrevem os fundamentos da Criação. Mística.

Caret – exclusão da alma, castigo dado por D'us.

Chag haurim – festival das luzes.

Chacham – homem sábio.

Chamor – burro; nome do governante de Shechem.

Chanucá guelt – dinheiro que, tradicionalmente, se dá às crianças em Chanucá.

Chanucat haMishcan – inauguração do Tabernáculo.

Chidushê Torá (sing. **chidush**) – novos entendimentos no estudo da Torá.

Chinuch – educação, dedicação.

Chodesh – mês

Chochmá – sabedoria.

Chok – estatuto da Torá que, aparentemente, não têm explicação.

Cohen – sacerdote; descendente de Aharon, o Cohen.

Cohen Gadol – Sumo Sacerdote.

Corach – descendente da tribo de Levi, que liderou uma rebelião contra Moshe.

Dudaim – (possivelmente) jasmins. Mandrágoras.

Edom – o Vermelho; nome dado a Essav; Império Romano; civilização ocidental.

Éguel HaZahav – o Bezerro de Ouro.

Emuná – fé, confiabilidade.

Érev Rav – a multidão que seguiu os Filhos de Israel na saída do Egito.

Galut – exílio.

Gan Éden – o Jardim do Éden.

Gueulá – redenção.

Havdalá – distinção; ritual para diferenciar o Shabat do resto da semana.

Halachá – a lei judaica; oposto de Agadá.

Halel – louvor; *Salmos* 113-118.

Hidur – embelezamento.

Hidur mitsvá – embelezamento da mitsvá.

Hodaá – agradecimento, louvor, admissão, concessão.

Hodayá – louvor.

Ish tam – descrição do patriarca Yaakov: um homem íntegro.

Kanaim – fanáticos, zelosos.

Kashrut – as leis sobre alimentos e alimentação permitidos.

Kedushá – inviolabilidade, santidade.

Kedushat Israel – Santidade do povo de Israel.

Kehuná – sacerdócio.

Kéter kehuná – a Coroa do sacerdócio.

Kidushin – compromisso matrimonial.

Kin'á, kanaut – ciúme, zelo.

Kissê hakavod – o Trono da Glória de D'us.

Kislev – terceiro mês do ano civil ou o nono mês do ano eclesiástico, no calendário judaico.

Klal Israel – todo Povo de Israel.

Klal – um todo composto por partes; comunidade.

Lavan – sogro de Yaakov.

Lashon hakodesh – linguagem sagrada; hebraico bíblico.

Latkes – bolinhos de batata fritos, prato tradicional de Chanucá.

Maassê Bereshit – a Criação.

Madai – Império Persa.

Machané – acampamento.

Malach – anjo.

Malaché Hasharet – anjos ministeriais.

Malchut – reino.

Malchut Shamayim – Reino dos Céus.

Malchuyot – reinos, especialmente os impérios das nações.

Mamlechet cohanim – Reino de sacerdotes ou nobres; nome que se dá ao povo judeu.

Mefiboshet – descendente de Shaul.

Melech – rei.

Menorá – o Candelabro de sete braços que se encontrava no Templo.

Mid'rabanan – decreto ou parecer rabínico.

Midrash (pl. **Midrashim**) – exposição e interpretação da Torá.

Mishcan – o Tabernáculo, construído no deserto.

Mishná – compilação escrita da Torá Oral.

Mityavnim – judeus helenizados.

Mitsvot – preceitos.

Modá, modê – agradecida (o) (feminino, masculino, respectivamente).

Modim d'Rabanan – reza de agradecimento dita pela congregação enquanto o chazán (líder da reza) repete a reza de Modim.

Moed – tempo fixo; encontro.

Naar – rapaz.

Nassí – príncipe, líder, presidente.

Nabucodonosor – imperador babilônico.

Neilá – última reza de Yom Kipur.

Olam habá – mundo vindouro; a etapa seguinte de nossa existência.

Olam hazé – este mundo, a existência atual.

Or haGanuz – luz espiritual oculta.

Pakod yifkod – "certamente Ele redimirá"; mensagem dita por Yossef sobre a redenção de D'us, transmitida por Yaakov como código para identificar o redentor.

Pará adumá – a vaca vermelha; ver *Bamidbar* 19:1-22.

Pekudim – números, nomes, contagem.

Pelishtim – os filisteus, nação que habitou a costa sudoeste da Terra de Israel.

Peshat – o mais simples, o mais óbvio.

Pilpul – estudo mediante análise profunda (o oposto de *bekiyut*).

Prat – detalhe, componente.

Rambam – acrônimo de Rabi Moshe ben Maimon. Maimônides.

Rémez – alusão; pista.

Rishonim – sábios judeus dos séculos XII ao XVI, aproximadamente.

Rosh Chodesh – princípio do novo mês.

Ruach Hakodesh – o entendimento através da inspiração divina.

San'hedrin – Suprema Corte de Justiça judaica.

Sefer – livro, pergaminho.

Sefer Torá – rolo de pergaminho em que estão escritos os Cinco Livros de Moshe.

Seir – a herança de Edom.

Séla – moeda de valor pequeno.

Shabat – sétimo dia da semana, dia de descanso.

Shalem – íntegro; descrição de Yaakov.

Shaná – ano (troca).

Shechiná – a Presença Divina.

Shevat – quinto mês do ano civil e décimo primeiro mês do ano eclesiástico do calendário judaico.

Shevatim – tribos.

Shevet – tribo.

Shevi'it – ano sabático que conclui o ciclo de sete anos; também chamado *shemitá*.

Shlomo, rei – rei Salomão.

Shémen hamishchá – azeite usado para a unção, feito por Moshe, no deserto.

Shemini Atzeret – Oitavo (dia) de Assembleia; festival que vem na sequência dos sete dias de Sucot.

Shiló – lugar onde o Tabernáculo foi erguido, antes da construção do Templo.

Sidur – livro de rezas.

Sinat chinam – ódio injustificado, gratuito.

Sucot – festa das cabanas.

Taarovot – misturas.

Talmid chacham – estudioso da Torá (pl. *talmidê chachamim*).

Talmud Bavli – Talmud escrito na Babilônia.

Tamê – impuro, não kosher.

Tefilá – reza.

Tehilá (Tehilim) – Salmo (s).

Tehom – o abismo.

Tishá b'Av – 9 do mês de Av; dia de luto nacional, por causa da destruição do Templo.

Torá shebeal pê – a Torá Oral.

Torá shebiketav – a Torá Escrita.

Tzadik – homem justo; homem íntegro.

Tzedokim – saduceus; seita herege que nega a validade da Torá Oral.

Tzedaká – caridade.

Tzivá – servo de Mefiboshet; ver o livro *Shmuel II* 16:1-5; 19-25-31.

Yafê toar – belo.

Yam Suf – o Mar Vermelho.

Yarden – o Rio Jordão.

Yefeyfiyá – uma beleza; formosa.

Yetzer hará – a inclinação má;

Yetzer hatov – a inclinação boa;

Yetzer – inclinação. Instinto.

Yirat shamayim – temor aos Céus.

Yovel – o Jubileu. Ver o livro *Vayicrá* 25:8-24.

Yud – décima letra do alfabeto judaico.

Yoná, yon, yonim – pomba (feminino, masculino e plural, respectivamente).

Zimri – príncipe da tribo de Shim'on; ver *Bamidbar* 25:6-9,24.

Z'mán – tempo; período de tempo.

Zuz – moeda de valor relativamente pequeno.